파워포인트
2016 활용

이 책의 구성

학습 포인트
이번 장에서 학습할 핵심 내용을 소개합니다.

예제파일 / 완성파일
본문에서 실습하는 파일명입니다. 시대인 게시판에서 다운로드받아 사용하세요.

미리보기
학습 결과물을 미리 살펴봅니다.

예제 따라 하기
실생활에서 활용할 수 있는 예제를 순서대로 따라 할 수 있도록 구성하여 누구나 쉽게 이해하고 기능을 습득할 수 있습니다.

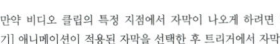

본문에서 다루지 못한 내용이나 알아두면 유용한 내용을 설명합니다.

응용력 키우기

응용문제를 통해 본문에서 학습한 내용을 정리하고 복습합니다.

힌트

응용문제를 푸는데 필요한 정보 또는 방법을 안내합니다.

이 책의 목차

01 | 전환 영상 만들기 — 화면 전환 애니메이션 ... 8
1 파워포인트 2016 화면 구성 확인하기 ... 9
2 아침에서 밤으로 변하는 영상 만들기 ... 13
3 응용력 키우기 ... 28

02 | 움직이는 사진 만들기 — 도형 병합 및 선 애니메이션 ... 29
1 도형 병합하기 ... 30
2 홈 화면에서 움직이는 사진 만들기 ... 32
3 응용력 키우기 ... 41

03 | 카드 만들기 — 이미지 검색 ... 42
1 이미지 검색해서 삽입하기 ... 43
2 눈 내리는 카드 만들기 ... 44
3 응용력 키우기 ... 58

04 | 숨겨진 명언 나타내기 — 애니메이션 복사 ... 59
1 애니메이션 복사하기 ... 60
2 움직이는 배경 만들기 ... 61
3 응용력 키우기 ... 75

05 | 영상 앨범 만들기 — 서식 파일과 테마 ... 76
1 서식 파일과 테마 살펴보기 ... 77
2 사진 앨범 만들기 ... 78
3 응용력 키우기 ... 89

06 | 세계 여행 지도 만들기 기호 및 타원 애니메이션　　**90**
1 기호 삽입하기　　91
2 비행기 항로 표시하기　　92
3 응용력 키우기　　106

07 | 역할극 만들기 그림 자르기 및 오디오　　**107**
1 그림 자르기와 오디오 삽입하기　　108
2 나만의 오디오북 만들기　　110
3 응용력 키우기　　121

08 | 영상 시 만들기 그라데이션　　**122**
1 그라데이션 색 추가하기　　123
2 나만의 영상 시 만들기　　125
3 사용자 지정 경로 애니메이션 만들기　　132
4 응용력 키우기　　137

09 | 자막 영상 만들기 트리거　　**138**
1 트리거 설정하기　　139
2 자막 영상 편집하기　　141
3 응용력 키우기　　153

10 | 유튜브에서 동영상 다루기 유튜브　　**154**
1 유튜브 스튜디오 살펴보기　　155
2 유튜브에 동영상 게시하고 편집하기　　157
3 응용력 키우기　　174

이 책의 다운로드

1. 시대인 홈페이지(www.sdedu.co.kr/book)에 접속한 후 로그인합니다.
※ '시대' 회원이 아닌 경우 [회원가입]을 클릭하여 가입한 후 로그인을 합니다.

2. 홈페이지 위쪽의 메뉴에서 [프로그램]을 선택합니다.
※ 홈페이지의 리뉴얼에 따라 위치나 텍스트 표현이 변경될 수 있습니다.

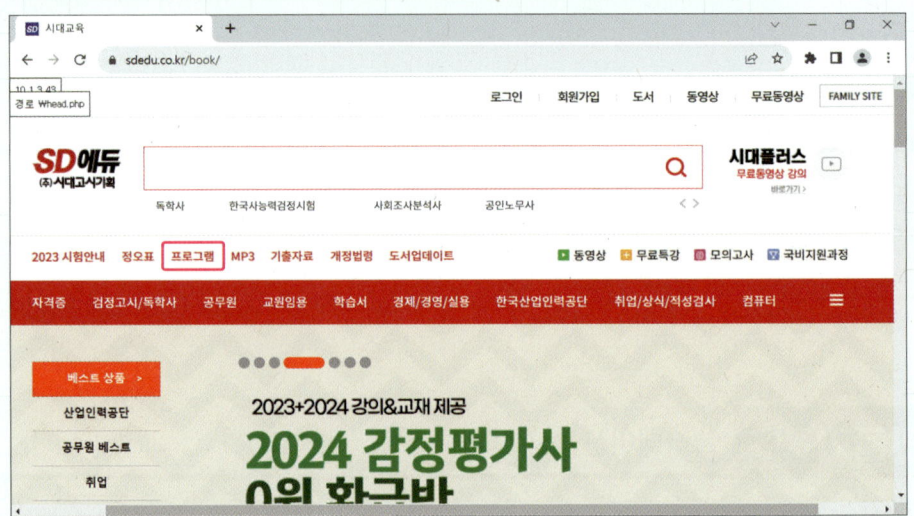

3. 프로그램 자료실 화면이 나타나면 책 제목을 검색합니다. 검색된 결과 목록에서 해당 도서의 자료를 찾아 제목을 클릭합니다.

 해당 페이지가 열리면 '예제 파일 다운로드'를 클릭합니다. 파일이 다운로드 되면 파일을 저장한 폴더로 이동합니다.

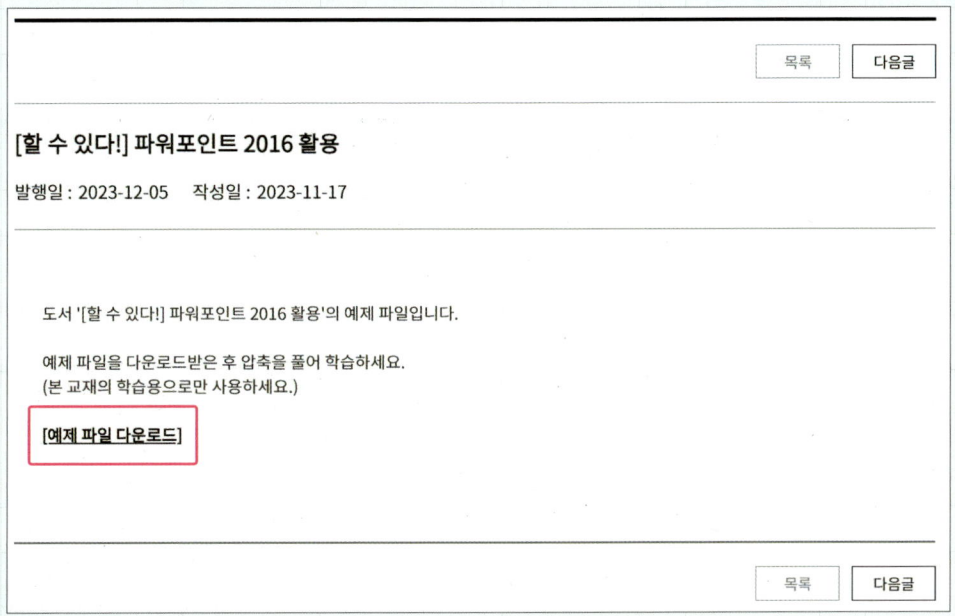

5 압축 해제 프로그램으로 '파워포인트2016활용-예제파일.zip' 파일을 해제하면 교재의 예제 파일과 완성파일이 폴더별로 제공됩니다.

01 전환 영상 만들기

- 배경 서식
- 조합 키와 함께 도형 그리기
- 개체 복사하고 붙여넣기
- 애니메이션 설정과 타이밍
- 전환 효과
- 비디오 만들기

미/리/보/기

예제파일 : 아침.jpg, 저녁.jpg
완성파일 : 아침밤.mp4, 아침밤.pptx

이번 장에서는 슬라이드마다 배경 서식을 다르게 지정하고 각각 해와 별 도형을 삽입한 다음 전환 효과 애니메이션을 적용해 봅니다. 그 결과 마치 아침에서 밤이 되는 듯한 장면을 표현할 수 있습니다. 그리고 그 장면을 비디오로 만들어 보겠습니다.

파워포인트 2016 화면 구성 확인하기

▶ **파워포인트 2016 화면 구성**

파워포인트 2016을 실행하면 나타나는 첫 화면입니다.

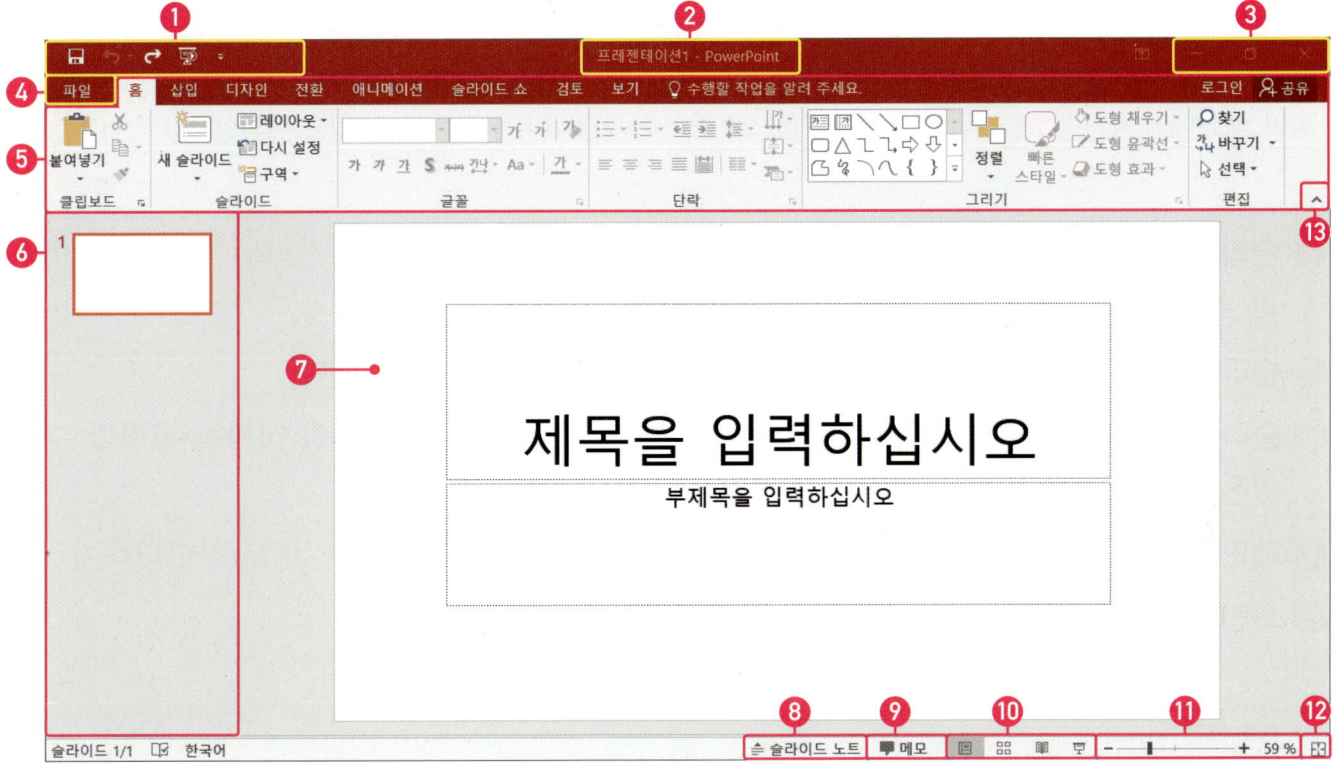

① **빠른 실행 도구 모음** : 자주 사용하는 도구를 빠르게 실행할 수 있도록 아이콘을 모아놓은 곳으로, 사용자가 원하는 기능으로 도구 모음을 구성할 수 있습니다.

② **제목 표시줄** : 현재 작업 중인 문서의 제목을 표시합니다. 파일명을 따로 저장하지 않으면 '프레젠테이션1'으로 표시됩니다.

③ **창 조절 버튼** : 창의 크기를 버튼으로 조절합니다.

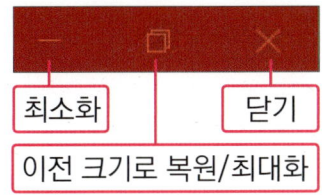

④ **[파일] 탭** : 파일 열기, 저장, 인쇄, 옵션 등 파일을 관리합니다.

9

❺ 리본 메뉴 : 자주 사용하는 기능이 탭 형태로 묶여져 있고, 탭을 클릭하면 그룹과 명령이 있습니다.

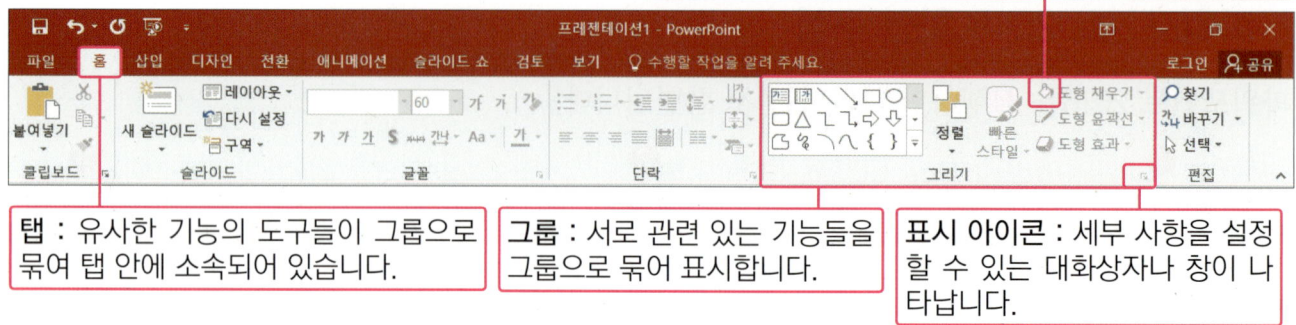

❻ 슬라이드 미리 보기 / 개요 보기 창 : 슬라이드의 축소판 그림이 표시되는 '슬라이드 미리 보기'나 텍스트 형식의 '개요 보기'를 표시합니다.

❼ 슬라이드 창 : 파워포인트에서 실제적인 작업을 하는 편집 공간입니다.

❽ 슬라이드 노트 : 클릭하면 현재 슬라이드 노트 창이 열리며, 부가적인 설명을 입력할 수 있는 공간입니다. 다시 클릭하면 숨겨집니다.

❾ 메모 : 여러 사람이 공동 작업을 할 때 변경 내용 등을 적어 확인하는 메모 창입니다.

❿ 화면 보기 : 슬라이드의 화면 보기를 변경합니다.

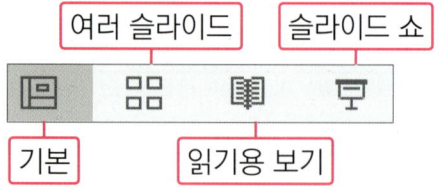

⓫ 확대/축소 슬라이더 : 슬라이드 창에서 보이는 슬라이드의 크기를 조정할 수 있습니다.

⓬ 현재 창 크기에 맞춤 : 슬라이드가 확대 또는 축소되었을 때 현재 창 크기에 맞게 조절합니다.

⓭ 리본 메뉴 축소 : 클릭하면 리본 메뉴가 숨겨집니다. 임의의 메뉴 탭을 더블 클릭하면 다시 리본 메뉴가 고정되어 나타납니다.

▶ 상황별 탭

파워포인트의 몇 가지 명령을 선택하면 상황별 탭이라는 메뉴가 확장되어 표시됩니다. 예를 들어 그림을 삽입하면 존재하지 않았던 [그림 도구] 상황별 탭이 표시됩니다.

- **[그림 도구] 상황별 탭**

사진이나 그림을 선택하면 나타나는 [그림 도구] 탭에서는 그림 스타일, 그림 테두리, 그림 효과 등 그림과 관련된 다양한 기능을 사용할 수 있습니다.

- **[그리기 도구] 상황별 탭**

도형 등의 그리기 개체를 선택하면 나타나는 [그리기 도구] 탭에서는 도형 스타일, WordArt 스타일 등 그리기와 관련된 다양한 기능을 사용할 수 있습니다.

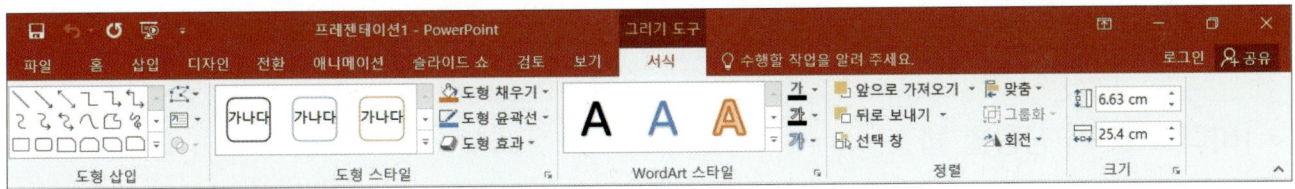

- **[SmartArt 도구] 상황별 탭**

SmartArt 그래픽을 선택하면 나타나는 [SmartArt 도구] 탭에서 SmartArt 그래픽의 레이아웃이나 스타일을 설정하려면 [디자인] 탭을 클릭하고, SmartArt 그래픽의 서식과 관련된 기능은 [서식] 탭을 클릭하여 사용합니다.

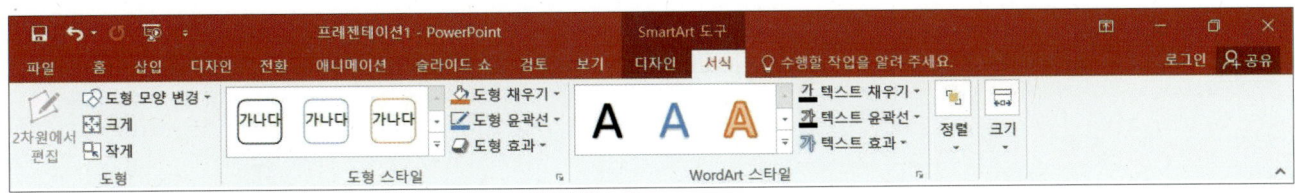

- **[표 도구] 상황별 탭**

표를 선택하면 나타나는 [표 도구] 탭에서 표의 스타일이나 테두리를 그리려면 [디자인] 탭을 클릭하여 사용하고, 행/열 삽입이나 셀 서식과 같이 레이아웃과 관련된 기능은 [레이아웃] 탭을 클릭하여 사용합니다.

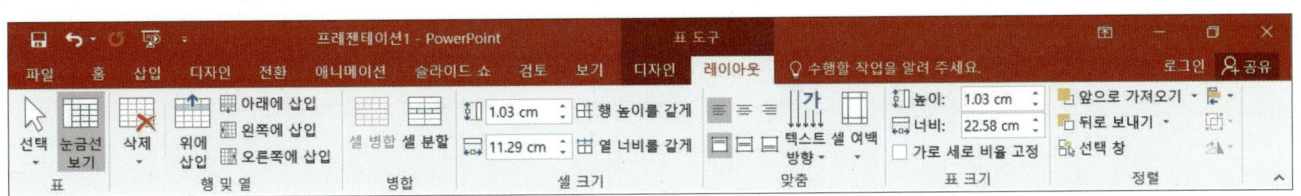

- [차트] 상황별 탭

차트를 선택하면 나타나는 [차트 도구] 탭에서 차트의 스타일이나 데이터, 차트 종류를 변경하려면 [디자인] 탭을 클릭하여 사용하고, 도형 삽입이나 도형 스타일을 변경하려면 [서식] 탭을 클릭하여 차트 요소와 관련된 서식을 사용합니다.

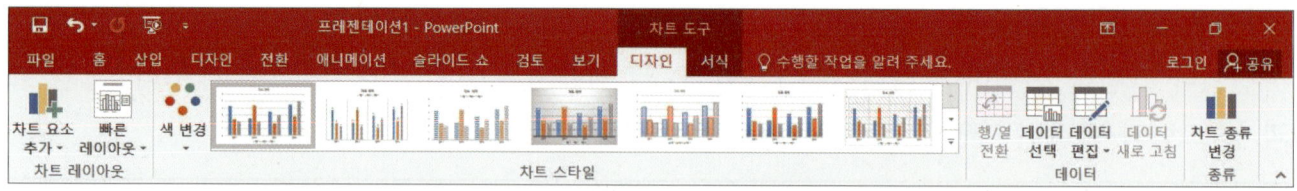

- [오디오 도구] 상황별 탭

삽입한 오디오를 선택하면 나타나는 [오디오 도구] 탭에서 그림 스타일, 그림 테두리 등 오디오 서식과 관련된 기능은 [서식] 탭을 클릭하여 사용하고, 오디오를 편집하거나 옵션을 설정하는 작업은 [재생] 탭을 클릭하여 실행합니다.

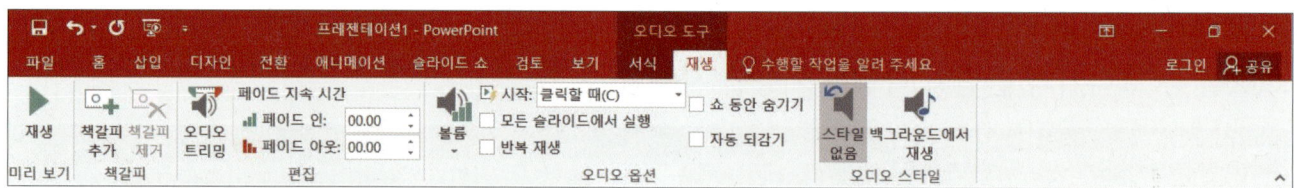

- [비디오 도구] 상황별 탭

삽입한 비디오를 선택하면 나타나는 [비디오 도구] 탭에서 그림 스타일, 그림 테두리 등 비디오 서식과 관련된 기능은 [서식] 탭을 클릭하여 사용하고, 비디오를 편집하거나 옵션을 설정하는 작업은 [재생] 탭을 클릭하여 실행합니다.

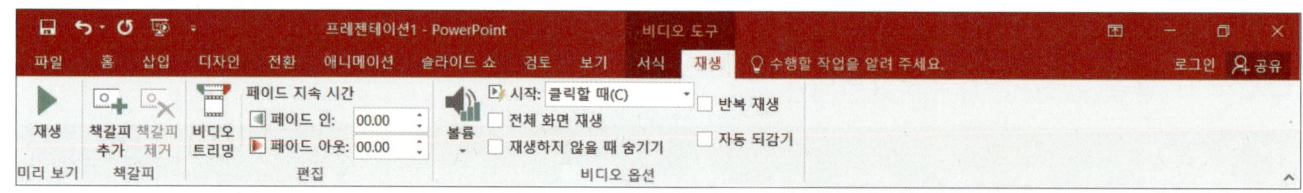

 **아침에서 밤으로 변하는 영상 만들기**

▶ 배경에 그림 삽입하기

01 파워포인트 2016을 실행하면 프레젠테이션1이 펼쳐집니다. 제목 슬라이드의 레이아웃을 변경하기 위해 [홈] 탭 – [슬라이드] 그룹 – [레이아웃] – [빈 화면]을 클릭합니다.

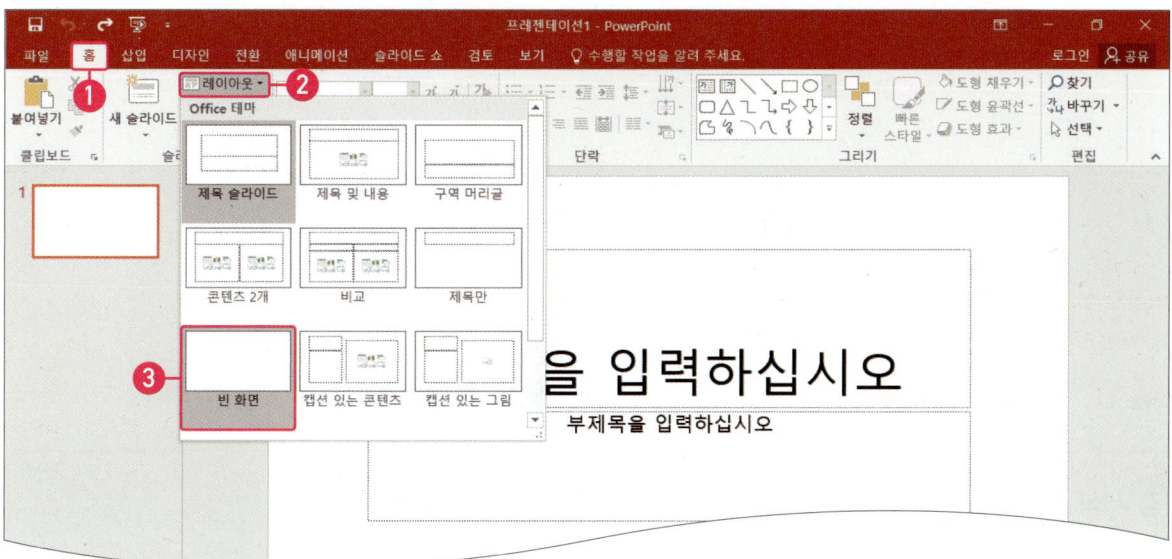

 처음 파워포인트 2016을 실행하면 제목이 없는 '새 프레젠테이션'이 펼쳐집니다. 처음에는 제목 슬라이드가 나타나므로 사용자에게 필요한 레이아웃으로 변경하거나 새 슬라이드를 추가하여 사용해야 합니다.

02 배경 서식을 변경하기 위해 [디자인] 탭 – [사용자 지정] 그룹 – [배경 서식]을 클릭합니다.

03 오른쪽에 배경 서식 창이 나타나고, 상단에 ◇(채우기 및 선)이 선택되어 있습니다. [채우기]를 '그림 또는 질감 채우기'로 선택한 후 [다음에서 그림 삽입]에서 [파일] 버튼을 클릭합니다.

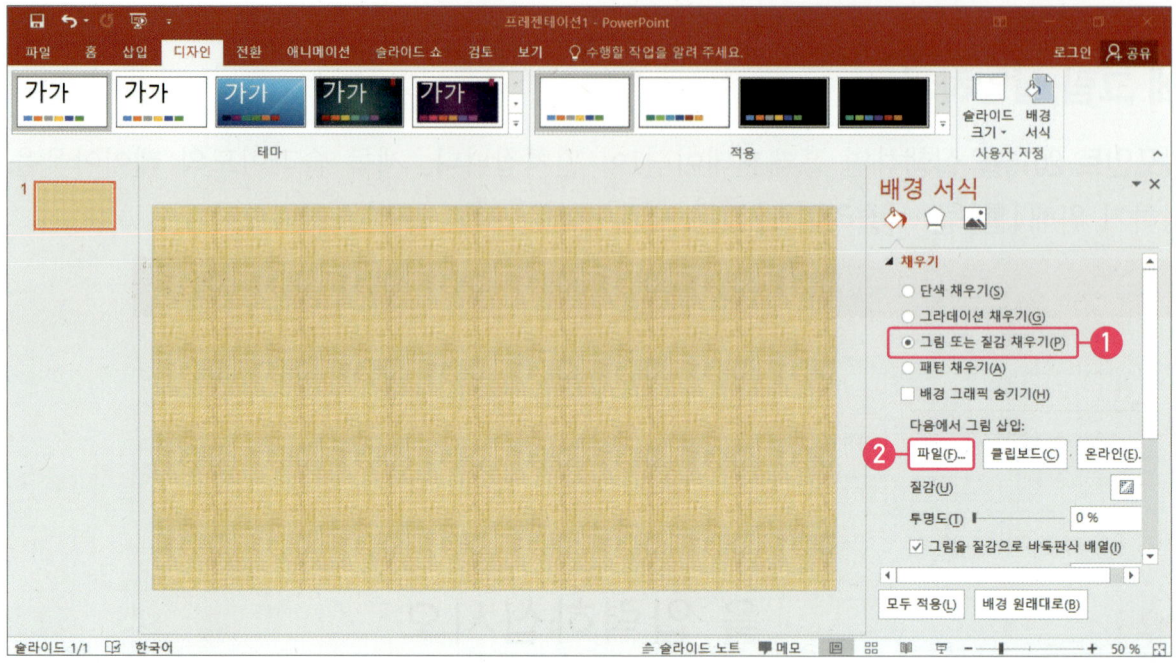

 배경 서식 창
배경 서식을 조정하거나 현재 적용되어 있는 배경 그래픽을 숨길 수 있습니다.

04 [그림 삽입] 대화상자에서 '아침.jpg'를 선택한 후 [삽입] 버튼을 클릭하면 슬라이드 창의 배경에 그림이 삽입됩니다. 배경 서식 창을 닫습니다.

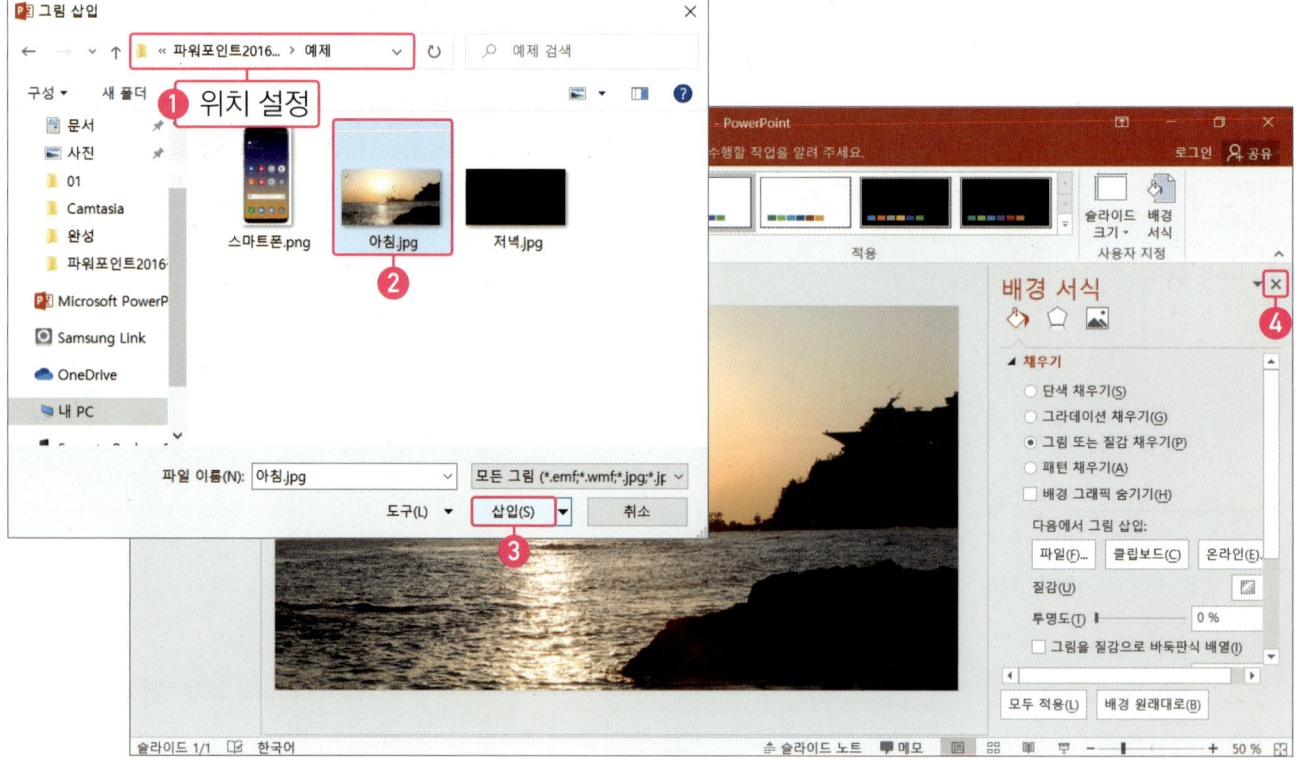

▶ 도형 그리기

01 [홈] 탭 - [그리기] 그룹 - [자세히(▼)]를 클릭한 후 [기본 도형] 중 [타원(○)]을 클릭합니다.

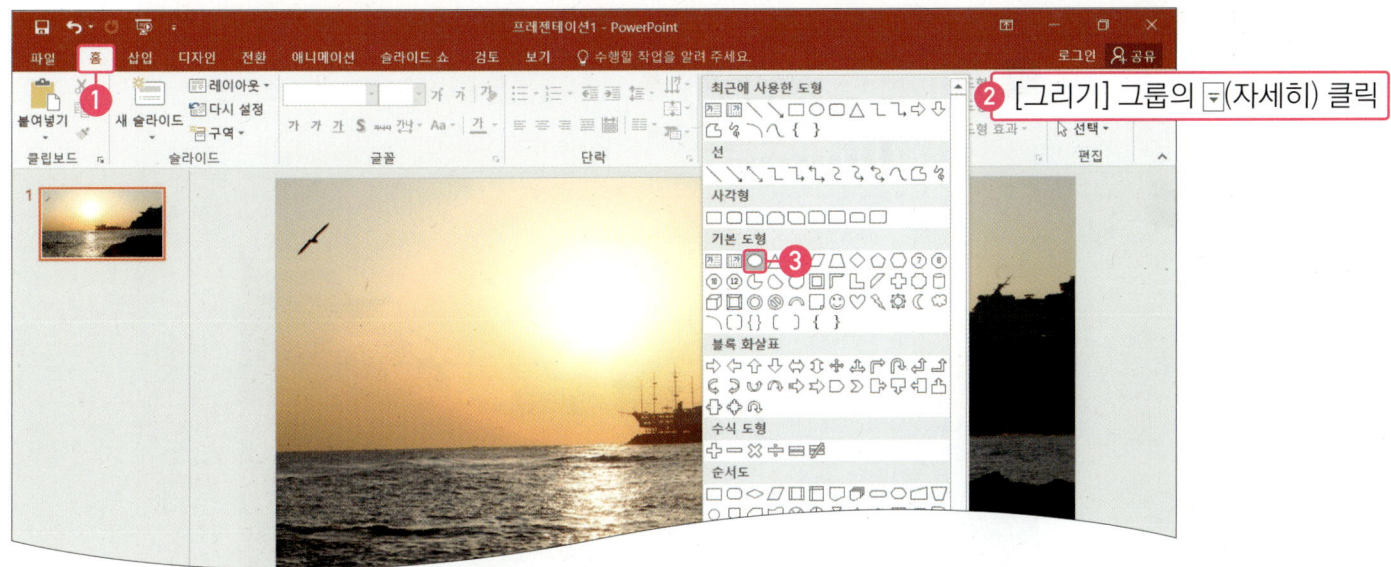

02 슬라이드 창 위에서 Shift 키를 누르고 드래그하여 원을 그립니다.

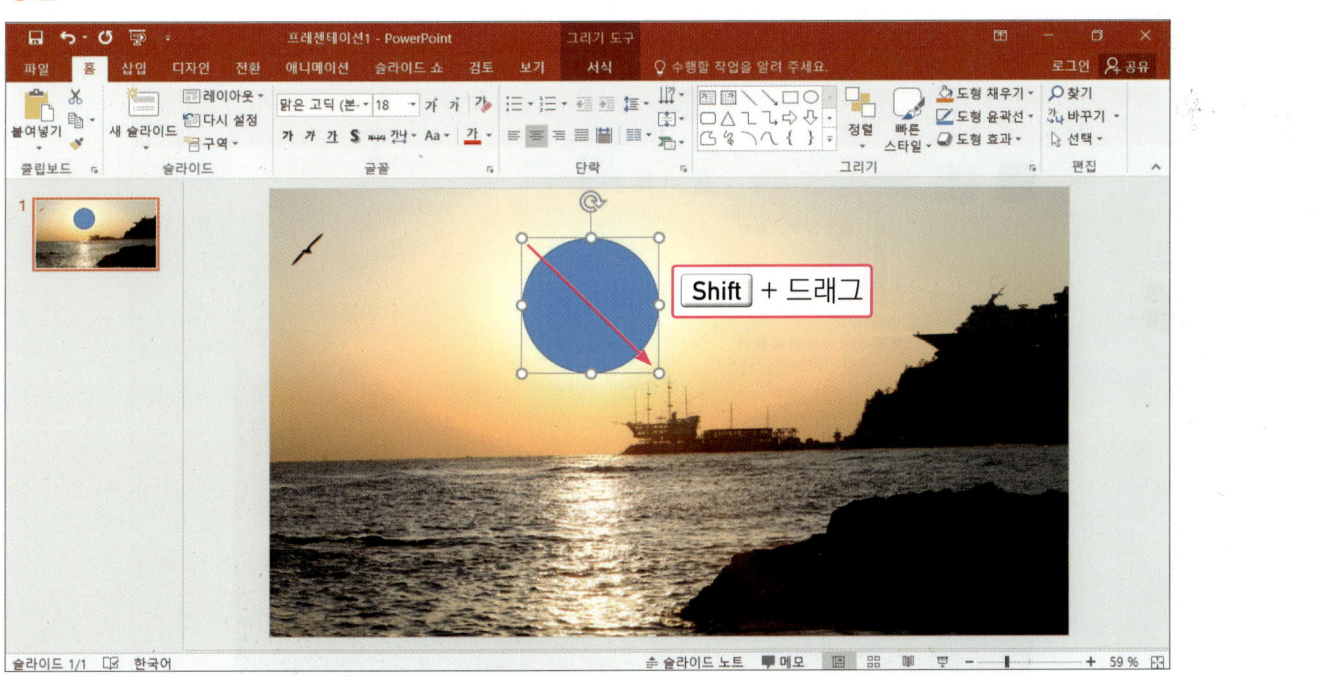

잠깐

타원을 그리려면 그대로 드래그하고, 원을 그리려면 Shift 키를 누른 채 드래그합니다. Ctrl + Shift 키를 함께 누르고 드래그하면 중심부터 커지는 원을 그릴 수 있습니다.

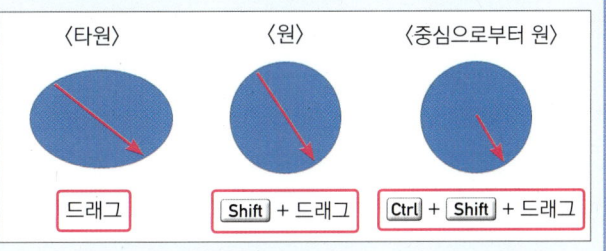

03 원이 선택된 상태에서 [그리기 도구] – [서식] 탭 – [도형 스타일] 그룹 – [도형 채우기] – [황금색, 강조 4, 40% 더 밝게]를 클릭하여 채우기 색을 변경합니다.

04 [도형 스타일] 그룹 – [도형 윤곽선] – [윤곽선 없음]을 클릭하여 원의 윤곽선을 없애 줍니다.

05 원을 마우스 오른쪽 버튼으로 클릭하고 [복사]를 클릭합니다.

 개체를 복사할 때는 Ctrl + C 키를 누르고, 붙여넣기 할 때는 Ctrl + V 키를 누릅니다.

06 원을 마우스 오른쪽 버튼으로 클릭하고 붙여넣기 옵션에서 [대상 테마 사용(📋)]을 클릭합니다.

 붙여넣기 옵션
- 📋 (대상 테마 사용) : 도형 개체를 그대로 붙여넣기 할 때 선택합니다.
- 📋 (그림) : 도형을 그림으로 변환하여 붙여넣기 할 때 선택합니다.

07 새로 붙여넣기 한 원을 아래 윤곽선이 없는 원과 같은 위치에 배치합니다. 새로 붙여넣기 한 원이 선택된 상태에서 [도형 스타일] 그룹 – [도형 채우기]에서 [채우기 없음]을 클릭하고, [도형 윤곽선]은 [황금색, 강조 4], [두께]는 [6pt]로 설정합니다. 겹쳐진 두 원이 마치 하나의 원처럼 보입니다.

▶ **별 모양 추가하기**

01 원을 선택한 후 Ctrl + C 키를 눌러 복사합니다. 새 슬라이드를 추가하기 위해 [홈] 탭 – [슬라이드] 그룹 – [새 슬라이드]의 ▼ – [빈 화면]을 클릭합니다.

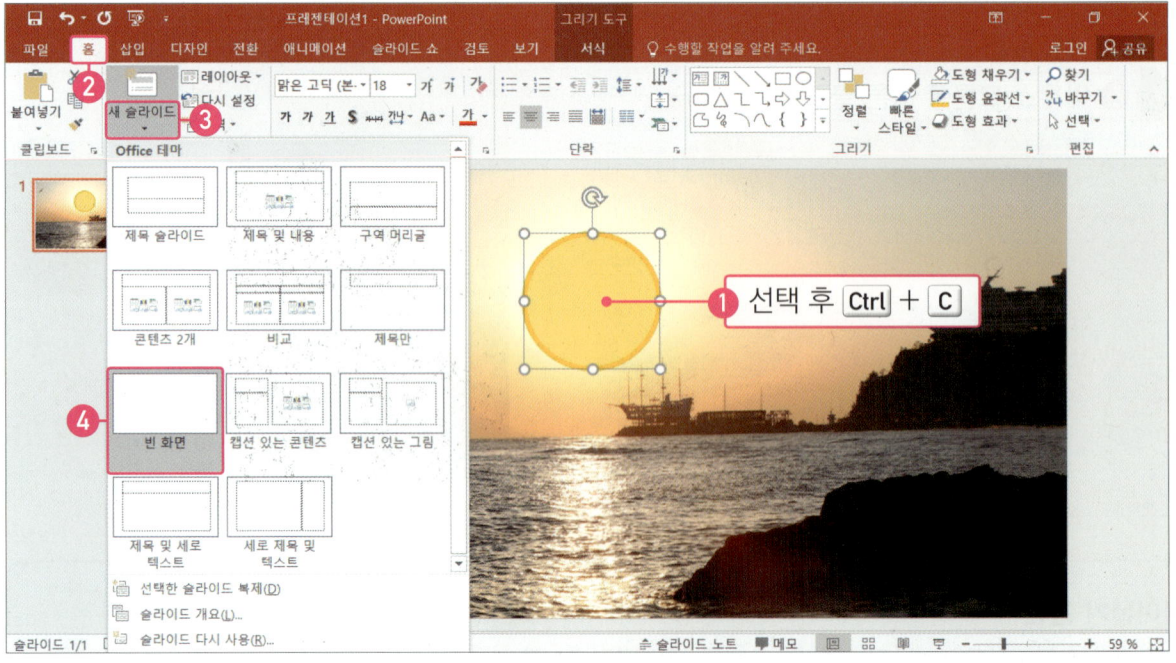

02 빈 화면의 새 슬라이드가 생성되면 Ctrl + V 키를 눌러 원을 붙여넣기 한 후 [그리기 도구] - [서식] 탭 - [도형 스타일] 그룹 - [도형 채우기] - [황금색, 강조 4, 40% 더 밝게]를 클릭합니다. 원을 별 모양으로 바꾸기 위해 [도형 삽입] 그룹 - [도형 편집( )] - [도형 모양 변경]을 클릭한 후 [별 및 현수막]에서 [포인트가 5개인 별(☆)]을 클릭합니다.

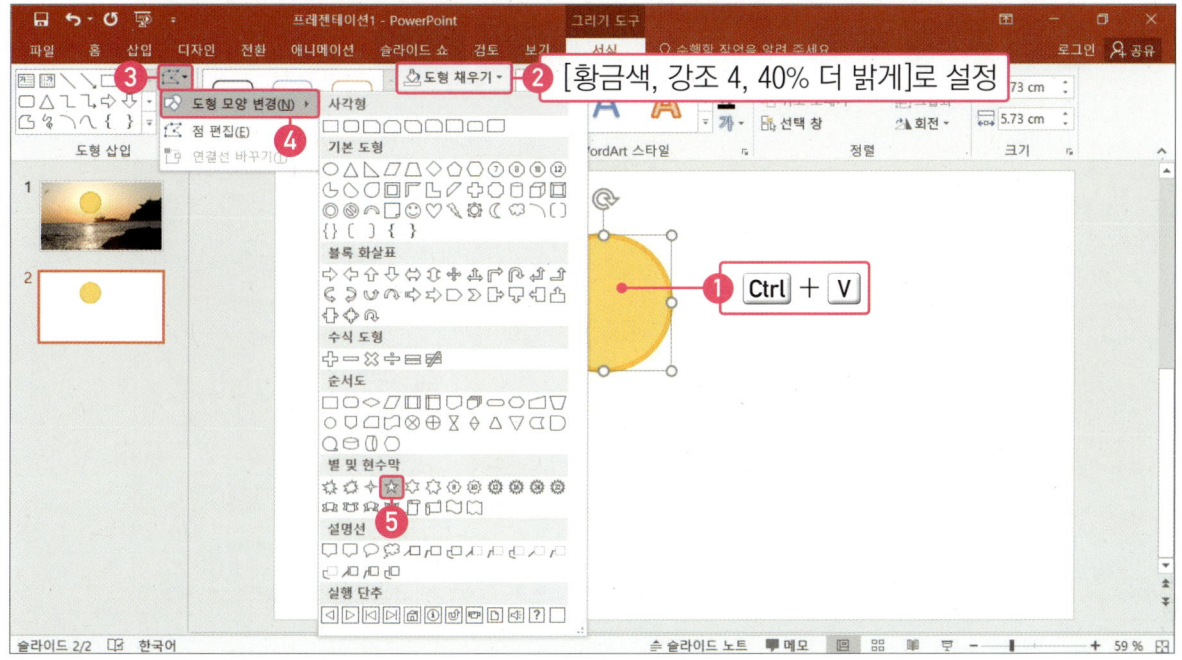

03 다음처럼 **별을 복사하고 붙여넣기** 하여 크고 작은 별들을 만듭니다.

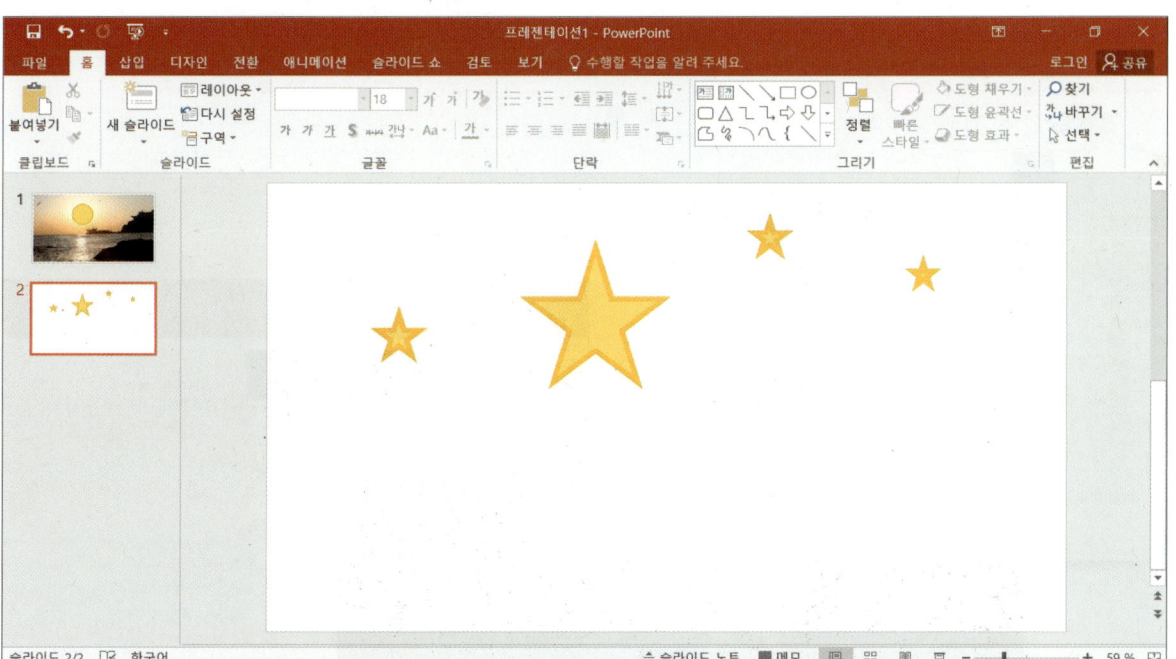

04 배경 서식을 변경하기 위해 [디자인] 탭 - [사용자 지정] 그룹 - [배경 서식]을 클릭합니다. 배경 서식 창에서 상단에 🖌(채우기 및 선)이 선택되어 있으면 **채우기**는 '**그림 또는 질감 채우기**'로 선택한 후 [다음에서 그림 삽입]에서 [파일] 버튼을 클릭합니다.

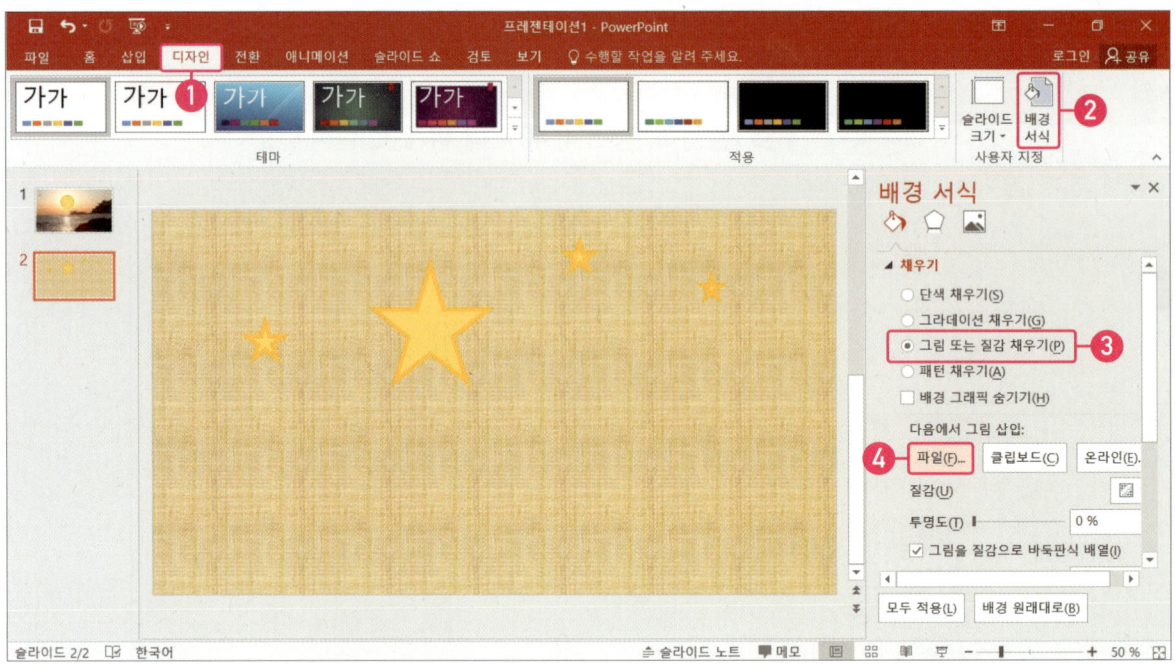

05 [그림 삽입] 대화상자에서 '**저녁.jpg**'를 선택한 후 [삽입] 버튼을 클릭하면 슬라이드 창의 배경에 그림이 삽입됩니다. 배경 서식 창을 닫습니다.

▶ 애니메이션 설정하기

01 슬라이드1에서 윤곽선만 있는 원을 선택하고 [애니메이션] 탭 – [애니메이션] 그룹 – [자세히(▽)]를 클릭한 후 [강조]에서 [펄스]를 클릭합니다.

 애니메이션은 프레젠테이션을 보다 동적이고 시각적으로 만들 수 있습니다. 애니메이션 갤러리에서 나타내기 효과 아이콘은 '녹색', 강조 효과 아이콘은 '노란색', 끝내기 효과 아이콘은 '빨간색'입니다. 이동 경로 효과 애니메이션의 경우 시작점은 '녹색', 끝점은 '빨간색'으로 경로가 표시됩니다.

02 [고급 애니메이션] 그룹 – [애니메이션 창]을 클릭합니다. 오른쪽의 애니메이션 창에서 타원 애니메이션의 ▼를 클릭하고 [타이밍]을 클릭합니다.

03 [펄스] 대화상자의 [타이밍] 탭에서 [반복]을 '슬라이드가 끝날 때까지'로 설정하고 [확인] 버튼을 클릭합니다.

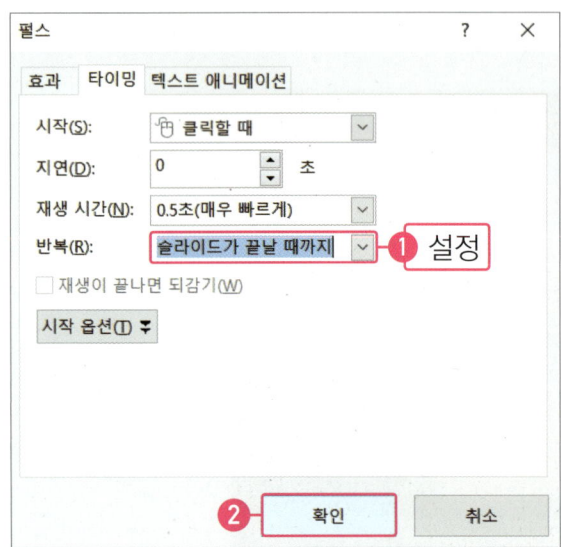

 애니메이션 효과와 타이밍
애니메이션 효과가 시작되는 시간과 진행 속도를 제어할 수 있습니다. 프레젠테이션에 적합한 모양과 느낌을 적용하기 위해 효과를 반복하거나 되감을 수도 있습니다.

04 슬라이드2에서 **왼쪽에 있는 별을 가운데 가장 큰 별 위로 드래그**하여 옮깁니다.

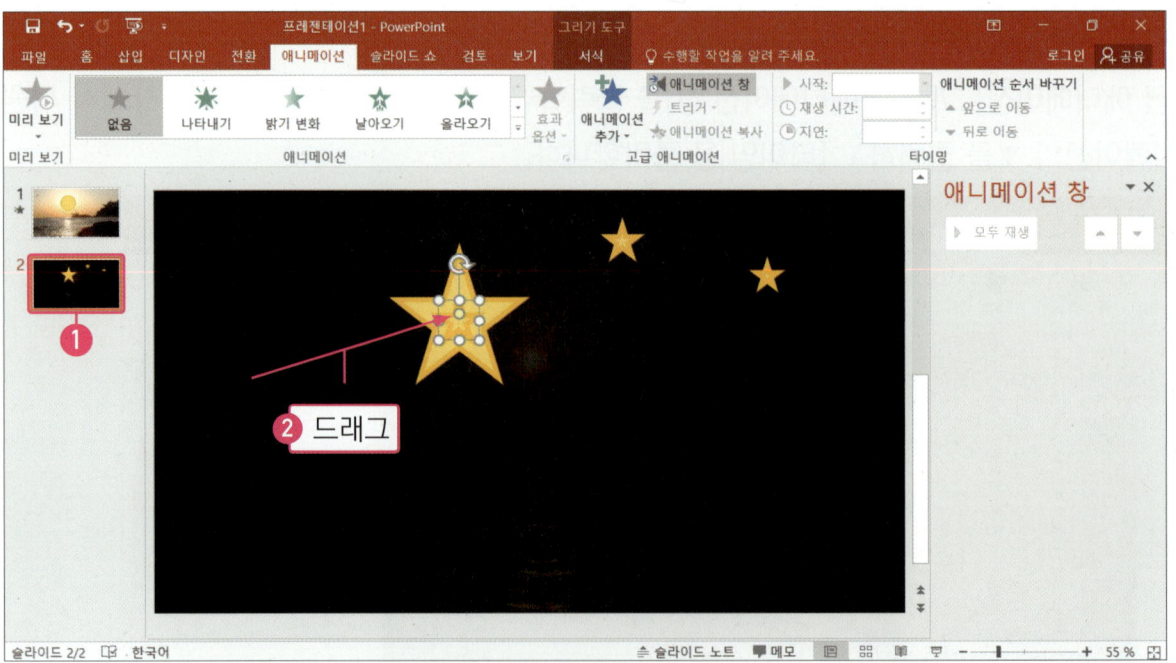

05 **04**에서 옮긴 별을 선택한 후 [애니메이션] 그룹 – [자세히(▼)]를 클릭한 후 [이동 경로]에서 [사용자 지정 경로]를 클릭합니다.

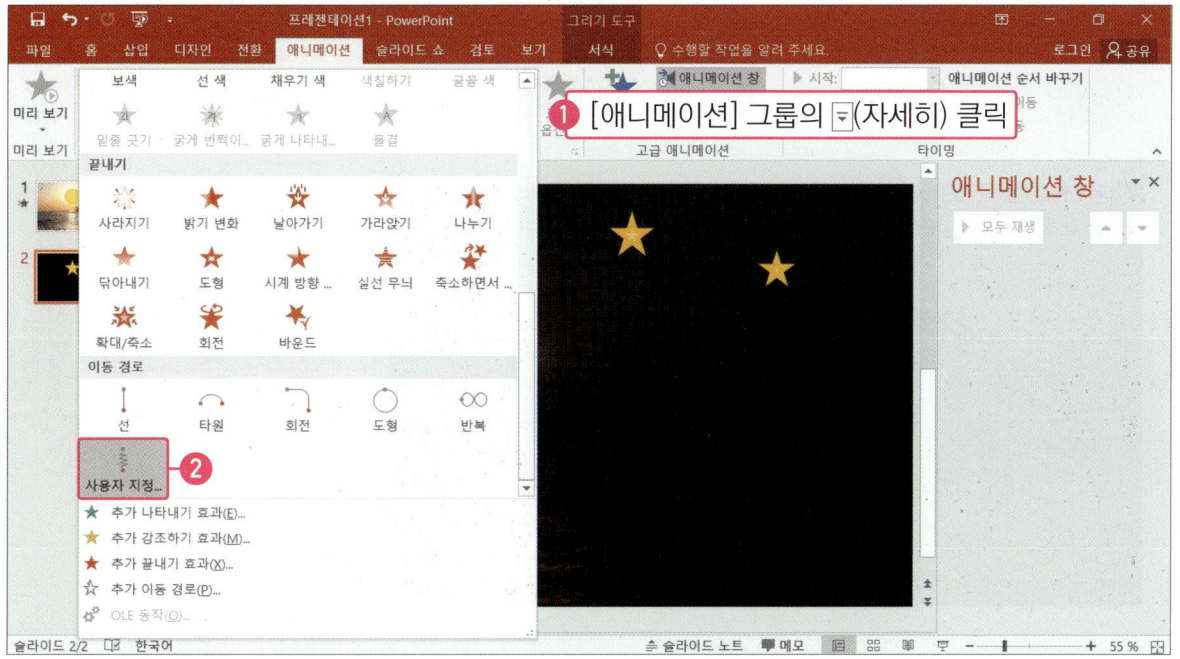

06 가운데(시작점)에서 본래 별이 있던 자리로 경로를 그린 후 끝점에서 더블 클릭합니다. 시작점은 녹색, 끝점은 빨간색으로 나타납니다. 나머지 두 개의 별도 가운데 별로 옮긴 후 [사용자 지정 경로] 애니메이션을 설정합니다.

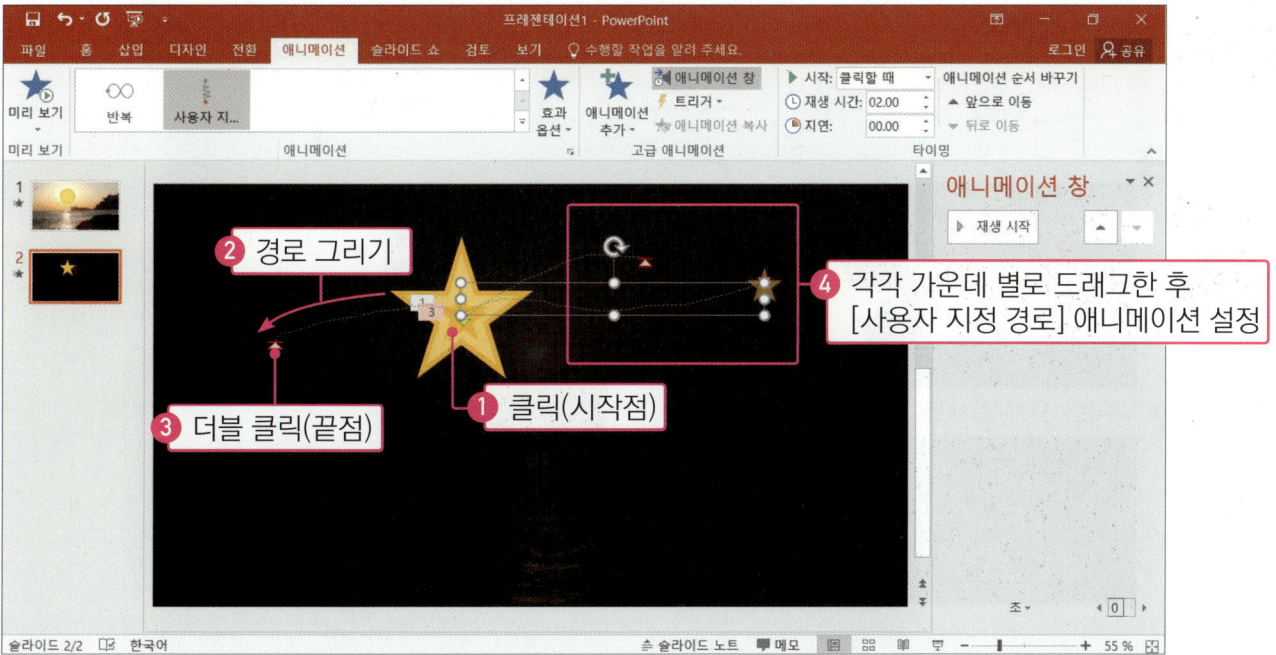

07 애니메이션 창에서 Ctrl 키 또는 Shift 키를 누른 채 애니메이션 목록을 모두 선택합니다. ▼를 클릭하고 [이전 효과와 함께 시작]을 클릭합니다.

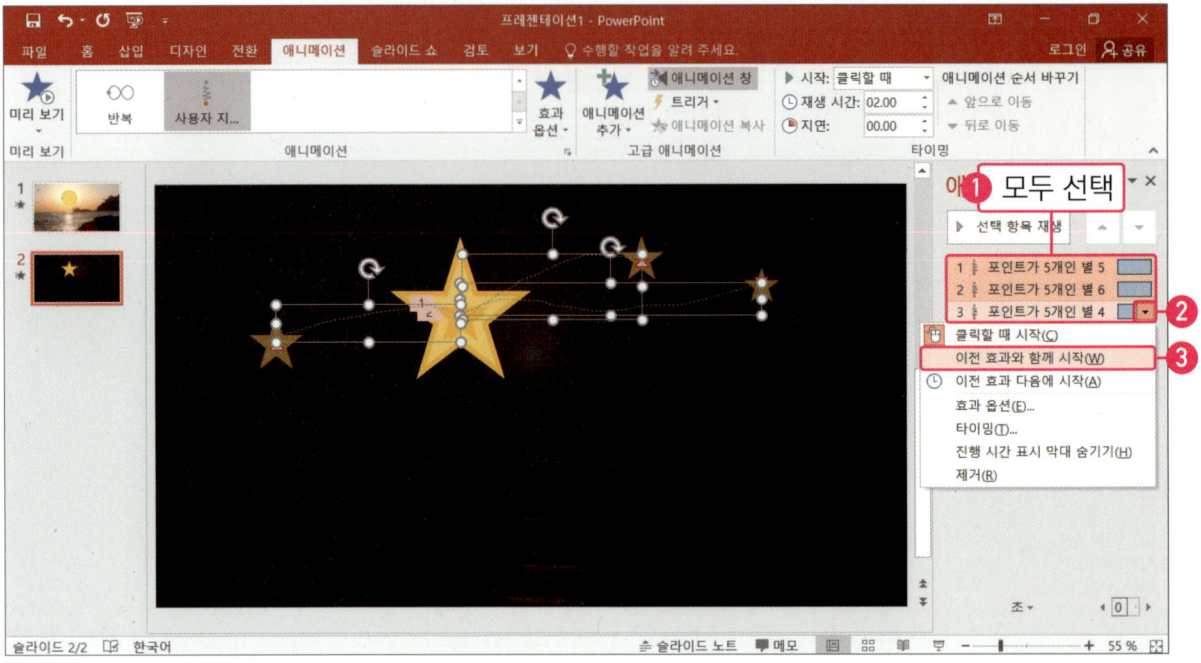

08 가운데 가장 큰 별 위에서 마우스 오른쪽 버튼을 클릭한 후 [맨 앞으로 가져오기] – [맨 앞으로 가져오기]를 클릭합니다. 하단의 화면 보기 버튼 중 (슬라이드 쇼) 버튼을 클릭하여 애니메이션 효과를 확인합니다.

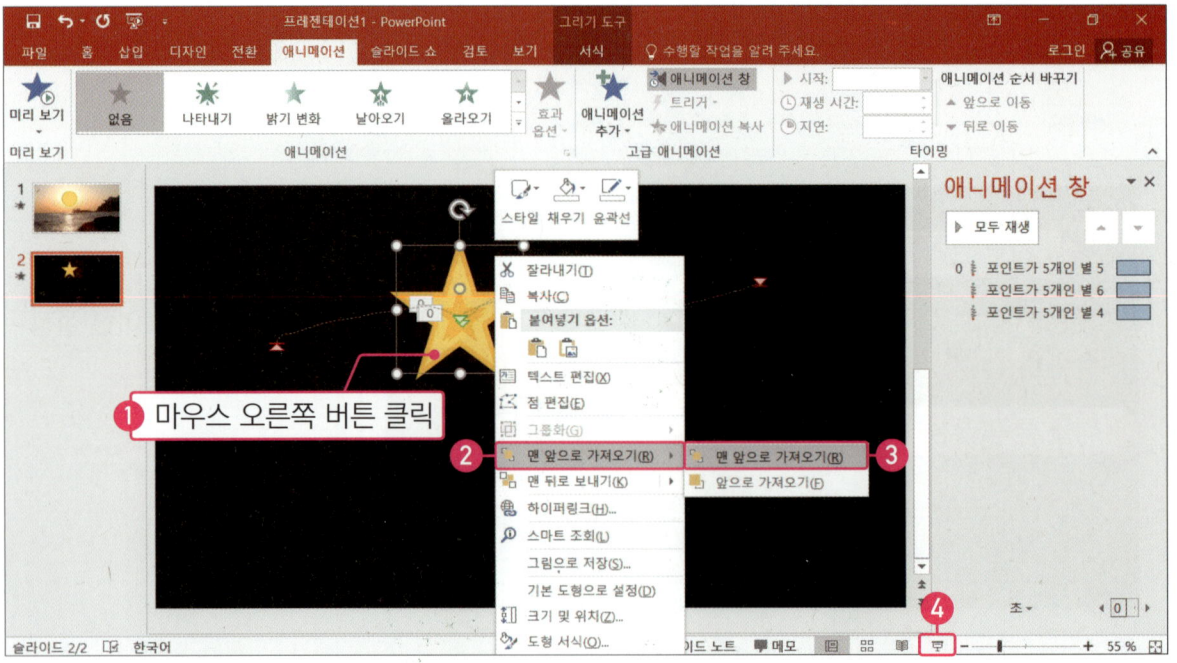

슬라이드 쇼
처음부터 슬라이드 쇼를 진행하려면 F5 키를 눌러서 진행하고, 현재 슬라이드부터 슬라이드 쇼를 진행하려면 Shift + F5 키를 눌러서 진행합니다. 슬라이드 쇼를 끝내려면 Esc 키를 누릅니다.

▶ 전환 효과와 비디오 만들기

01 화면 전환을 설정하기 위해 [전환] 탭 - [슬라이드 화면 전환] 그룹 - [나타내기]를 클릭합니다. [타이밍] 그룹 - [모두 적용]을 클릭하여 모든 슬라이드에 전환 효과를 설정합니다.

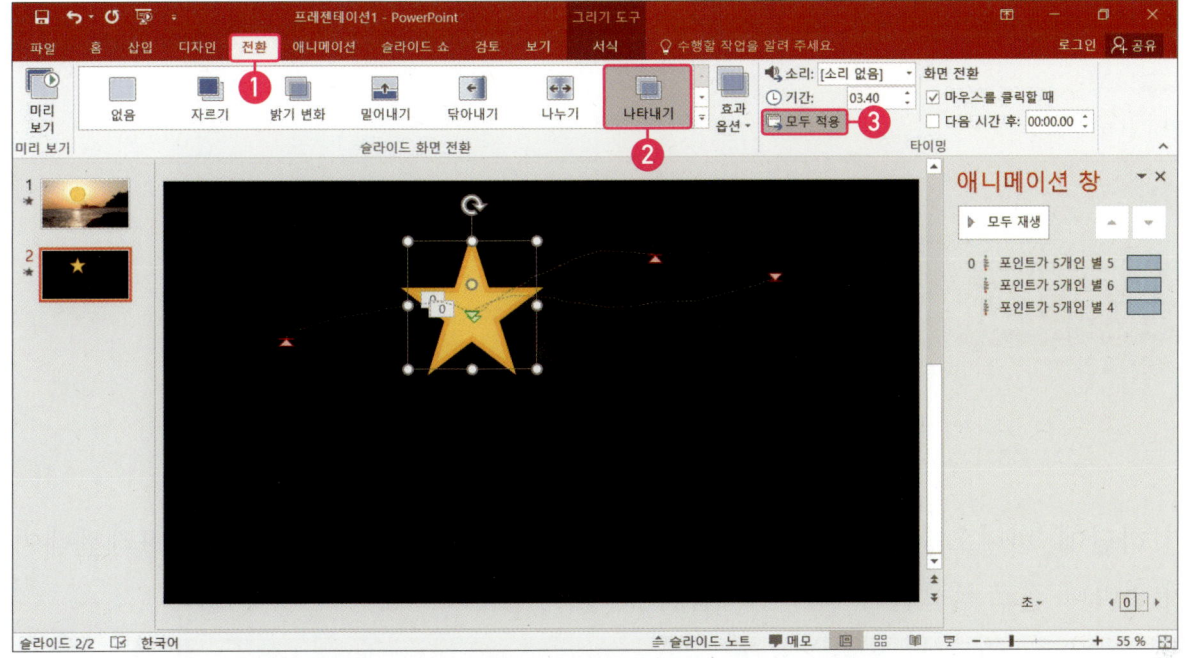

 슬라이드 전환은 프레젠테이션 중에 한 슬라이드에서 다른 슬라이드로 이동할 때 발생하는 시각적 효과입니다. 전환 효과의 속도를 제어하고, 소리를 추가하거나 모양을 사용자가 지정할 수 있습니다.

02 [파일] 탭 - [내보내기] - [비디오 만들기]를 클릭한 후 기본 옵션을 그대로 둔 채 [비디오 만들기] 버튼을 클릭합니다.

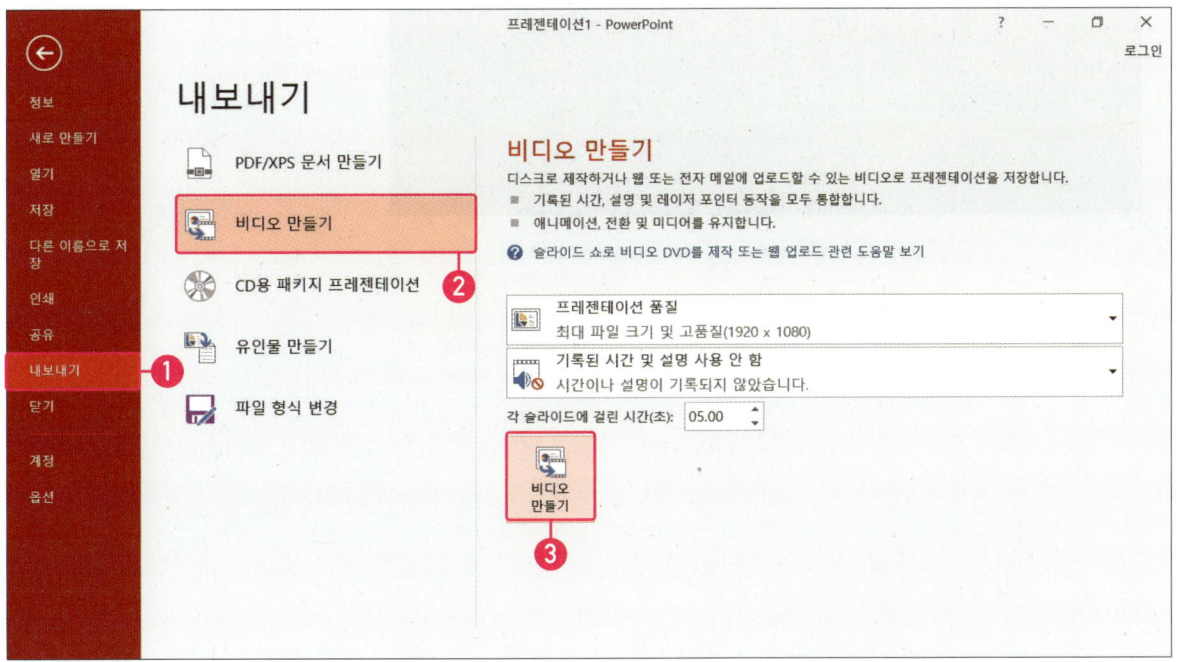

03 [다른 이름으로 저장] 대화상자에서 **저장 위치를 설정**하고, **파일 이름을 '아침밤'으로 입력**한 후 [**저장**] 버튼을 클릭합니다.

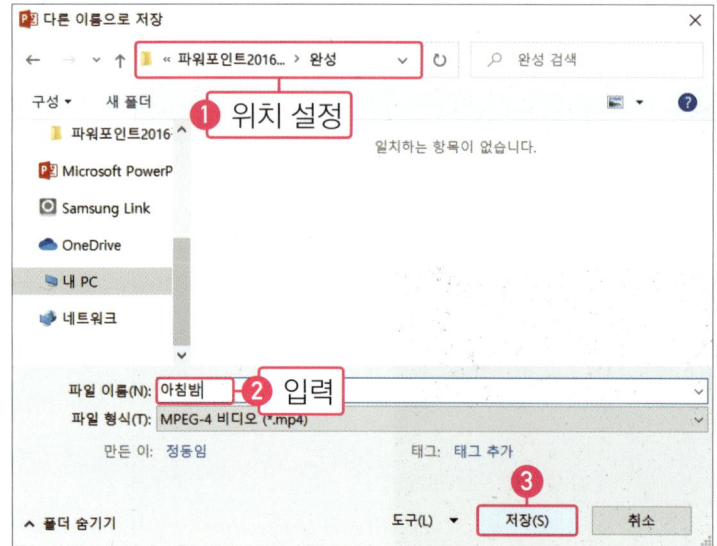

04 화면 하단에 '비디오를 만드는 중'이라고 표시되는데, 이때 소요되는 시간은 프레젠테이션이 얼마나 길고 복잡한지에 따라 다릅니다.

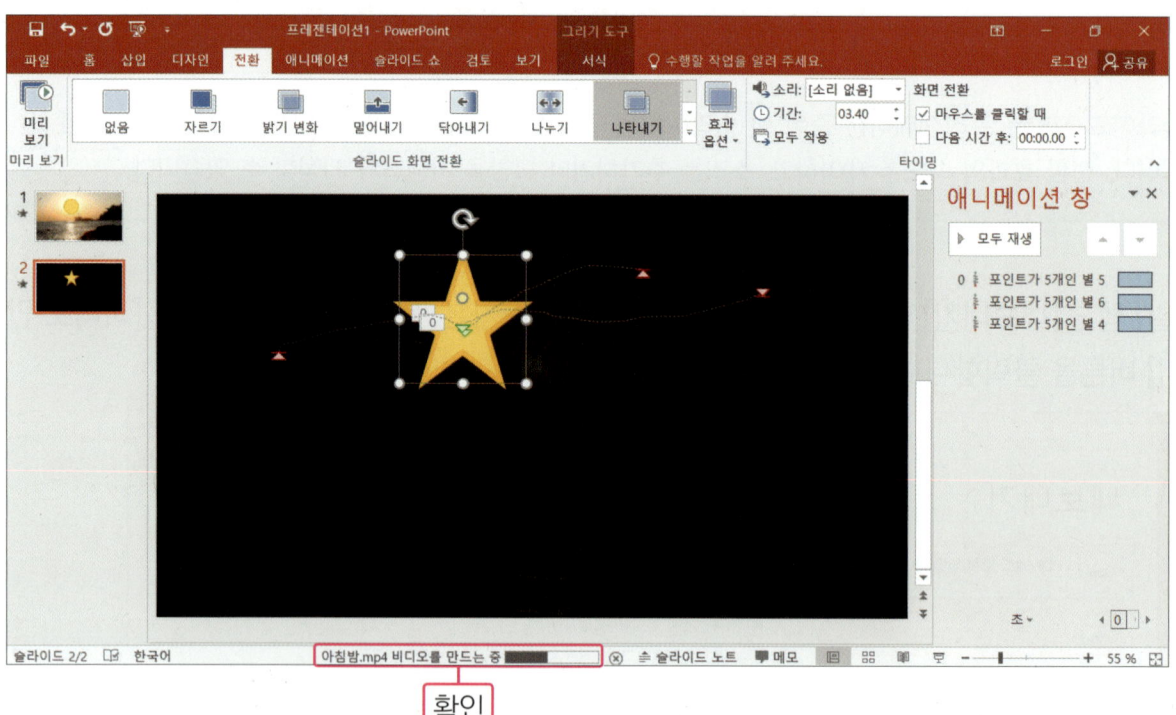

05 '비디오 만드는 중'이라는 표시가 사라지면 비디오 파일이 생성됩니다. 비디오를 저장한 폴더를 열어서 생성된 파일을 더블 클릭하면 비디오를 감상할 수 있습니다.

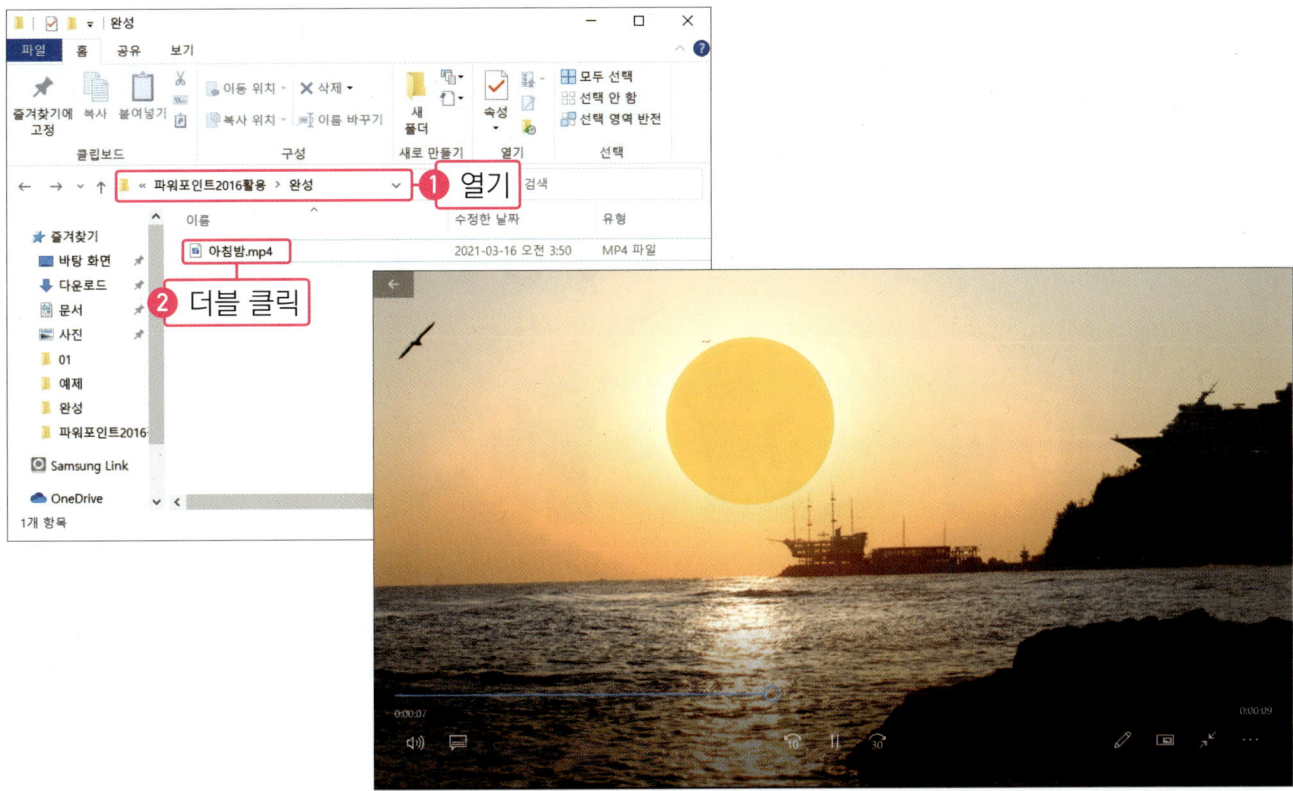

06 [파일] 탭 – [다른 이름으로 저장] – [찾아보기]를 클릭한 후 pptx 파일로도 저장합니다.

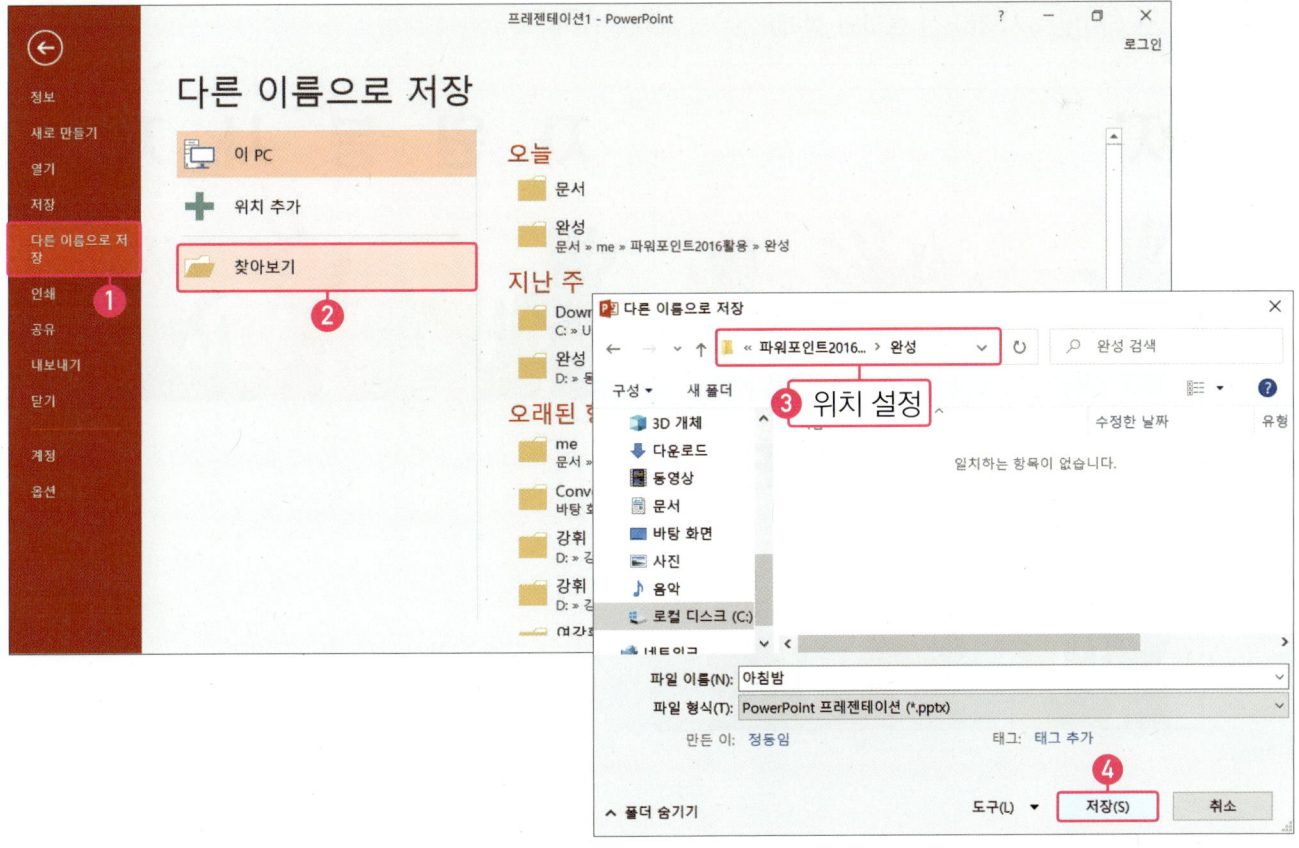

응용력 키우기

01 슬라이드1에는 '손.png' 그림을 배경 서식으로, 슬라이드2에는 '자원봉사자.png' 그림을 배경 서식으로 지정합니다. [밝기 변화] 전환 효과를 슬라이드 전체에 적용합니다.

예제파일 손.png, 자원봉사자.png

02 문제 01에서 작업한 파일의 슬라이드1에 '자원봉사자'라는 텍스트 상자를 만들고, 나타내기 애니메이션 효과를 설정한 후 비디오를 만들어 봅니다(단, 비디오 품질과 크기는 상관없습니다).

- 텍스트 스타일 : 글꼴(HY헤드라인M), 글꼴 크기(100pt), 글꼴 색(자주), 균등 분할
- 텍스트 나타내기 애니메이션
  - 효과 : 텍스트 애니메이션(문자 단위로)
  - 타이밍 : 시작(이전 효과와 함께)

02 움직이는 사진 만들기

- 투명 색 설정하기
- 도형 그리기
- 도형 병합하기
- 개체 순서
- 선택 창에서 선택하기
- 선 애니메이션 설정하기

미/리/보/기

예제파일 : 스마트폰.jpg, 풍경.jpg
완성파일 : 홈화면.mp4, 홈화면.pptx

이번 장에서는 그림 삽입, 투명색 설정, 도형 병합 등을 따라 해 봅니다. 슬라이드에 삽입된 특정 개체를 선택하기 위해 선택 창을 활용하는 방법도 배울 수 있습니다. 스마트폰에 사진을 삽입하고 그 사진이 움직이는 것처럼 보이도록 선 애니메이션을 적용하는 방법까지 알아보겠습니다.

01 도형 병합하기

파워포인트에서 제공하는 기본 도형에 원하는 모양이 없을 경우, 두 개 이상의 도형을 병합하여 새로운 기하학적인 도형을 만들 수 있습니다. 병합할 두 도형을 선택한 후 [그리기 도구] – [서식] 탭 – [도형 삽입] 그룹 – [도형 병합(◉)]을 클릭하여 원하는 옵션을 선택합니다.

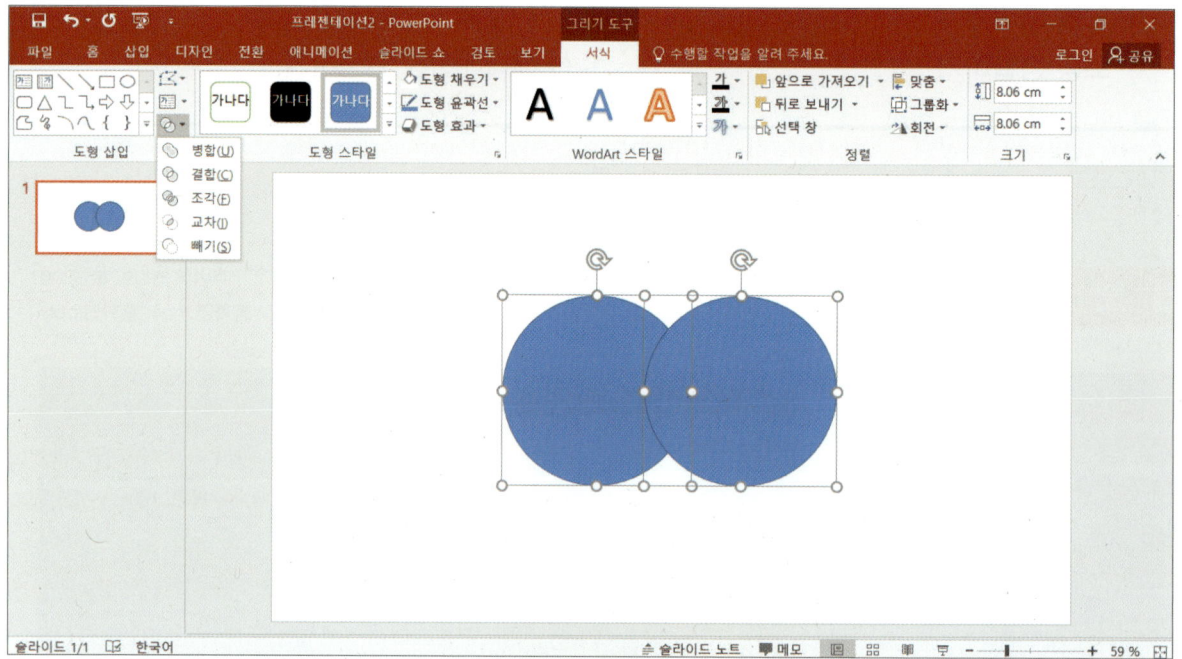

- **병합**(◉) : 두 개의 도형이 합집합의 형태를 가진 하나의 도형으로 합쳐집니다.

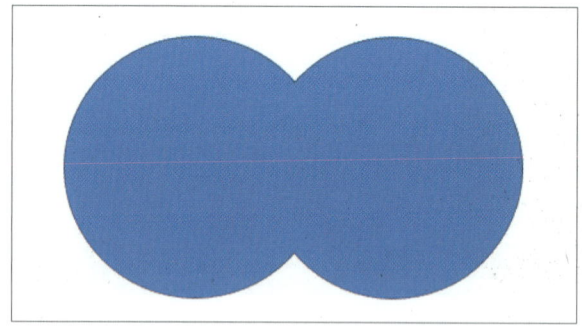

- **결합**(◉) : 두 개의 도형의 겹쳐진 부분을 제외한 나머지 부분이 하나의 도형으로 합쳐집니다.

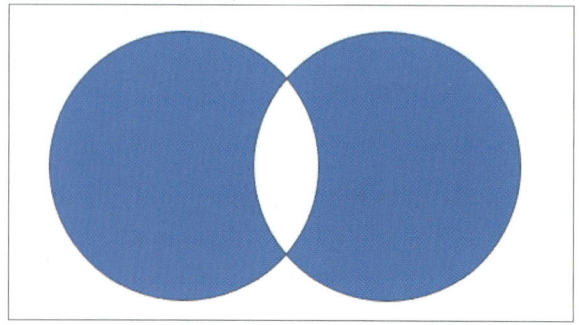

- **조각(￼)** : 도형이 겹쳐지면서 만들어진 선이 지나가는 부분을 모두 조각내어 각각의 도형을 만듭니다.

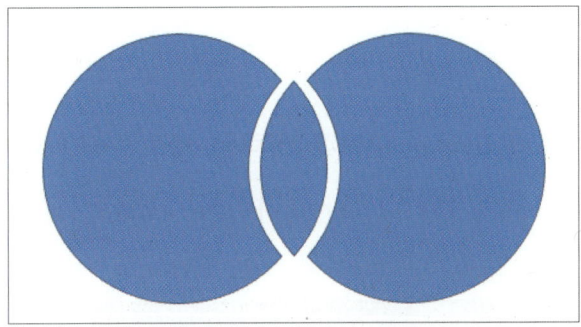

- **교차(￼)** : 두 도형이 교차하는 부분의 도형만 남깁니다.

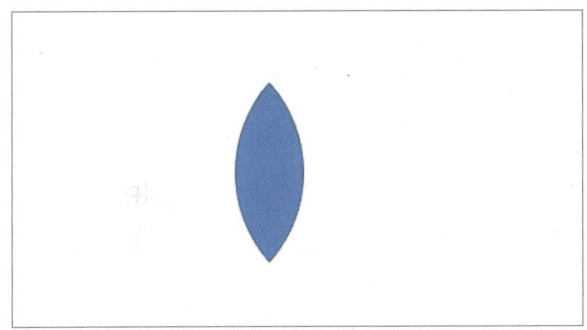

- **빼기(￼)** : 먼저 선택한 도형에서 두 번째로 선택한 도형만큼을 뺀 나머지 부분이 도형으로 남습니다.

점 편집

도형의 모양이 마음에 들지 않을 경우, 점 편집을 사용하여 도형의 모양을 수정할 수 있습니다. 변형할 도형을 선택한 후 [그리기 도구] - [서식] 탭 - [도형 삽입] 그룹 - [도형 편집] - [점 편집(￼)]을 클릭하면 검은색 편집점이 나타납니다. 편집할 검은색 편집점을 선택하면 흰색 사각형 편집점이 나타납니다. 흰색 편집점을 드래그하여 두 개의 검은색 편집점 사이에 있는 선의 곡률을 변형하여 도형을 편집합니다.

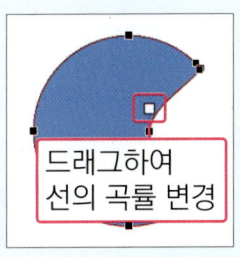

 # 홈 화면에서 움직이는 사진 만들기

▶ **투명한 색 설정하기**

01 파워포인트 2016을 실행합니다. 슬라이드 위에서 **마우스 오른쪽 버튼을 클릭**하여 [레이아웃] – [빈 화면]을 클릭합니다. 그림을 삽입하기 위해 [삽입] 탭 – [이미지] 그룹 – [그림]을 클릭합니다.

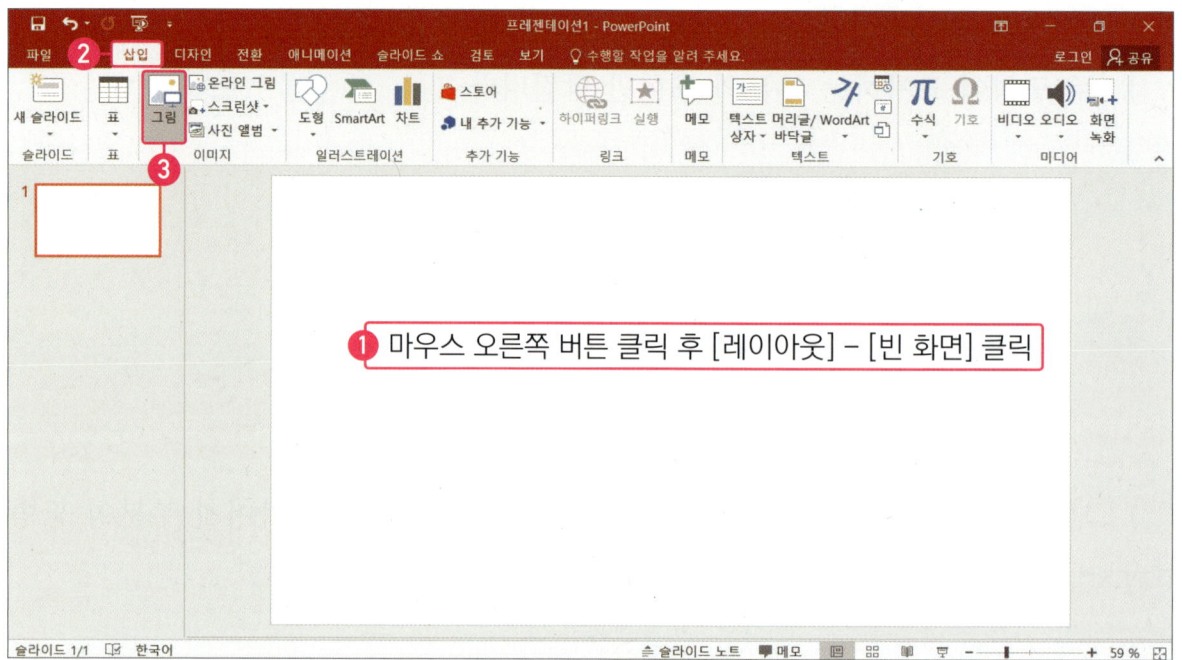

02 [그림 삽입] 대화상자에서 '**풍경.jpg**'를 선택한 후 [삽입] 버튼을 클릭합니다.

03 풍경 그림이 삽입된 것을 확인할 수 있습니다. 스마트폰 그림을 추가하기 위해 [삽입] 탭 - [이미지] 그룹 - [그림]을 클릭합니다.

04 [그림 삽입] 대화상자에서 '스마트폰.jpg'를 선택한 후 [삽입] 버튼을 클릭합니다.

05 스마트폰 그림이 삽입된 것을 확인할 수 있습니다. [그림 도구] – [서식] 탭 – [조정] 그룹 – [색]에서 [투명한 색 설정]을 클릭합니다.

06 스마트폰 그림의 흰 배경을 클릭합니다. 흰 배경을 투명하게 설정하여 **02~03**에서 삽입한 배경 이미지가 스마트폰 홈 화면에 보입니다.

▶ 도형 그리기

01 배경과 스마트폰 홈 배경을 가릴 도형을 만들기 위해 [홈] 탭 – [그리기] 그룹 – [자세히(▼)]를 클릭한 후 [사각형] 중 [직사각형(▢)]을 클릭합니다.

02 슬라이드 위에서 **슬라이드 크기만큼 드래그**합니다.

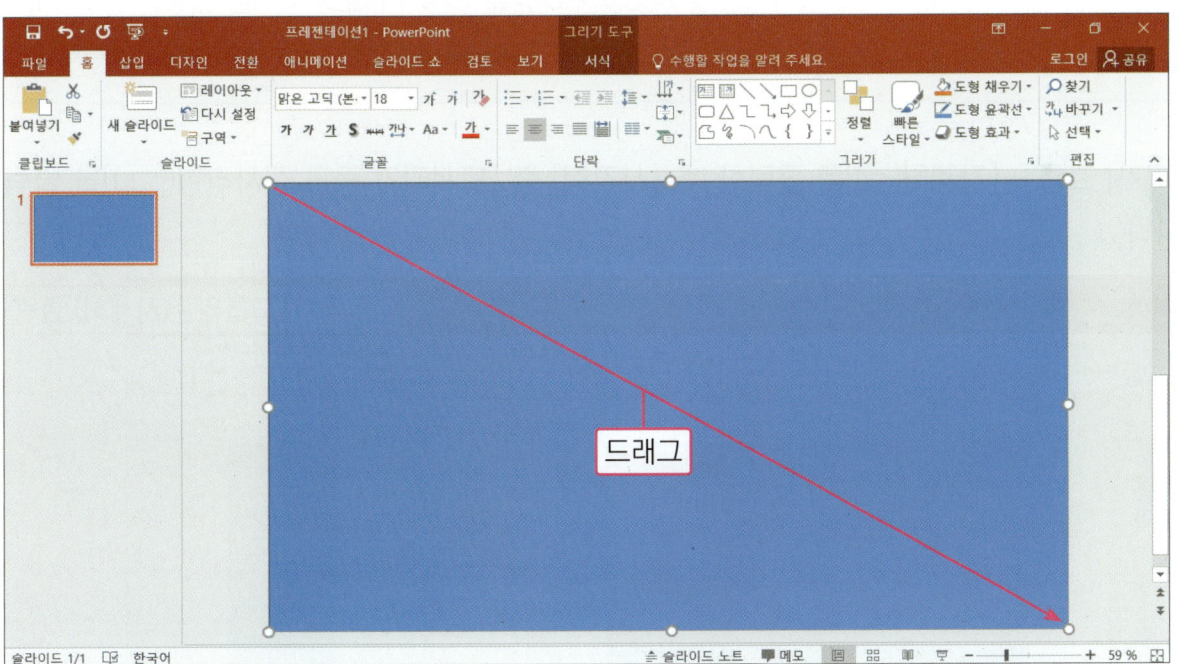

03 스마트폰이 보일 수 있도록 직사각형을 뒤로 보내야 합니다. **직사각형 위에서 마우스 오른쪽 버튼을 클릭하고 [맨 뒤로 보내기] – [뒤로 보내기]를 클릭합니다.**

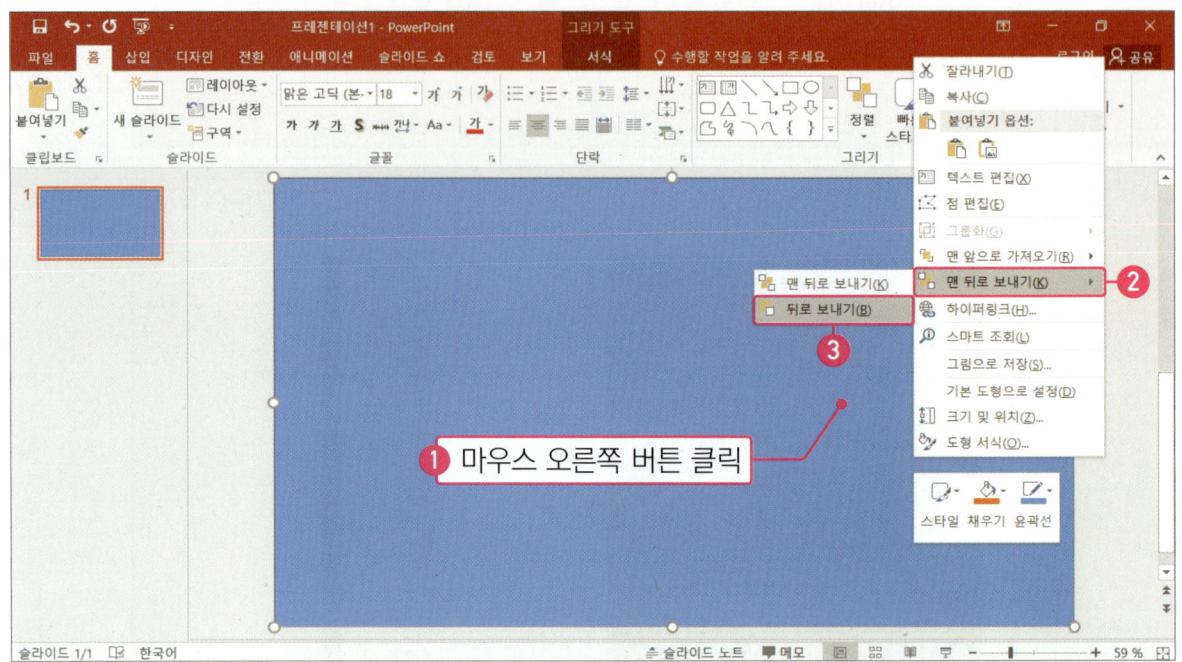

 개체 이동
슬라이드의 개체는 가장 최근에 삽입한 개체가 맨 위에 배치되고, 가장 먼저 삽입한 개체가 맨 아래로 배치됩니다. 배치 순서를 변경하려면 순서를 변경하려는 개체 위에서 마우스 오른쪽 버튼을 클릭하여 [맨 앞으로 가져오기] 또는 [맨 뒤로 보내기] 중 순서에 맞는 메뉴를 선택하면 해당 개체가 이동됩니다.

04 [그리기] 그룹 – [자세히(▼)]를 클릭한 후 [사각형] 중 [모서리가 둥근 직사각형(▢)]을 클릭합니다.

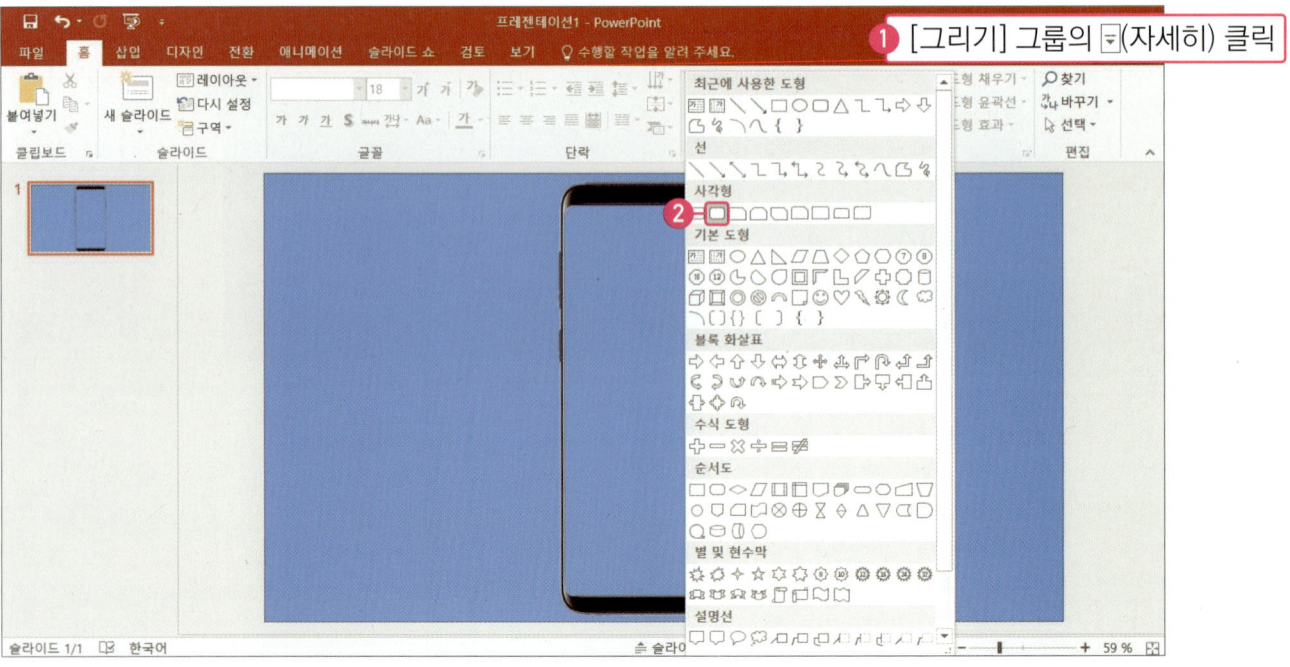

05 스마트폰의 홈 화면 위로 **모서리가 둥근 직사각형을 드래그**하여 그립니다. 모서리를 홈 화면에 맞게 **노란색의 모양 조절 핸들(🟡)을 드래그**하여 곡률을 조절합니다.

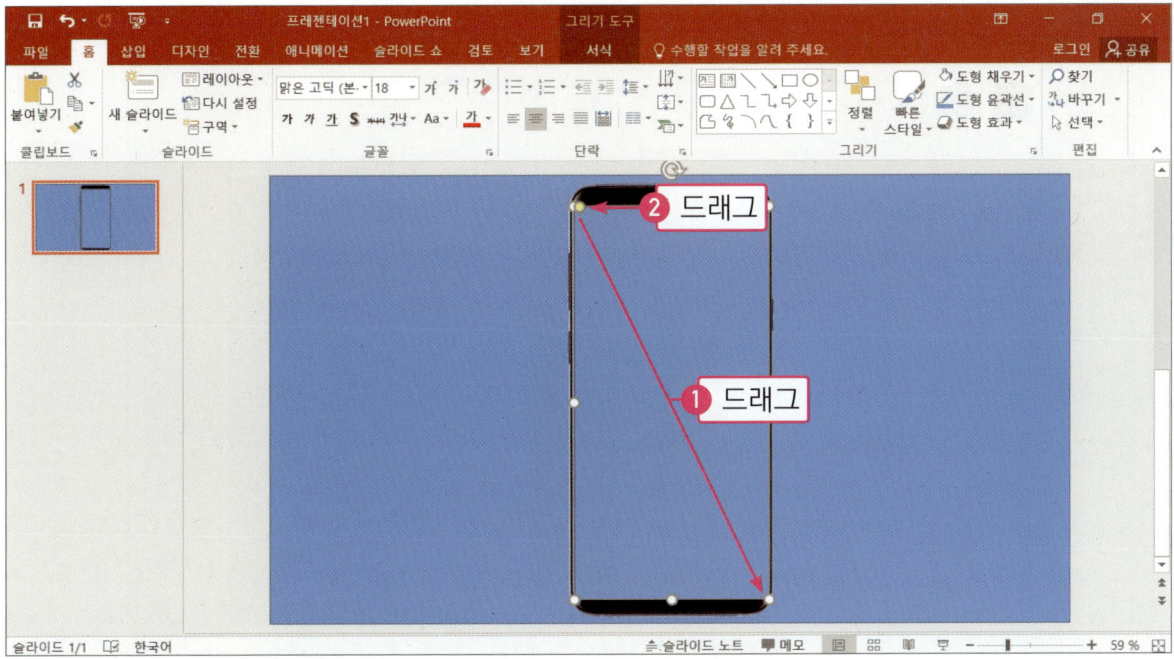

▶ 도형 병합하기

01 **직사각형을 먼저 선택**하고, Ctrl 키 또는 Shift 키를 누른 상태로 **모서리가 둥근 직사각형을 선택**합니다.

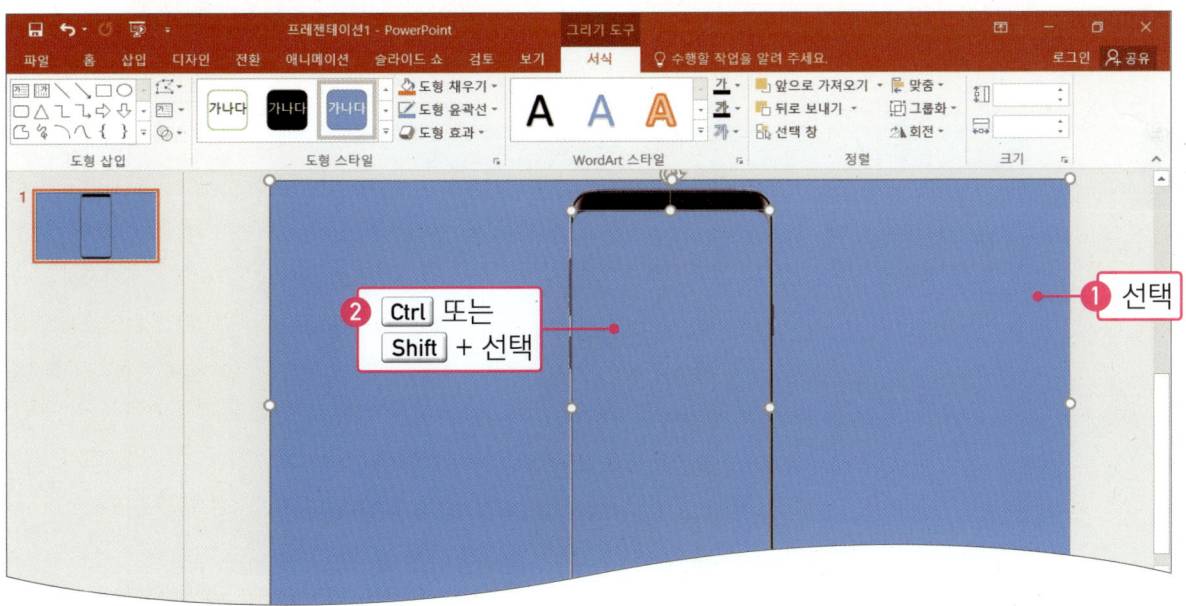

 도형 병합에서 '빼기'는 먼저 선택한 도형에서 나중에 선택한 도형을 빼고 병합되므로 반드시 직사각형을 선택한 후 모서리가 둥근 직사각형을 선택해야 합니다.

02 [도형 삽입] 그룹 – [도형 병합( )] – [빼기]를 클릭합니다. 직사각형에서 모서리가 둥근 직사각형 부분이 빼기가 되어 아래쪽의 사진이 배경으로 보입니다.

▶ 선 애니메이션으로 움직이는 사진 만들기

01 개체를 선택하기 위해 [홈] 탭 – [편집] 그룹 – [선택] – [선택 창]을 클릭합니다.

02 오른쪽에 선택 창이 표시됩니다. 풍경 사진에 해당하는 그림을 선택하고 [애니메이션] 탭 – [애니메이션] 그룹 – [자세히(⏷)]를 클릭한 후 [이동 경로]에서 [선]을 선택합니다.

 선택 창
모든 개체를 목록에 표시하고, 개체를 선택하거나 개체 순서를 변경할 때 사용합니다. 목록에서 👁를 클릭하여 개체를 숨기거나 보이게 할 수 있습니다.

03 그림의 가운데에서 왼쪽으로 드래그하여 선을 그려줍니다. [애니메이션] 탭 – [애니메이션] 그룹 – [효과 옵션]의 [방향]에서 [왼쪽]을 선택합니다.

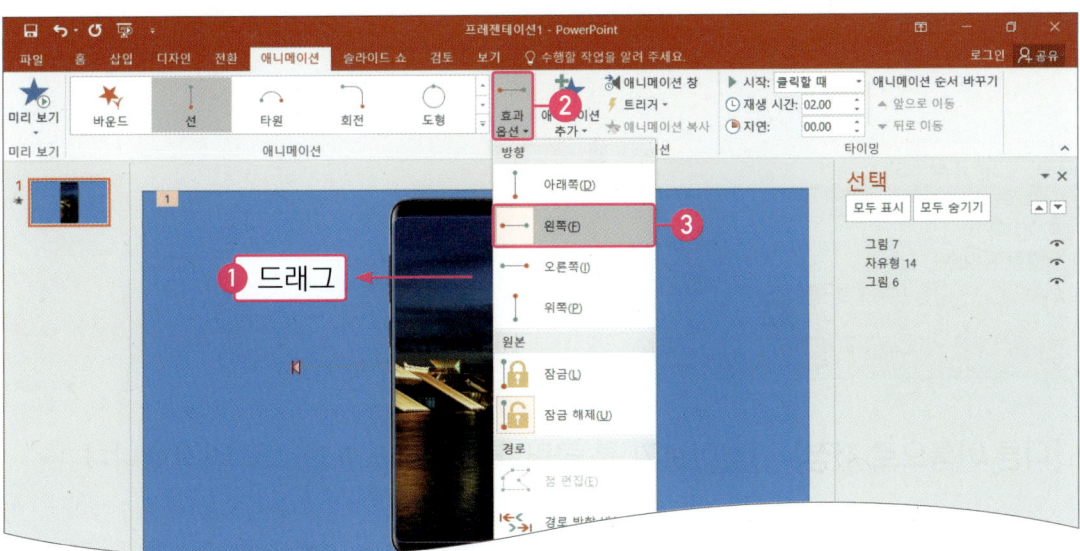

 애니메이션의 이동 경로
이동 경로 애니메이션에서 선, 타원, 회전, 도형, 반복, 사용자 지정 경로 중 하나를 선택하여 애니메이션의 이동 경로를 설정할 수 있습니다.

04 F5 키를 눌러 슬라이드 쇼가 시작되면 마우스를 클릭하여 애니메이션을 확인합니다. Esc 키를 눌러 슬라이드 쇼를 종료합니다.

 애니메이션 효과 미리 보기
[애니메이션] 탭 – [미리 보기] 그룹 – [미리 보기]를 클릭하며 애니메이션 효과를 확인할 수 있습니다.

05 비디오로 만들기 위해 [파일] 탭 – [내보내기] – [비디오 만들기]에서 [비디오 만들기] 버튼을 클릭합니다. 비디오 품질 및 옵션은 기본 설정 그대로 유지합니다. [다른 이름으로 저장] 대화상자가 나타나면 [파일 이름]에 '홈화면'을 입력한 후 [저장] 버튼을 클릭합니다.

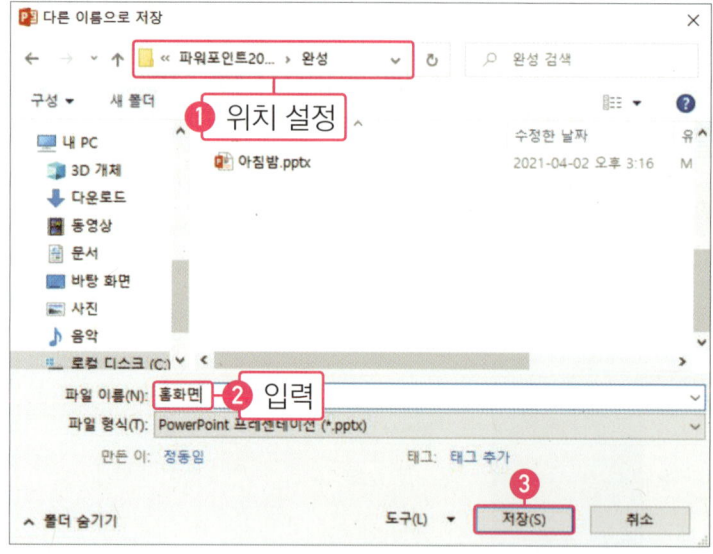

06 [파일] 탭 – [다른 이름으로 저장] – [찾아보기]를 클릭한 후 pptx 파일로도 저장합니다.

응용력 키우기

01 슬라이드에 '놀이기구.jpg', '모니터.jpg' 그림을 삽입한 후 모니터 그림의 배경에 놀이기구 그림의 일부분이 보이게 합니다.

예제파일 놀이기구.jpg, 모니터.jpg

 '모니터.jpg' 그림의 모니터 부분을 투명 색으로 설정합니다.

02 문제 **01**의 파일에 삽입된 놀이기구 그림에 애니메이션을 적용한 후 비디오를 만들어 봅니다 (단, 비디오 품질과 크기는 상관없습니다).

- 놀이기구 그림 애니메이션
  - 선 애니메이션(오른쪽 아래에서 왼쪽 사선으로 이동)
  - 타이밍 : 재생 시간(2초)

03 카드 만들기

- 배경 서식 설정하기
- 개체 그룹화하기
- 온라인 그림
- 애니메이션 효과 옵션
- 애니메이션 타이밍 설정하기

미/리/보/기

 완성파일 : 카드.mp4, 카드.pptx

이번 장에서는 도형 및 클립 아트를 삽입하여 크리스마스 카드를 만들어 봅니다. 여러 도형을 그룹화 및 복사하면 카드를 다양한 모양으로 꾸밀 수 있습니다. 애니메이션의 타이밍 기능을 활용하여 서서히 눈이 내리는 장면에 텍스트가 한 줄씩 나타나도록 만들어 보겠습니다.

 **이미지 검색해서 삽입하기**

파워포인트 문서에 내용을 설명하는 일러스트레이션이나 사진이 필요할 때 [삽입] 탭 – [이미지] 그룹 – [온라인 그림]을 사용하면 간단하게 이미지를 추가할 수 있습니다. [그림 삽입] 대화상자의 Bing 이미지 검색란에 검색어를 입력하여 검색합니다. Bing 사이트에서 검색한 결과가 바로 나타나고 크기, 유형, 색, 라이선스에 대한 옵션을 선택하여 필터링할 수 있습니다.

유형 옵션에는 사진, 일러스트레이션, 라인 드로잉, 투명을 설정해 원하는 이미지를 검색할 수 있습니다. 라이선스 옵션은 'Creative Commons만'이 기본으로 설정되어 있습니다. 이는 창작물을 마음대로 활용할 수 있다는 의미로 저작권을 염려하지 않고 이미지를 선택하여 사용할 수 있습니다.

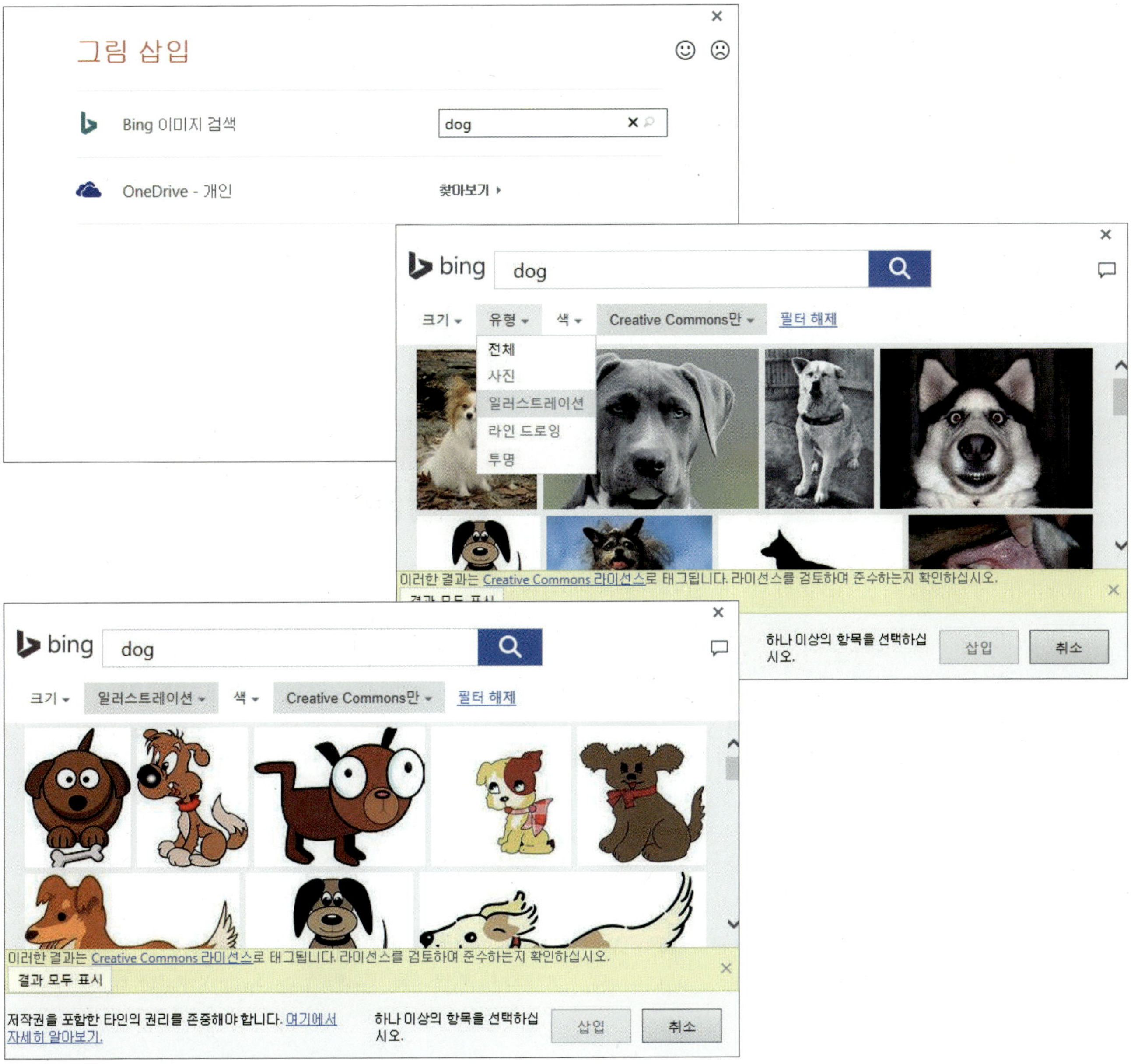

▲ dog 검색한 후 유형을 일러스트레이션으로 설정

02 눈 내리는 카드 만들기

▶ **배경 서식과 도형 그리기**

01 빈 화면 슬라이드에서 [디자인] 탭 – [사용자 지정] 그룹 – [배경 서식]을 클릭하고, 배경 서식 창에서 [채우기]를 '단색 채우기'로 설정합니다.

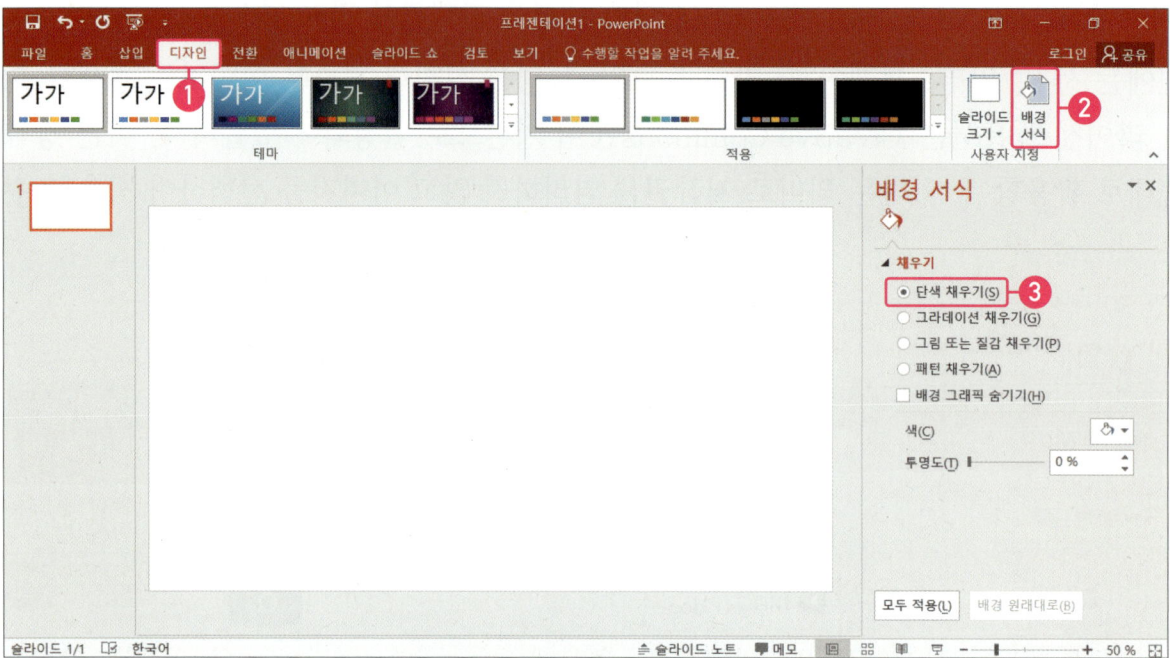

02 [채우기 색()]을 클릭하고 [진한 빨강]을 선택합니다.

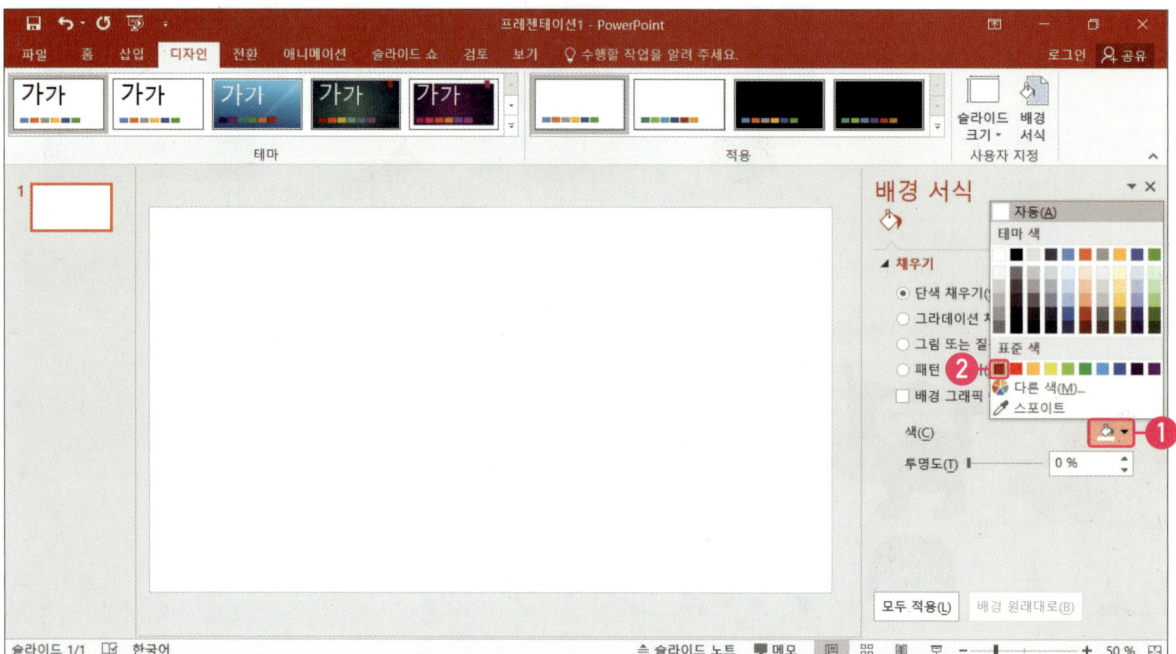

03 배경이 진한 빨강으로 채워진 것을 확인할 수 있습니다. 도형을 그리기 위해 [홈] 탭 - [그리기] 그룹 - [자세히(▽)]를 클릭한 후 [별 및 현수막]에서 [아래쪽 리본( )]을 클릭합니다.

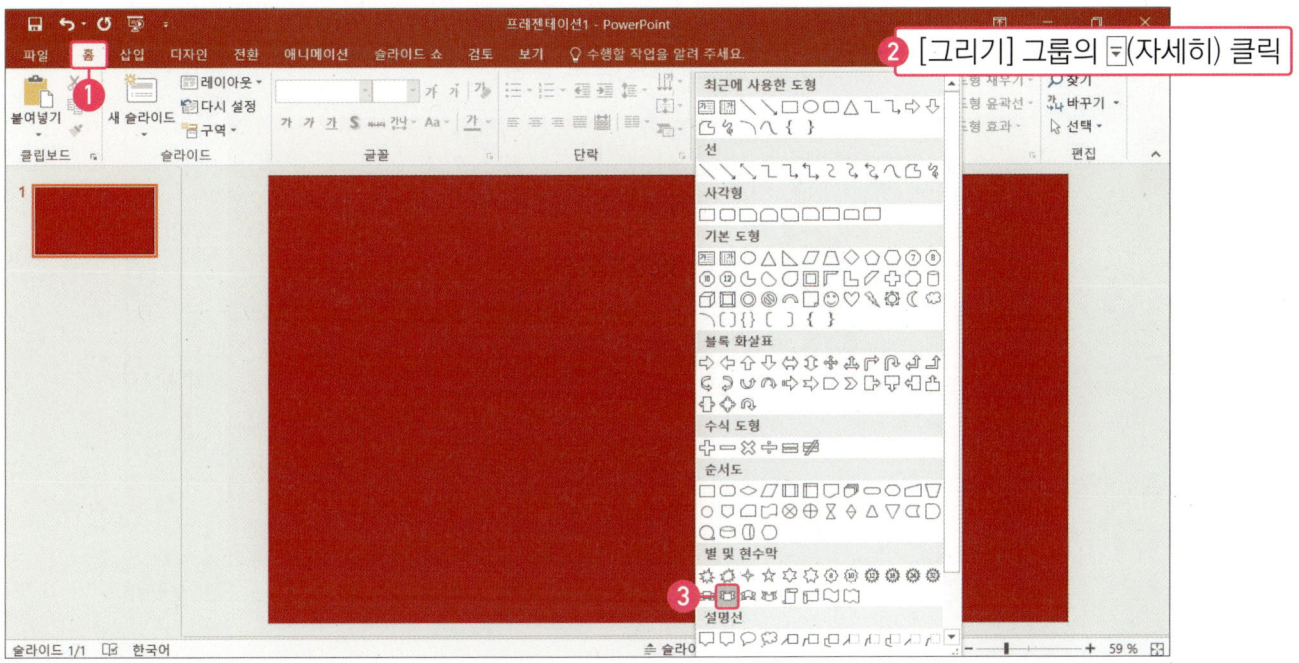

04 슬라이드 위에서 도형을 드래그하여 리본 모양을 그린 후 왼쪽의 **노란색 모양 조절 핸들**( )을 왼쪽으로 드래그하여 리본 모양을 조절합니다. [그리기] 그룹 - [도형 채우기]는 [흰색, 배경 1]로, [도형 윤곽선]은 [진한 빨강]으로 설정합니다.

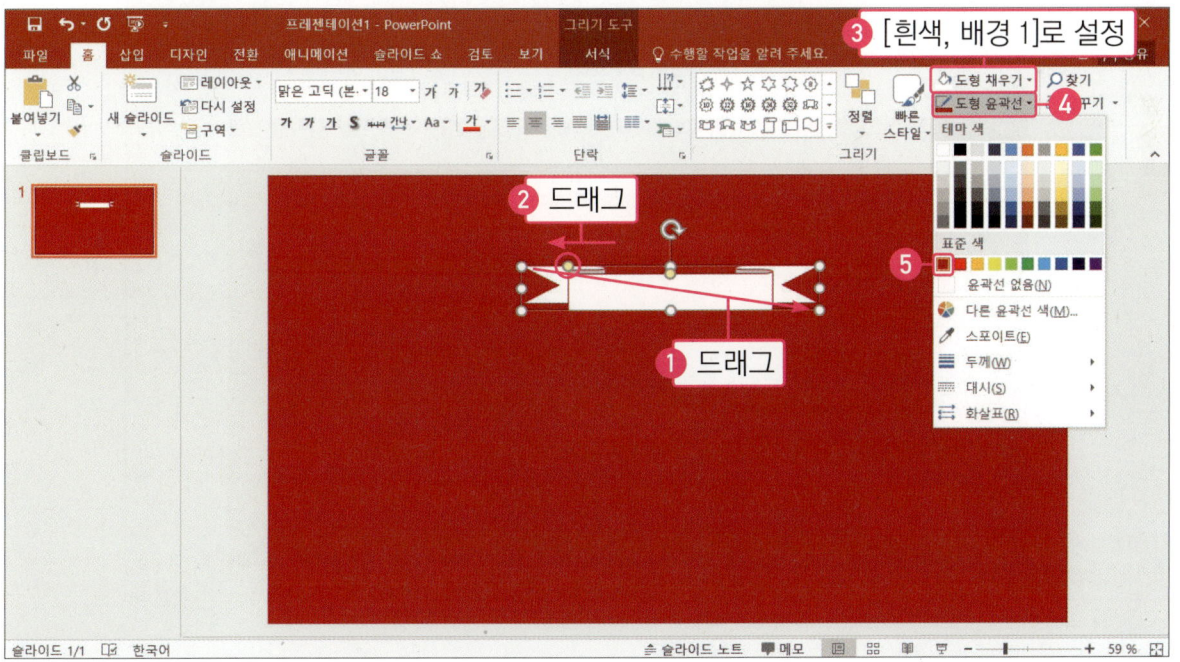

05 리본 도형에 [글꼴] 그룹에서 [글꼴]은 'Elephant', [글꼴 크기]는 '18', [글꼴 색]은 [진한 빨강] 으로 설정하고 'Merry Christmas'라고 입력합니다.

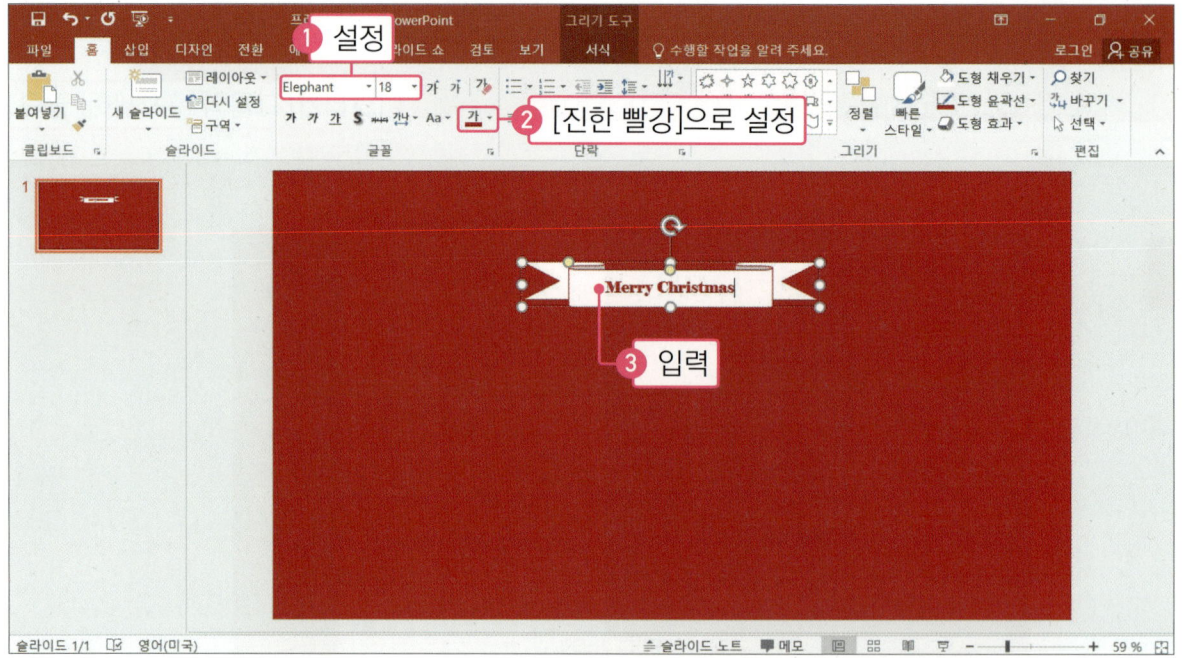

06 [그리기] 그룹의 [직사각형(□)]을 클릭한 후 다음처럼 드래그하여 직사각형을 그립니다. [글꼴] 그룹에서 [글꼴]은 '휴먼편지체', [글꼴 크기]는 '32'로 설정한 후 '즐겁고 행복한 크리스 마스 보내세요~'라고 입력합니다.

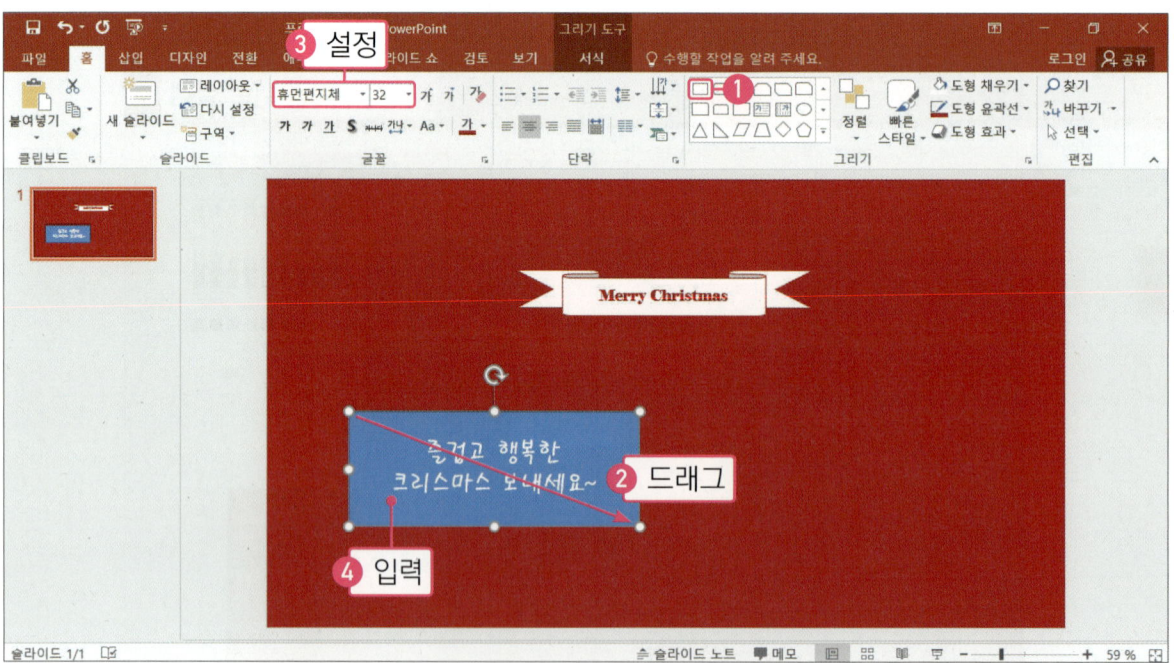

07 직사각형을 선택한 상태에서 [그리기] 그룹 - [도형 채우기]를 [채우기 없음]으로 설정하고, [도형 윤곽선]은 [흰색, 배경 1], [대시]는 [긴 파선-점선]으로 설정합니다.

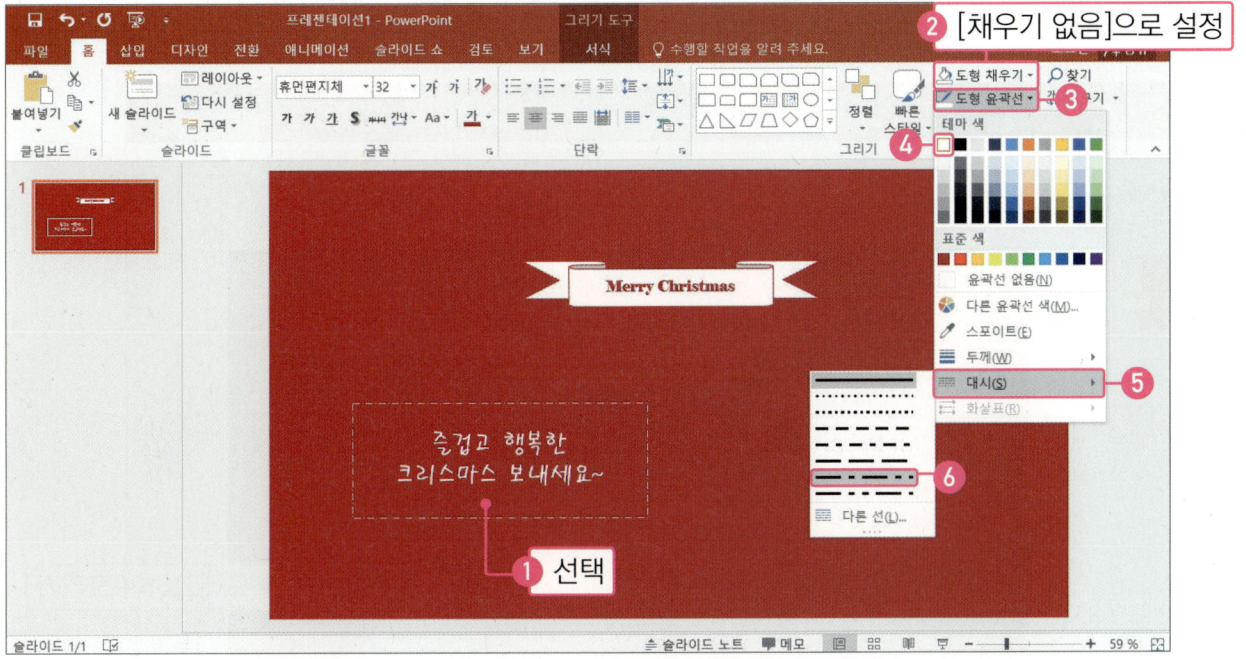

08 직사각형의 회전 핸들( )을 시계 반대 방향으로 드래그하여 약간 회전시킵니다.

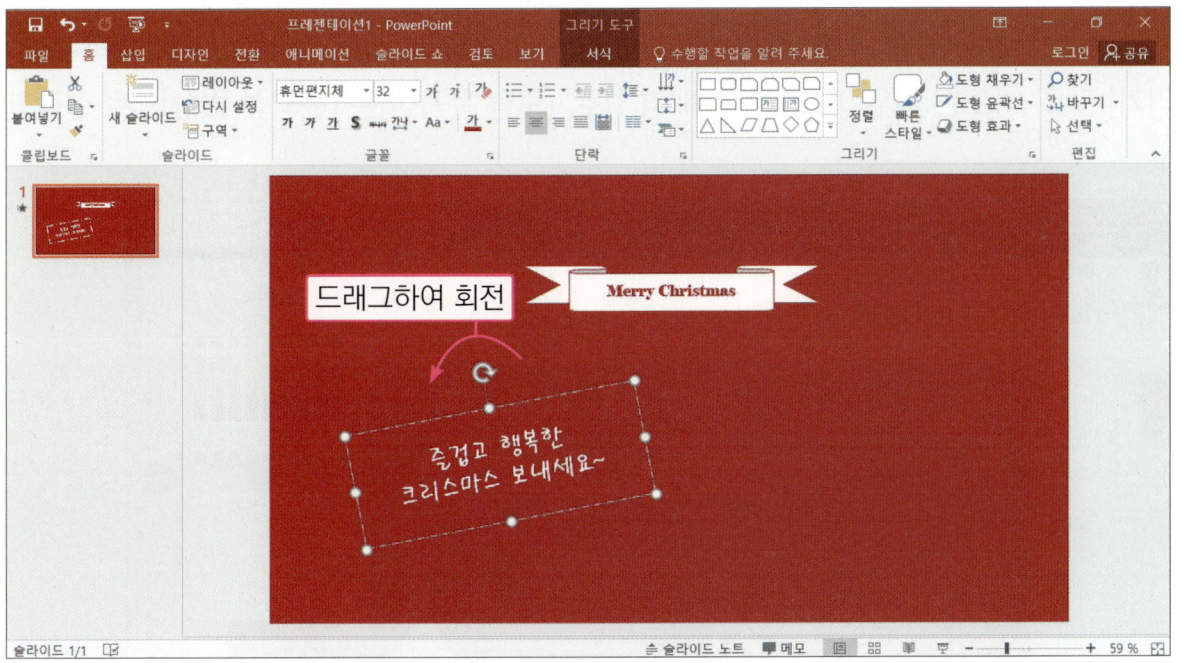

▶ 그룹 만들기

01 [홈] 탭 – [그리기] 그룹에서 [이등변 삼각형(△)]과 [직사각형(□)]을 선택하여 다음처럼 나무를 그립니다.

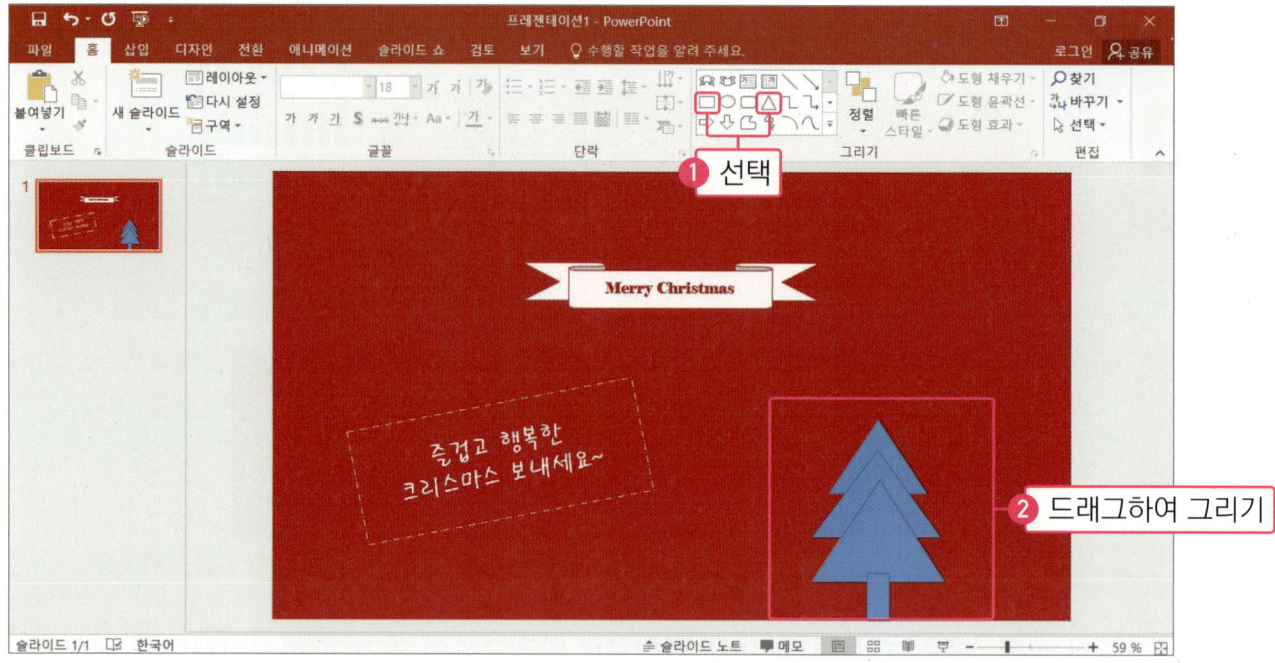

02 Ctrl 키 또는 Shift 키를 누른 채로 나무로 그린 삼각형과 직사각형을 모두 선택한 후 [그리기] 그룹 – [도형 채우기]를 [흰색, 배경 1]로, [도형 윤곽선]은 [윤곽선 없음]으로 설정합니다.

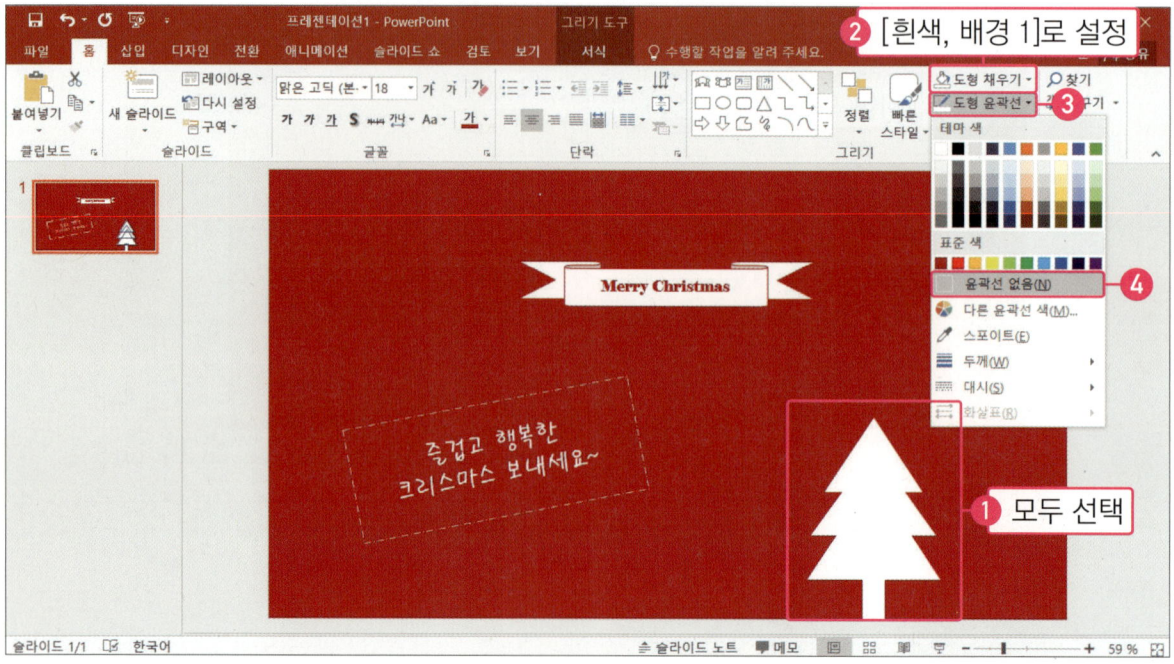

03 [그리기 도구]에서 [서식] 탭 – [정렬] 그룹 – [그룹화] – [그룹]을 클릭합니다.

 그룹의 바로 가기 키
그룹으로 설정할 도형을 모두 선택한 후 Ctrl + G 키를 누르면 그룹으로 묶이게 됩니다. 그룹화된 개체를 해제하려면 Ctrl + Shift + G 키를 누릅니다.

04 그룹화한 개체를 복사하기 위해 Ctrl + C 키를 눌러 복사한 후 Ctrl + V 키를 두 번 눌러 개체를 두 개 더 붙여넣기 합니다. **붙여넣기 한 개체의 크기 조절점을 드래그하여 개체의 크기를 모두 다르게 다음처럼 조절합니다.**

▶ 이미지 검색해서 삽입하기

01 [삽입] 탭 – [이미지] 그룹 – [온라인 그림]을 클릭합니다.

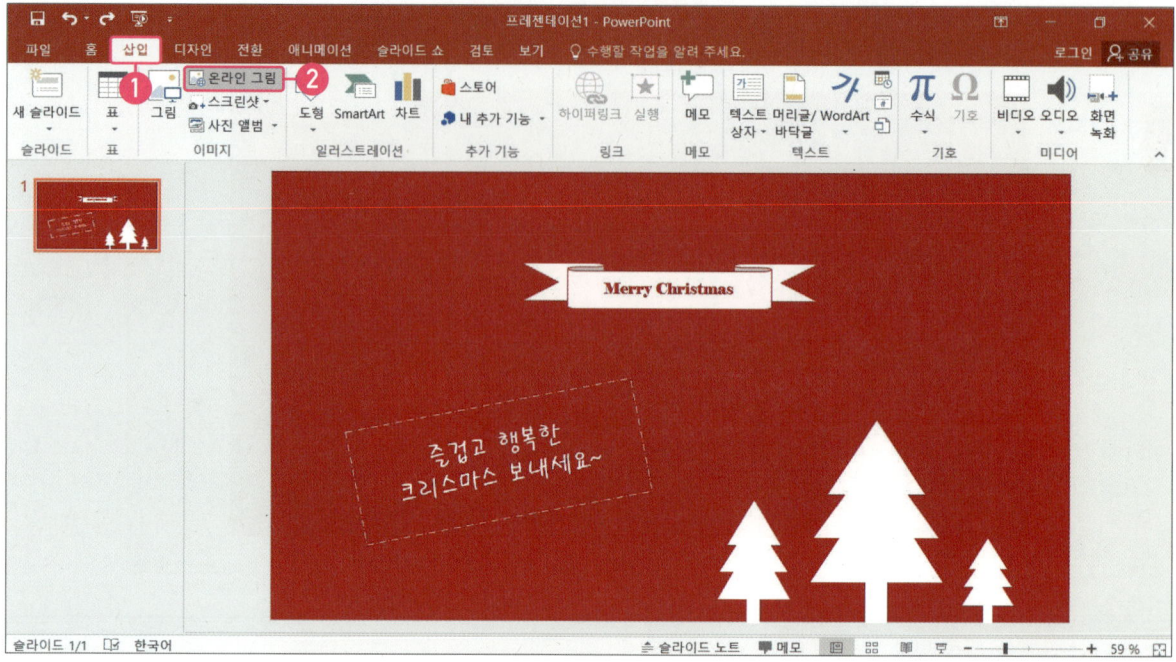

02 [그림 삽입] 창의 [Bing 이미지 검색]에서 'snow'를 입력하여 검색합니다.

03 눈과 관련된 이미지가 검색됩니다. 'Creative Commons만'이 설정된 상태에서 [유형]을 클릭한 후 '일러스트레이션'을 선택합니다.

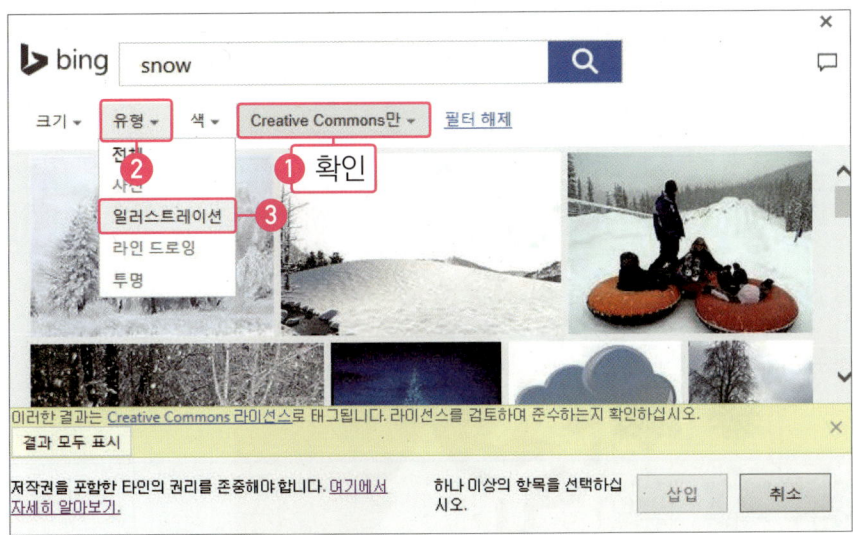

04 눈과 관련된 일러스트레이션만 검색되었습니다. 다운로드할 **이미지를 선택**한 후 [삽입] 버튼을 클릭합니다.

- 여러 개의 이미지를 한꺼번에 삽입하려면 여러 개를 선택한 후 [삽입] 버튼을 클릭합니다.
- 'Bing 이미지 검색'에서 검색되는 이미지는 검색하는 시점에 따라 다른 이미지가 나타날 수 있습니다.

05 삽입된 눈 이미지를 선택한 후 [그림 도구] - [서식] 탭 - [조정] 그룹 - [색]을 클릭하고, [다시 칠하기]에서 [흑백: 25%]를 선택합니다.

06 눈 이미지를 복사한 후 크기를 조절하여 다음처럼 눈의 크기가 다양하도록 꾸밉니다.

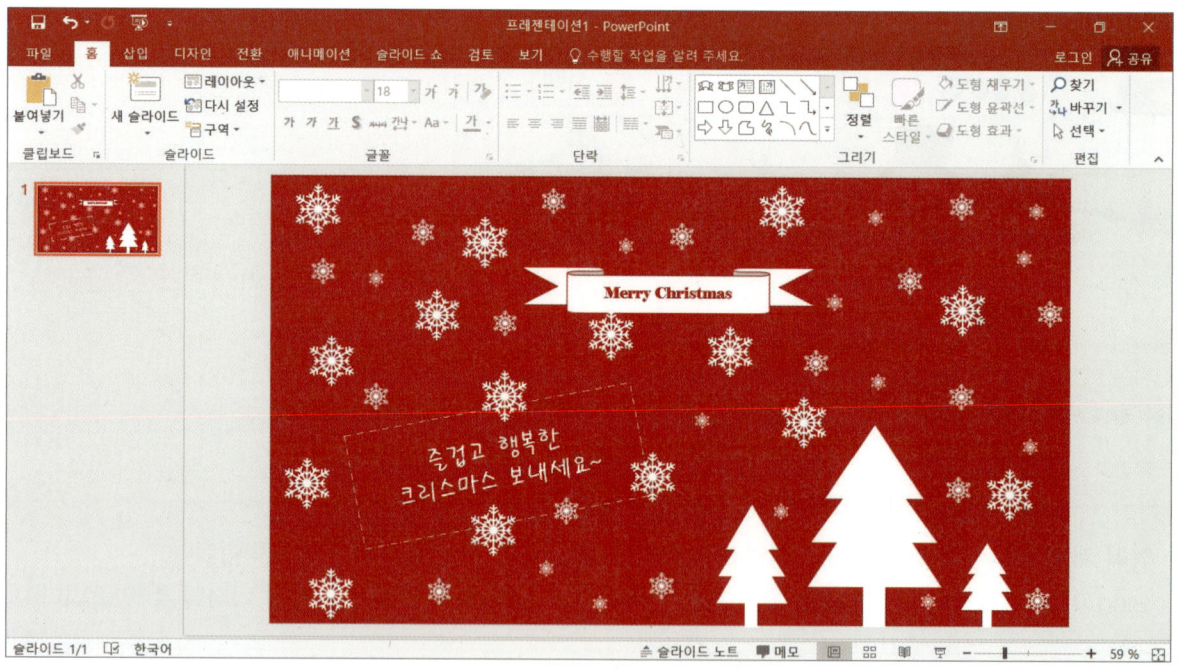

 눈 이미지를 선택한 후 Ctrl + C 키를 눌러 복사한 후 Ctrl + V 키를 여러 번 눌러 붙여넣기 합니다. 크기를 다르게 조절하여 꾸며 봅니다.

▶ 눈 내리는 애니메이션 만들기

01 눈 이미지만 모두 선택한 후 Ctrl + G 키를 눌러 그룹화합니다.

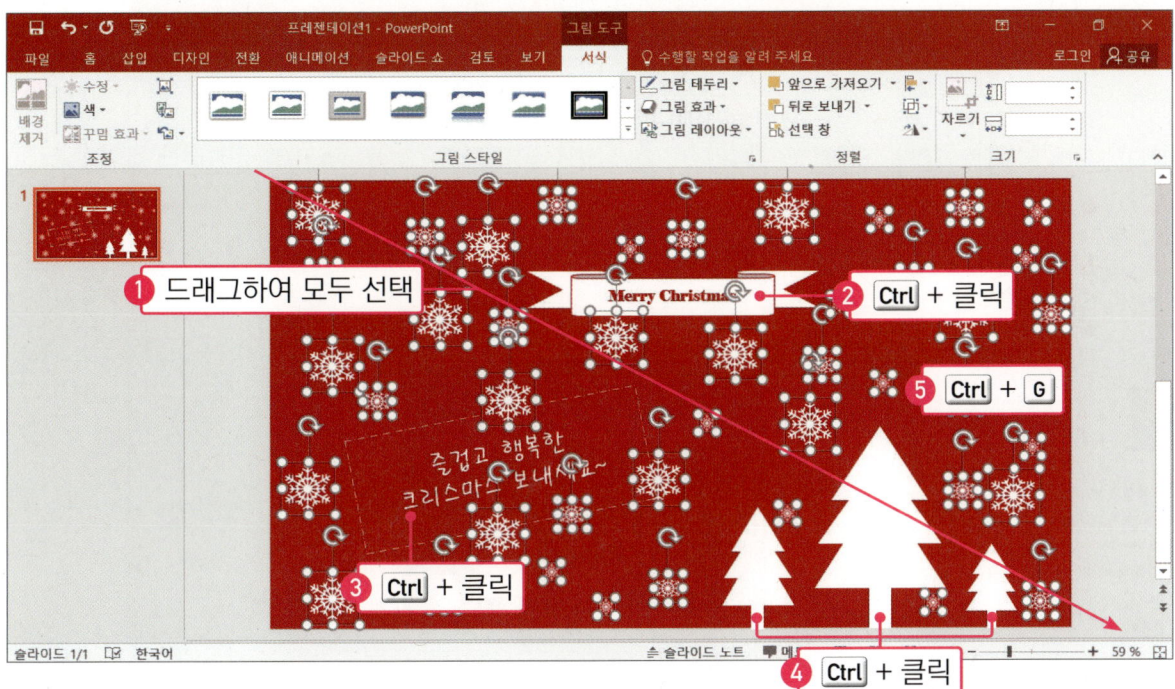

 슬라이드 배경 바깥에서부터 모든 개체가 포함될 수 있게 넓게 드래그한 후 Ctrl 키를 눌러 리본, 직사각형, 나무 개체들을 클릭하여 선택 해제하면 빠르게 눈 이미지만 선택할 수 있습니다.

02 눈 그룹화 개체를 드래그하여 슬라이드 창 위쪽 바깥으로 이동시킵니다.

 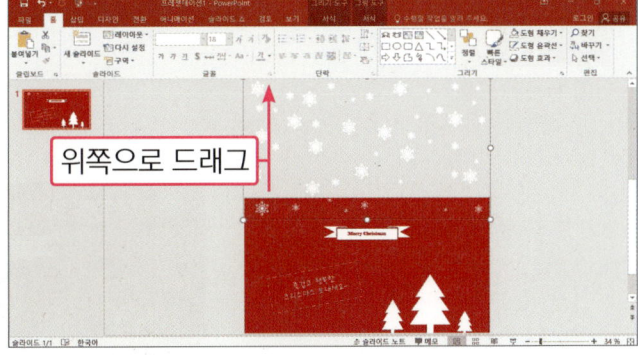

 슬라이드 창 바깥까지 보일 수 있게 확대/축소 비율을 '34%'로 낮추고, 눈 그룹화 개체를 위쪽으로 옮깁니다.

03 눈 그룹화 개체를 선택하고 [애니메이션] 탭 - [애니메이션] 그룹 - [자세히(▼)]를 클릭한 후 [이동 경로] 중 [선]을 클릭합니다.

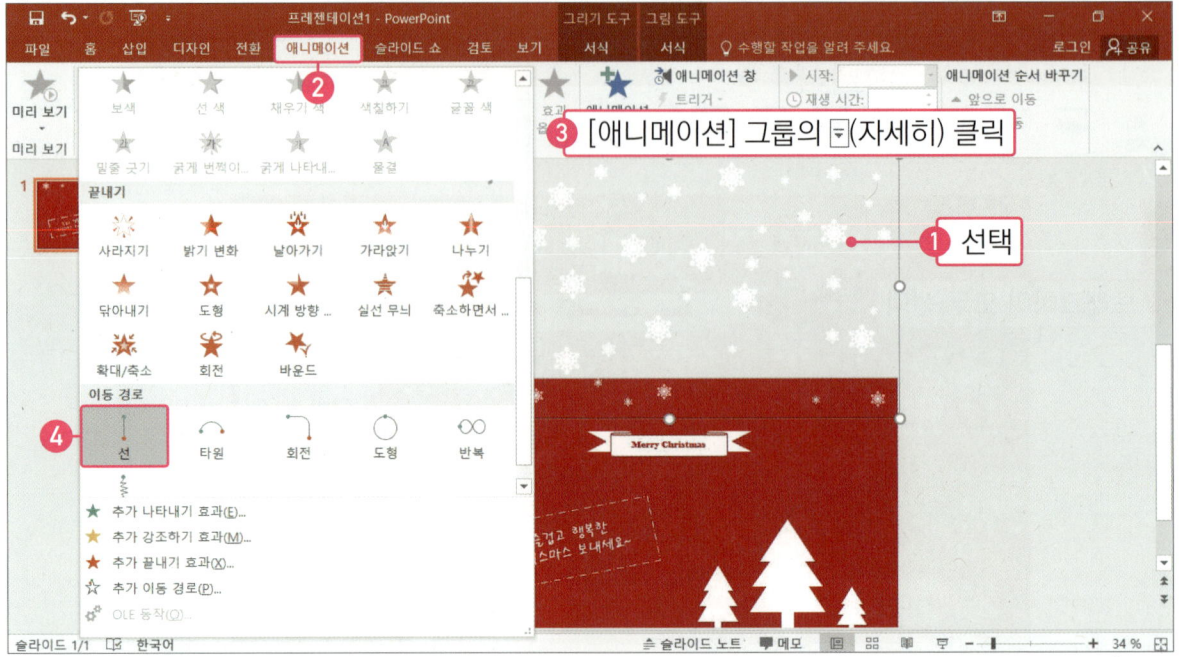

04 녹색의 시작점에서 빨간색의 끝점까지 선 형태의 경로가 나타납니다. 녹색의 시작점은 그대로 두고, 빨간색 끝점을 슬라이드의 중간 부분까지 드래그합니다.

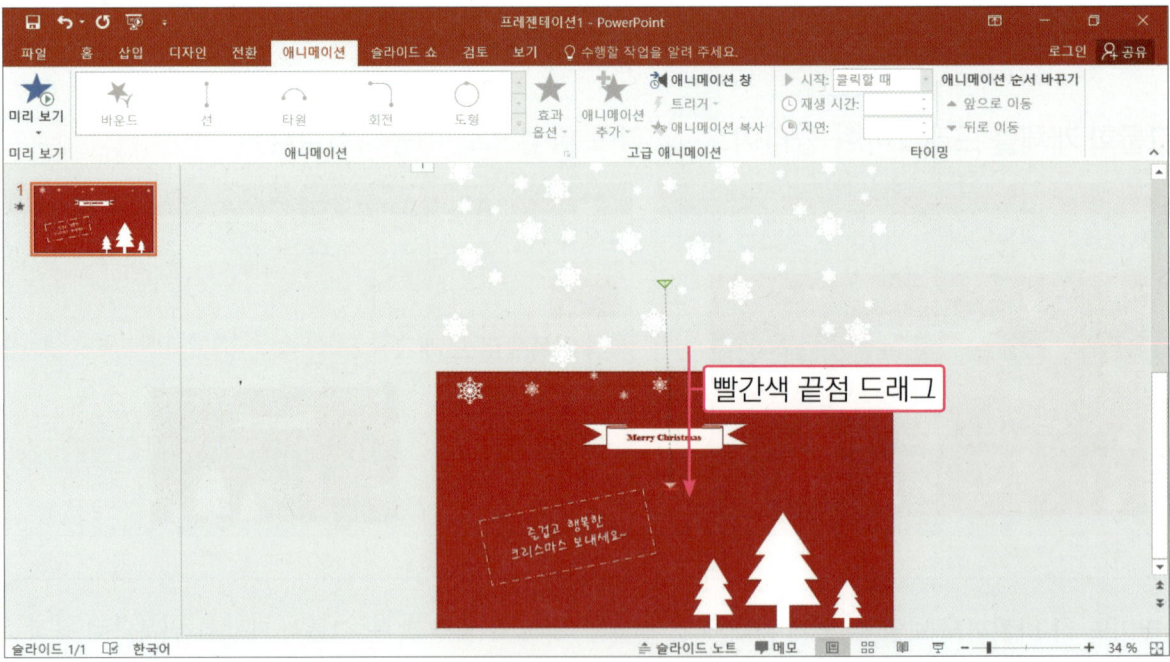

05 [고급 애니메이션] 그룹에서 [애니메이션 창]을 클릭합니다. 오른쪽에 애니메이션 창이 나타나면 애니메이션 목록에서 **그룹 애니메이션을 선택**한 후 [타이밍] 그룹에서 [시작]은 '이전 효과와 함께'로, [재생 시간]은 '05.00'으로 설정합니다. 직사각형을 선택합니다.

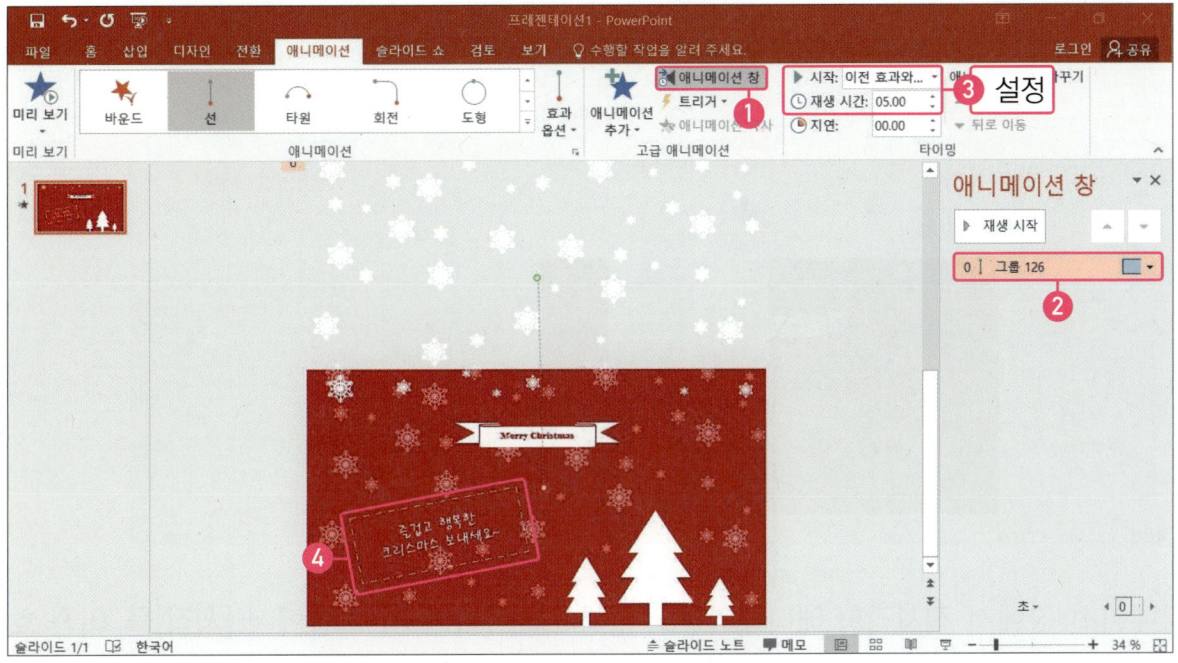

06 [애니메이션] 그룹 – [자세히(▼)]를 클릭하여 [나타내기] 중 [닦아내기]를 클릭합니다.

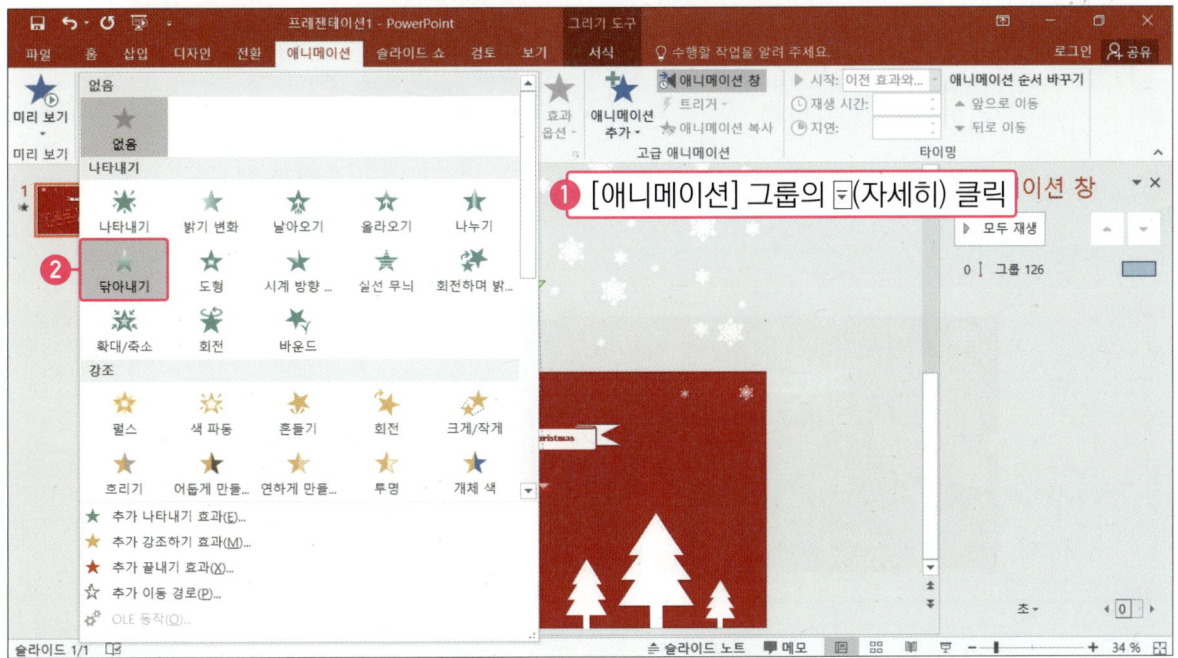

07 [애니메이션] 그룹 – [효과 옵션]에서 [왼쪽에서], [단락별로]를 클릭합니다.

08 애니메이션 창에서 **직사각형 애니메이션을 선택**하고, [타이밍] 그룹에서 **[시작]**을 '이전 효과 다음에'로 설정합니다.

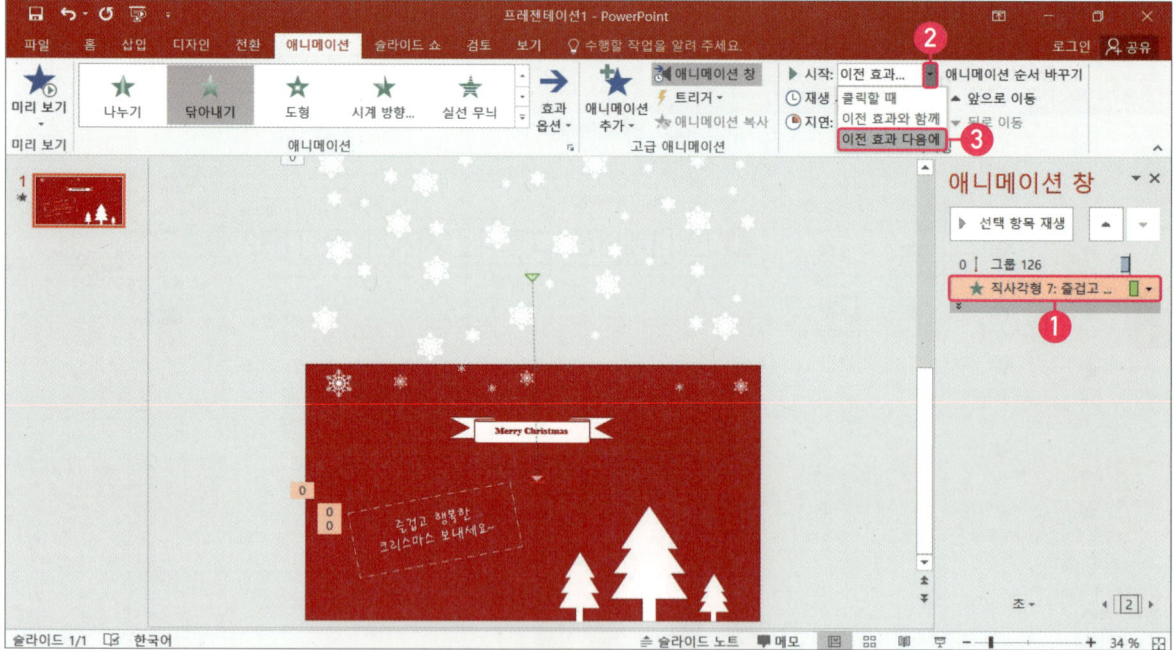

09 `F5` 키를 눌러 슬라이드 쇼를 진행하면 눈이 서서히 내리고, 직사각형 애니메이션이 차례로 나타나는 것을 확인할 수 있습니다. `Esc` 키를 눌러 슬라이드 쇼를 종료합니다.

10 비디오로 만들기 위해 [파일] 탭 – [내보내기] – [비디오 만들기]에서 [각 슬라이드에 걸린 시간(초)]를 '10:00'으로 설정하고, [비디오 만들기] 버튼을 클릭합니다. [다른 이름으로 저장] 대화상자가 나타나면 파일 이름을 '카드'로 입력한 후 [저장] 버튼을 클릭합니다.

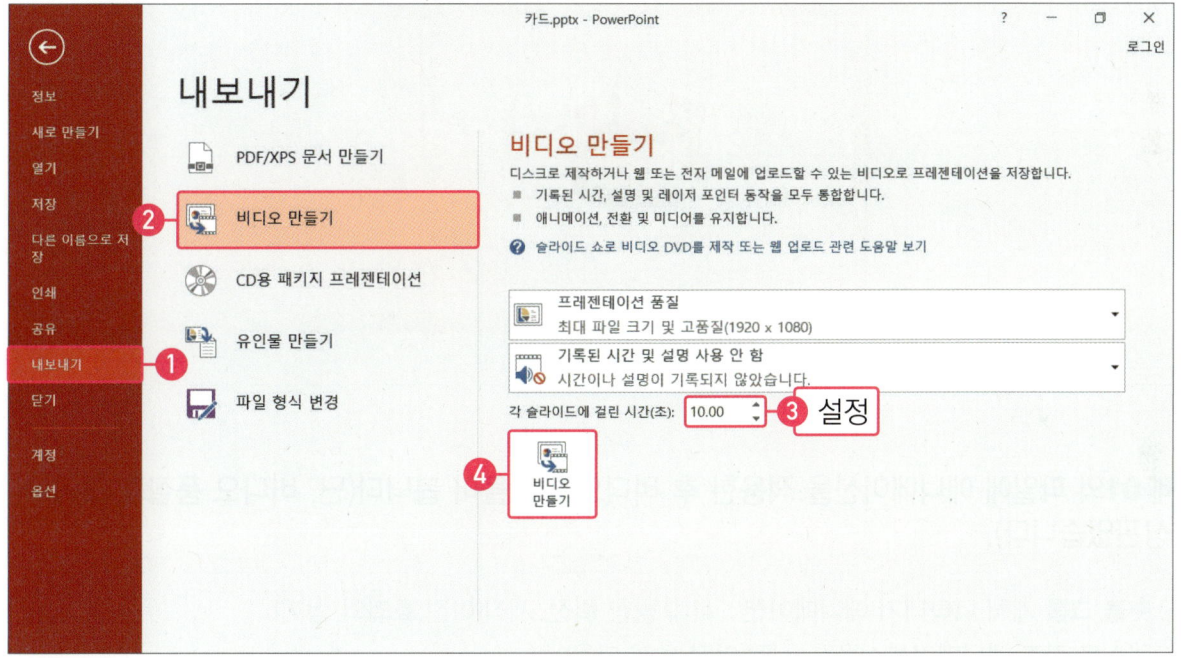

11 [파일] 탭 – [다른 이름으로 저장] – [찾아보기]를 클릭한 후 pptx 파일로도 저장합니다.

응용력 키우기

01 직사각형을 이용해서 카드를 만들고, 케이크 이미지를 삽입한 후 촛불은 타원을 겹쳐 그려 그룹화합니다.

- 직사각형 : 채우기 색(주황, 강조 2, 80% 더 밝게), 윤곽선 없음
- 실선 : 색(주황, 강조 2, 40% 더 밝게), 두께(6pt)
- 점선 : 색(주황, 강조 2, 40% 더 밝게), 두께(6pt), 대시(파선)
- 온라인 그림 : [Bing 이미지 검색]에서 '케이크' 검색
- 촛불 바깥쪽 : 채우기 색(빨강), 윤곽선 없음, 효과(부드러운 가장자리 2.5pt)
  안쪽 : 채우기 색(주황), 윤곽선 없음, 효과(부드러운 가장자리 5pt)
- 텍스트 스타일 : 글꼴(맑은고딕), 글꼴 크기(24pt), 글꼴 색(빨강), 기울임꼴

02 문제 **01**의 파일에 애니메이션을 적용한 후 비디오를 만들어 봅니다(단, 비디오 품질과 크기는 상관없습니다).

- 촛불 그룹 개체 나타내기 애니메이션 : 시계 방향 회전, 시작(이전 효과와 함께)
- 텍스트 강조 애니메이션 : 물결, 시작(이전 효과 다음에)

숨겨진 명언 나타내기

- 도형 복사
- 슬라이드 배경 채우기
- 애니메이션 복사
- 애니메이션 나타내기와 끝내기
- 애니메이션 추가하기

미/리/보/기

📁 예제파일 : 언덕.jpg
📁 완성파일 : 명언.mp4, 명언.pptx

이번 장에서는 도형 여러 개를 슬라이드 배경에 채우기 한 후 반대 방향의 애니메이션을 적용하여 마치 배경이 갈라지는 듯한 영상을 만들어 봅니다. 그리고 애니메이션의 나타내기 효과와 끝내기 효과를 적용하여 명언이 나타났다 사라지는 장면을 연출해 봅니다.

 ## 애니메이션 복사하기

- 애니메이션 복사 기능을 사용하면 다른 개체 간의 애니메이션 복사가 가능합니다. 이때 복사할 개체의 애니메이션 효과뿐만 아니라 적용한 효과 옵션, 타이밍까지 그대로 복사하여 다른 개체에 자동으로 복사할 수 있습니다.

- 애니메이션 복사를 하나의 개체에 적용하기 위해서는 애니메이션이 있는 개체를 선택한 후 [애니메이션] 탭 – [고급 애니메이션] 그룹 – [애니메이션 복사]를 한 번 클릭한 후 자동으로 복사를 적용할 개체를 선택해야 합니다. 여러 개체에 복사한 애니메이션을 적용하려면 [고급 애니메이션] 그룹 – [애니메이션 복사]를 두 번 클릭하여 자동으로 복사를 적용할 여러 개체를 각각 클릭하면 됩니다.

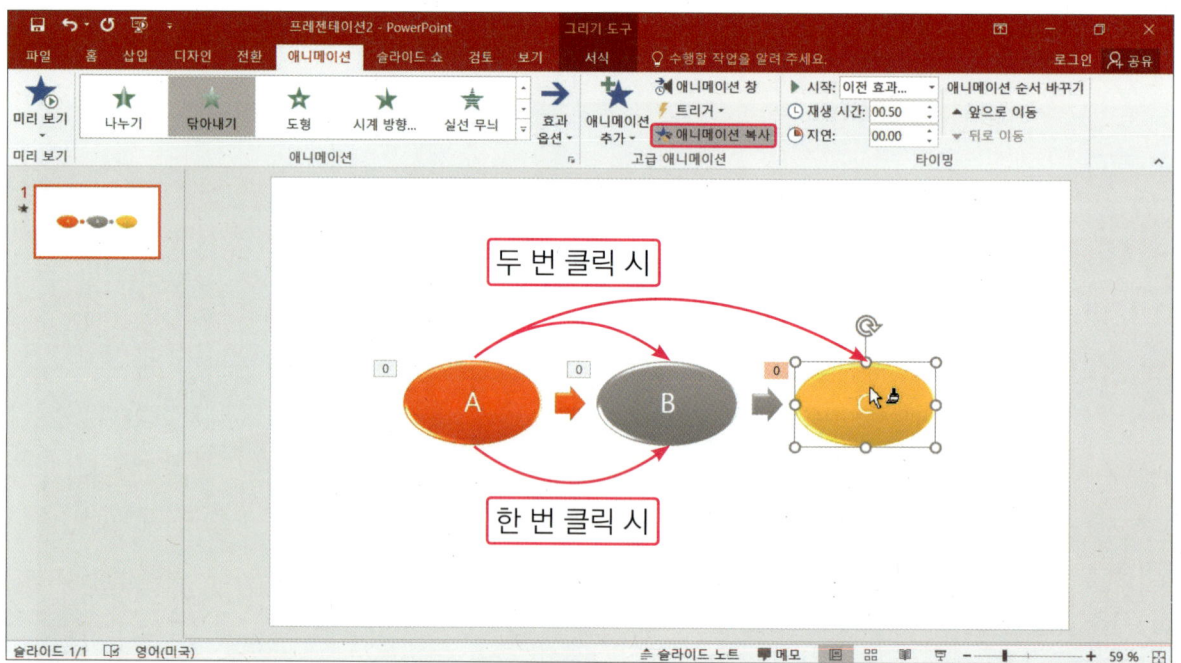

 애니메이션 복사 기능 해제
애니메이션 복사 기능을 적용하면 마우스 포인터 모양이 🖱️로 변경되는데, Esc 키를 누르면 복사 기능이 해제되고 마우스 포인터 모양도 본래대로 되돌아갑니다.

 움직이는 배경 만들기

▶ **도형 복사하기**

01 빈 화면 슬라이드에서 [디자인] 탭 – [사용자 지정] 그룹 – [배경 서식]을 클릭합니다. 배경 서식 창의 상단에 (채우기 및 선)이 선택되어 있습니다. [채우기]는 '그림 또는 질감 채우기'로 선택한 후 [다음에서 그림 삽입]에서 [파일] 버튼을 클릭합니다.

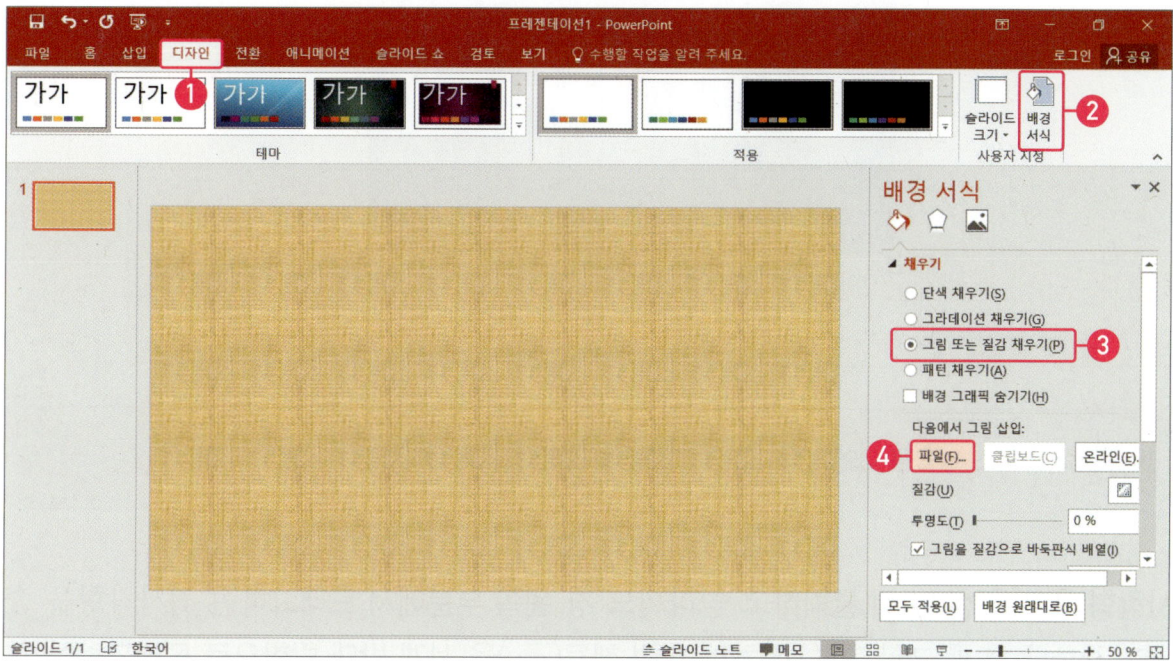

02 [그림 삽입] 대화상자에서 '언덕.jpg'를 선택한 후 [삽입] 버튼을 클릭합니다.

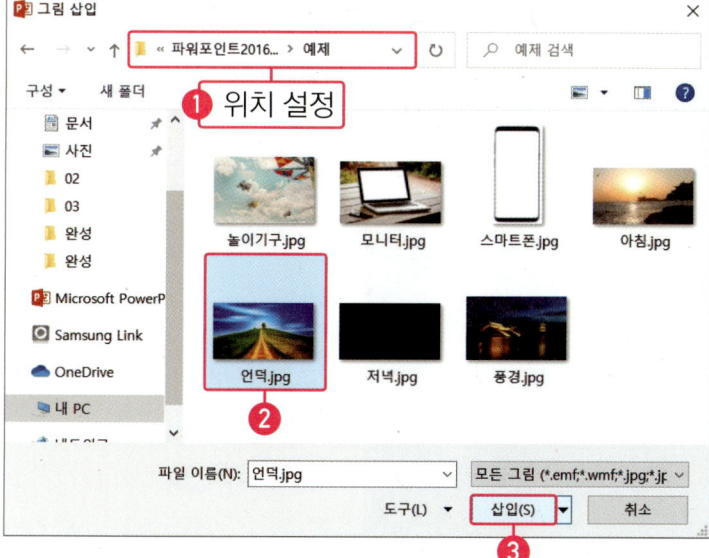

03 [홈] 탭 – [그리기] 그룹에서 [직사각형(□)]을 클릭합니다. 슬라이드 크기만큼 드래그하여 직사각형을 그려 줍니다.

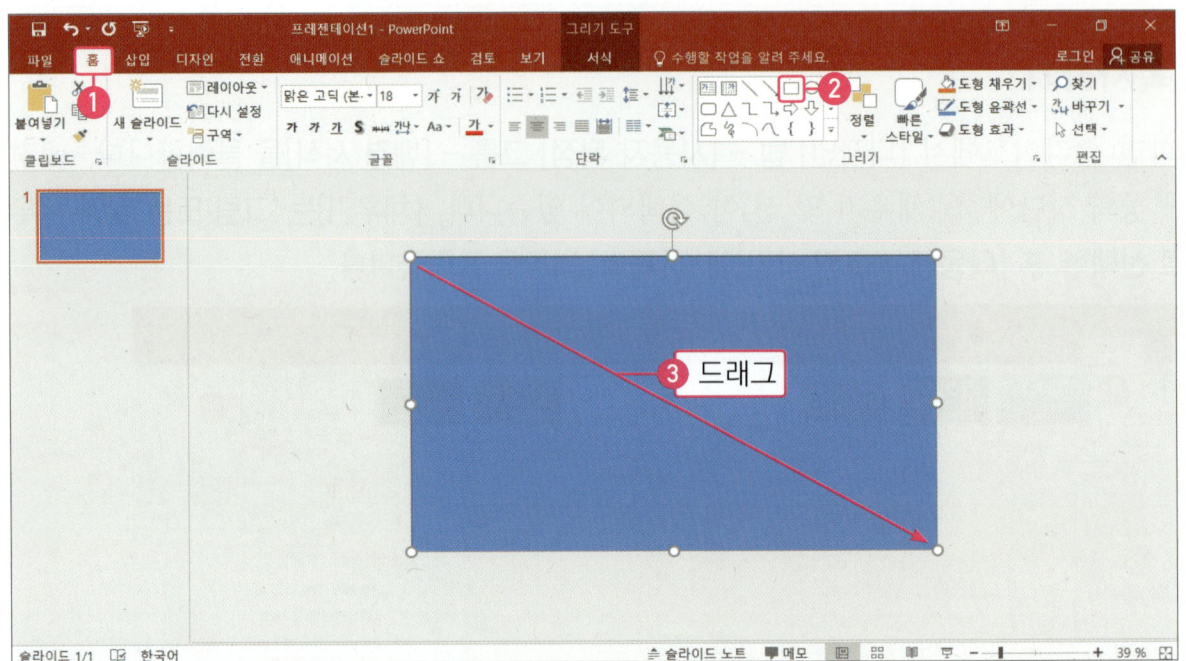

 슬라이드 확대/축소 비율을 '39%' 정도로 조절하여 슬라이드를 축소해서 볼 수 있도록 합니다.

04 [직사각형(□)]을 한 번 더 클릭하고 슬라이드 창 **왼쪽 부분에서 드래그**하여 직사각형을 슬라이드 창보다 크게 그린 후 다음처럼 **회전 핸들(↻)을 시계 반대 방향으로 드래그**하여 회전합니다.

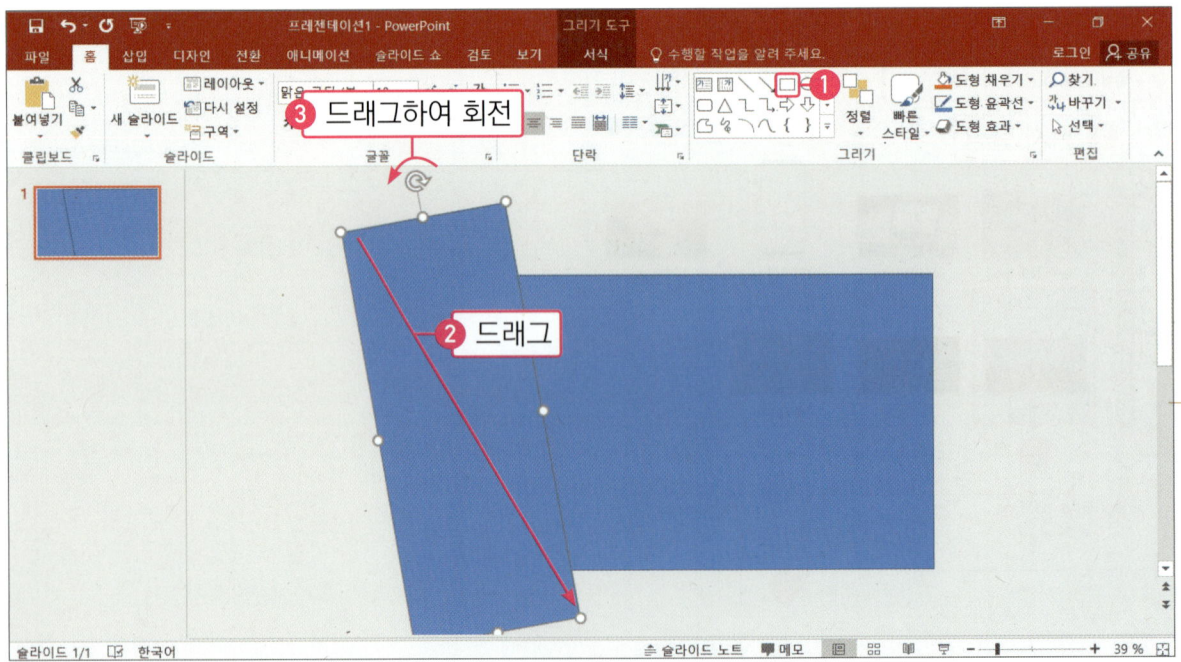

05 그려 넣은 **직사각형을 선택**한 후 Ctrl + Shift **키를 누른 채로 옆으로 드래그**하여 수평으로 같은 위치에 복사합니다.

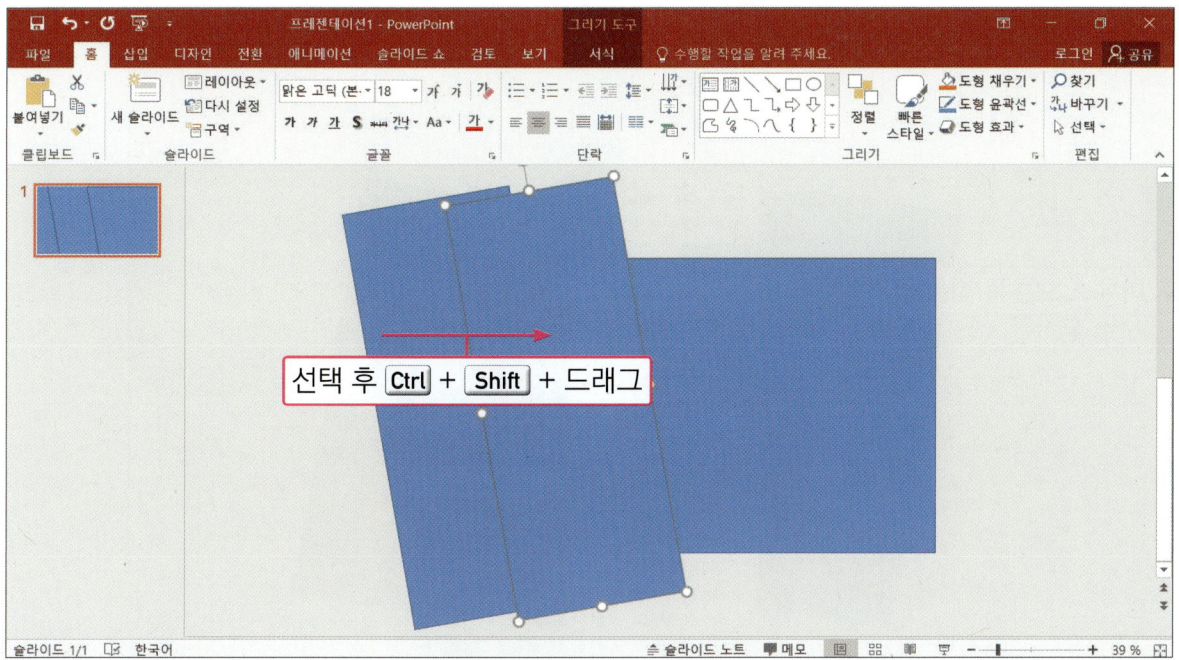

 Ctrl 키를 누르고 드래그하면 개체를 복사할 수 있는데, Ctrl + Shift 키를 누르고 드래그하면 이동 방향에 따라 수직이나 수평으로 복사가 가능합니다.

06 두 개의 **직사각형을 선택**한 후 Ctrl + Shift **키를 누른 채로 다음처럼 수평으로 이동**하면 수평 복사됩니다.

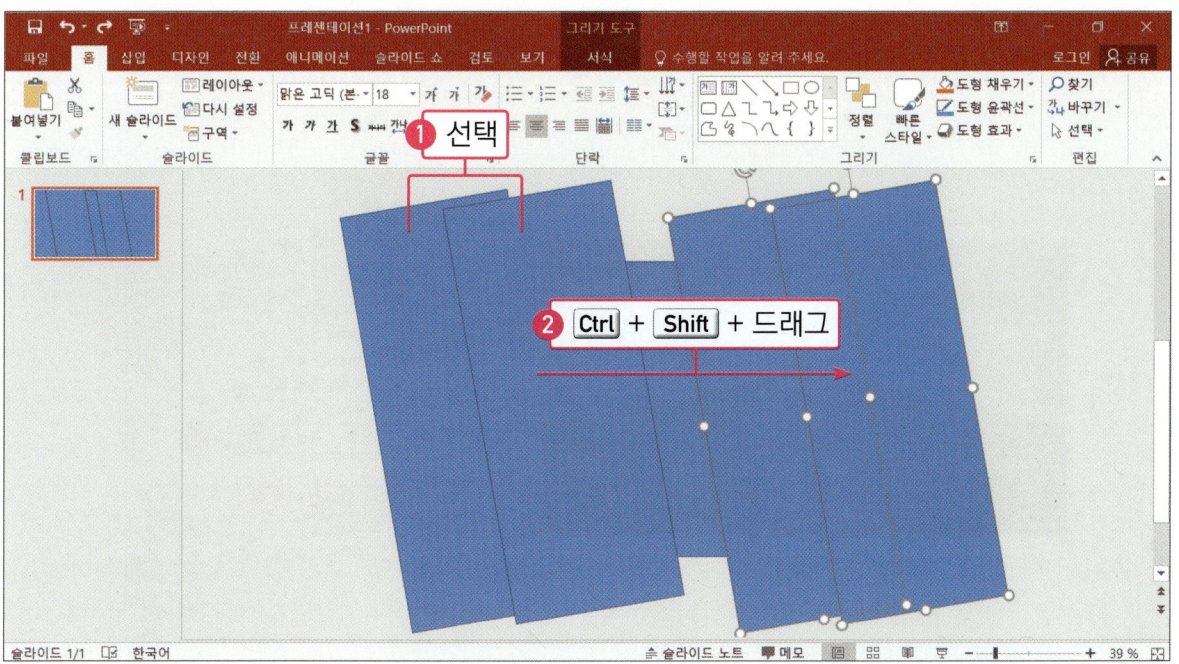

07 왼쪽에서 두 번째 직사각형을 선택한 후 마우스 오른쪽 버튼을 누르고 [맨 뒤로 보내기] – [뒤로 보내기]를 클릭합니다.

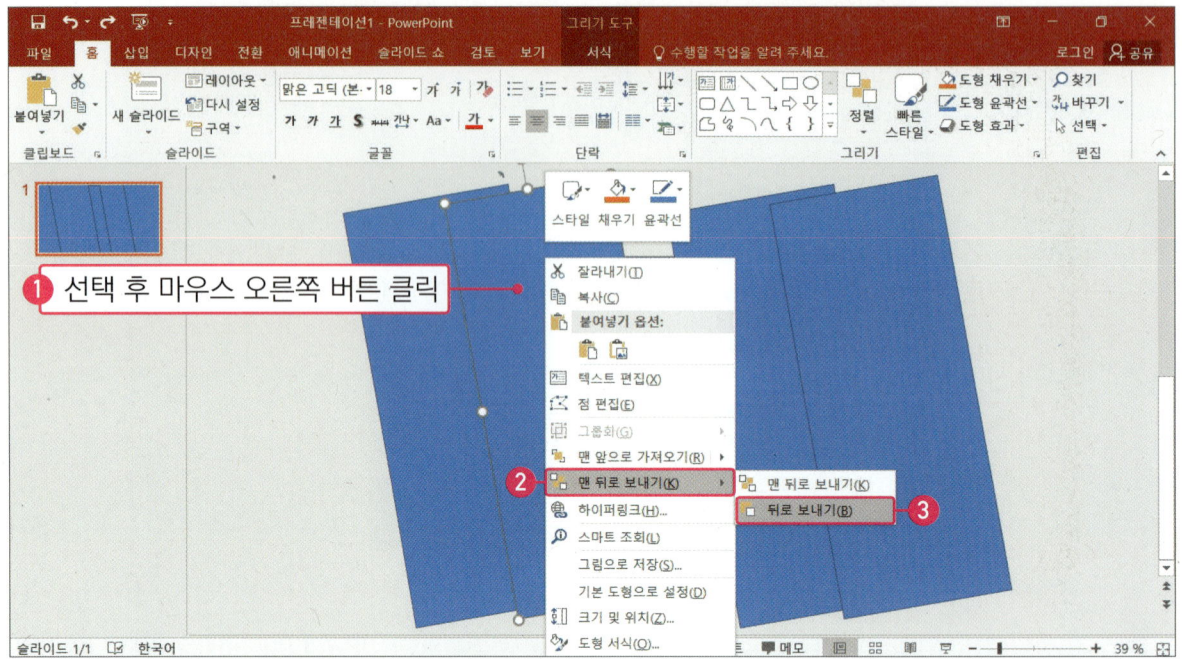

▶ 도형에 슬라이드 배경 채우기

01 5개의 직사각형을 Ctrl 키나 Shift 키를 누른 채 모두 선택하고 [그리기 도구] – [서식] 탭 – [도형 스타일] 그룹의 [도형 서식(￼)]을 클릭합니다. 오른쪽 도형 서식 창 상단에 ￼ (채우기 및 선)이 선택되어 있는 것을 확인할 수 있습니다. [채우기]에서 '슬라이드 배경 채우기'를 선택하고, [선]에서 '선 없음'을 선택합니다.

02 도형 서식 창의 상단에서 ☐(효과)를 클릭한 후 [그림자]에서 [투명도]는 '70%', [흐리게]는 '30pt', [각도]는 '0°', [간격]은 '20pt'로 설정합니다.

03 오른쪽 두 개의 직사각형을 선택한 후 [그림자]에서 [투명도], [흐리게], [간격]은 동일하게 하고, [각도]만 '145°'로 설정합니다. 도형 서식 설정이 완료되면 창을 닫습니다.

▶ 텍스트에 워드아트 적용하기

01 [홈] 탭 – [그리기] 그룹에서 [텍스트 상자(가)]를 클릭하여 오른쪽 상단에 배치합니다. [글꼴] 그룹의 [글꼴 크기]를 '28'로 설정한 후 명언을 입력합니다.

02 텍스트 상자를 선택한 후 [그리기 도구] – [서식] 탭 – [WordArt 스타일] 그룹에서 [자세히(▽)]를 클릭한 다음 [채우기 – 흰색, 윤곽선 – 강조 1, 그림자]를 클릭합니다.

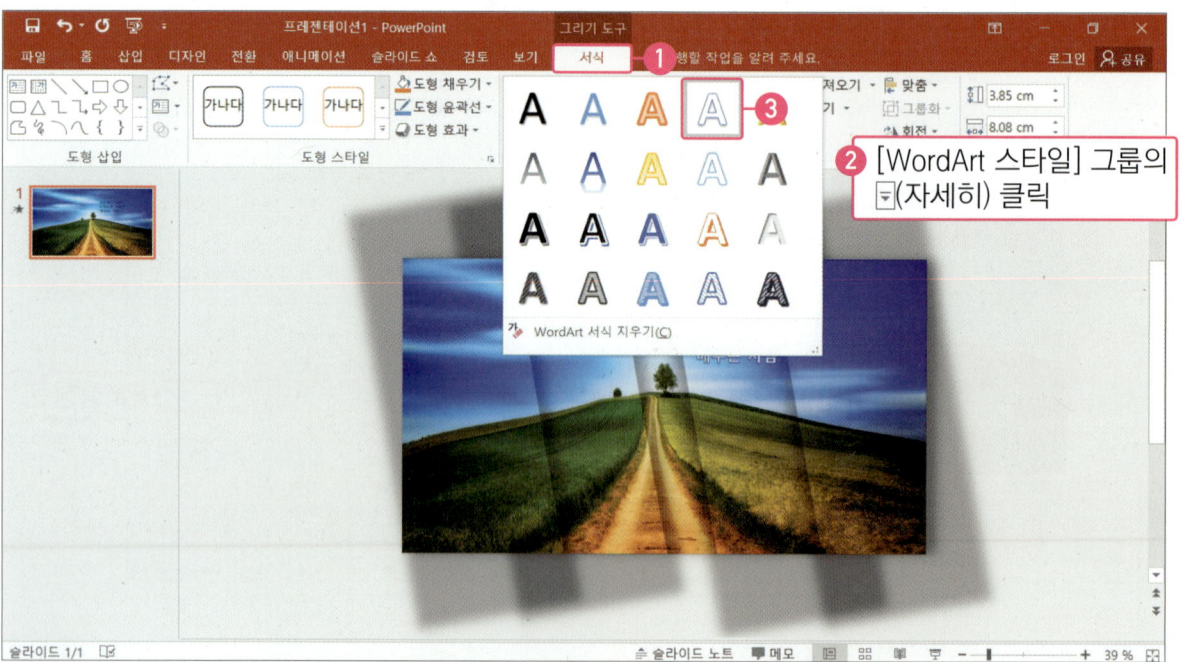

 워드아트(WordArt)를 사용하면 텍스트에 빠르게 특수 효과를 적용하여 돋보이게 만들 수 있습니다.

03 왼쪽 하단에 **텍스트 상자**를 하나 더 추가하고 **명언을 입력**한 후 같은 워드아트 스타일을 적용합니다. 두 개의 텍스트 상자를 선택한 후 **마우스 오른쪽 버튼**을 누르고 [맨 뒤로 보내기] – [맨 뒤로 보내기]를 클릭하여 텍스트 상자를 맨 뒤로 보냅니다.

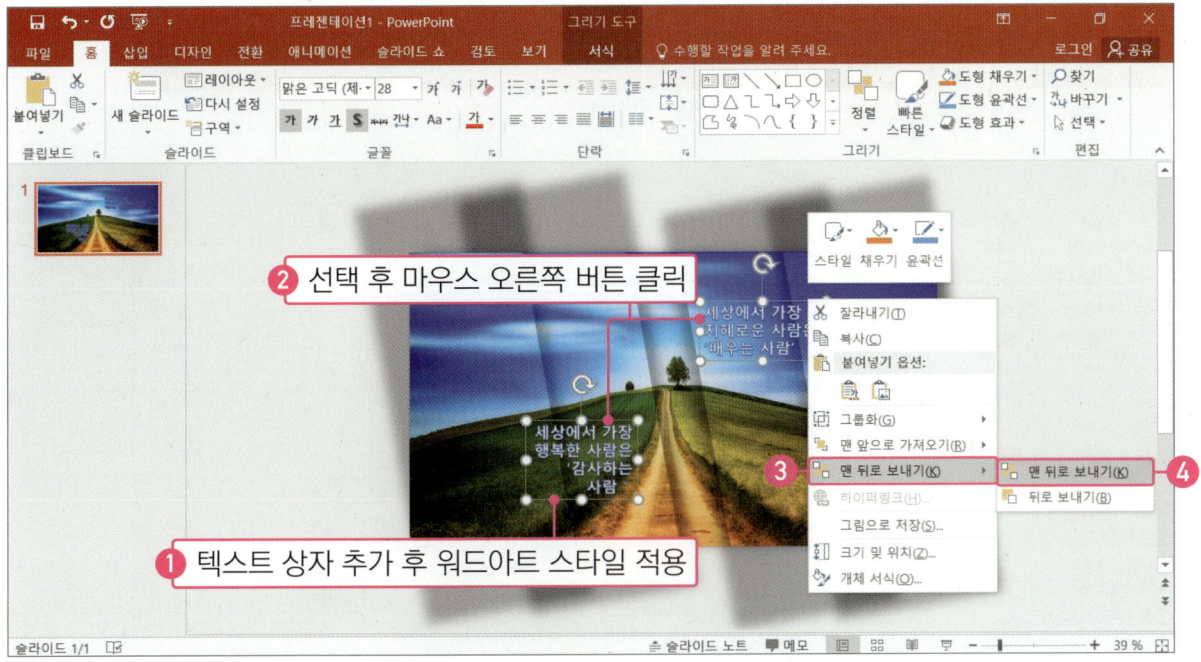

04 텍스트 상자가 보이지 않게 됩니다. 슬라이드 크기에 맞게 그린 직사각형을 선택한 후 마우스 오른쪽 버튼을 누르고 [맨 뒤로 보내기] – [맨 뒤로 보내기]를 클릭하여 텍스트 상자 뒤에 직사각형을 배치합니다.

▶ 애니메이션 설정하기

01 왼쪽 첫 번째 직사각형을 선택한 후 [애니메이션] 탭 – [애니메이션] 그룹 – [자세히(▼)]를 클릭하여 [이동 경로] 중 [선]을 클릭합니다.

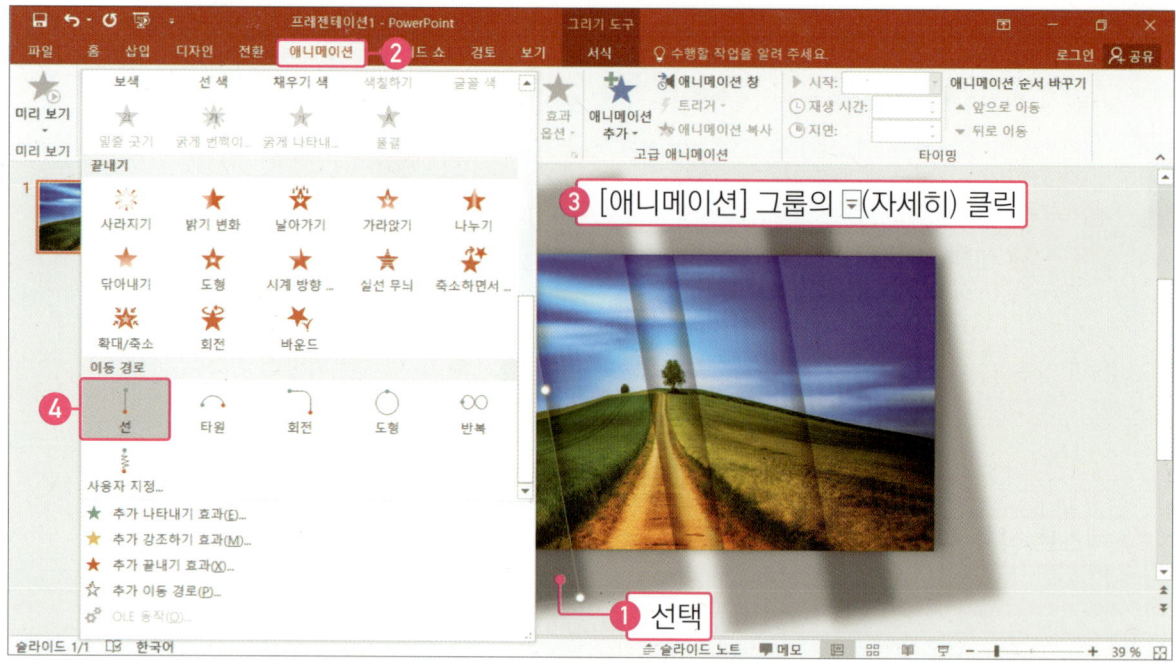

02 [애니메이션] 그룹의 [효과 옵션] – [왼쪽]을 클릭합니다.

03 [고급 애니메이션] 그룹 – [애니메이션 창]을 클릭합니다. 오른쪽의 애니메이션 창에서 **직사각형 애니메이션**의 ▼를 클릭하고 [효과 옵션]을 클릭합니다.

04 [왼쪽으로] 대화상자의 [효과] 탭에서 [부드럽게 시작]과 [부드럽게 종료]를 '1초'로 설정하고, [자동 반복]에 체크합니다. [타이밍] 탭을 클릭한 후 [시작]은 '이전 효과와 함께', [반복]은 '슬라이드가 끝날 때까지'로 설정하고 [확인] 버튼을 클릭합니다.

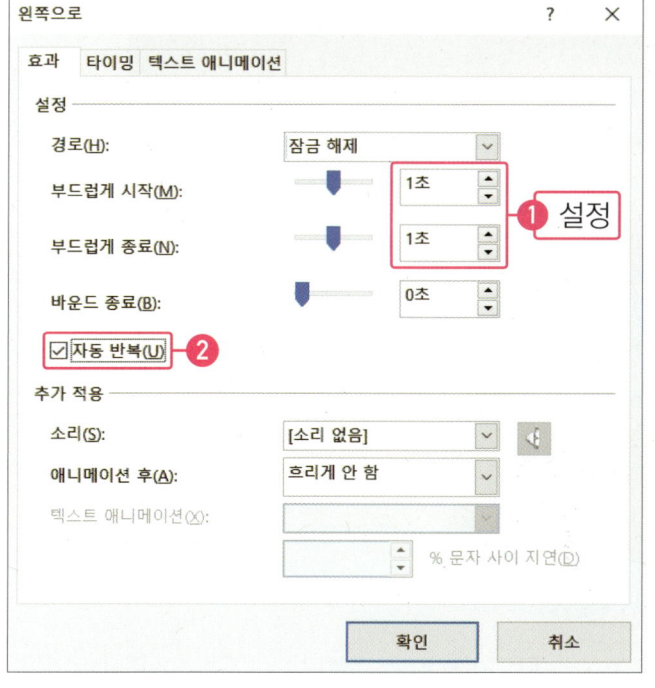 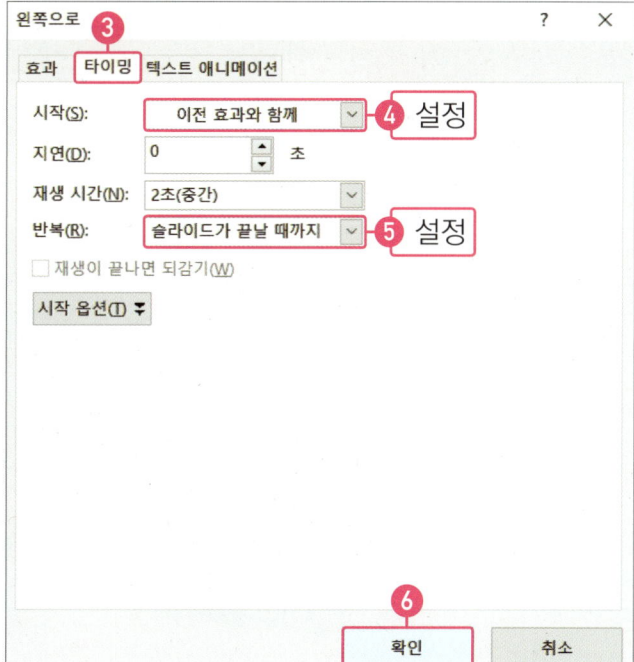

▶ **애니메이션 복사하기**

01 애니메이션을 설정한 가장 왼쪽의 직사각형을 선택하고 [애니메이션] 탭 – [고급 애니메이션] 그룹 – [애니메이션 복사]를 두 번 클릭합니다.

02 마우스 포인터 모양이 으로 변하면 애니메이션을 복사할 나머지 세 개의 직사각형을 각각 클릭합니다. 애니메이션 복사를 해제하려면 Esc 키를 누릅니다.

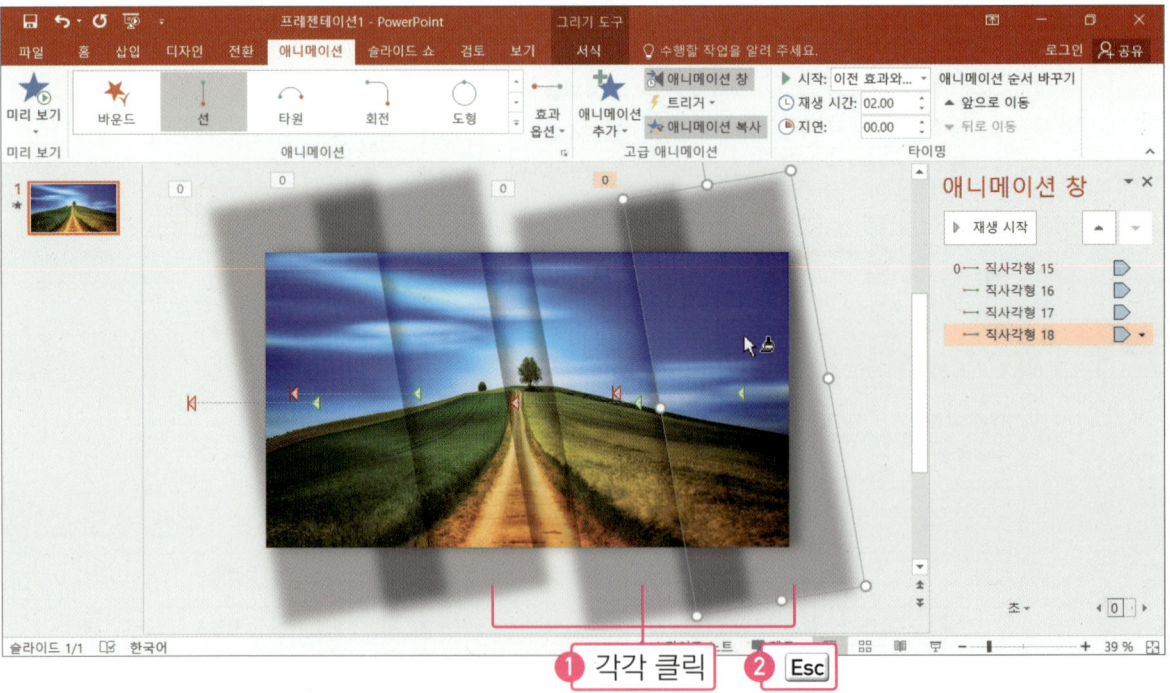

03 오른쪽 애니메이션 창의 애니메이션 목록 중 **아래의 두 직사각형 애니메이션을 선택**하고, [애니메이션] 그룹 – [효과 옵션] – [오른쪽]을 클릭합니다.

04 보이지 않는 텍스트 상자를 선택하기 위해 [홈] 탭 – [편집] 그룹 – [선택] – [선택 창]을 클릭합니다. 선택 창에서 **오른쪽 상단에 해당하는 텍스트 상자를 선택**한 후 [애니메이션] 탭 – [애니메이션] 그룹 – [자세히(▼)]를 클릭하여 [끝내기] 중 [사라지기]를 클릭합니다.

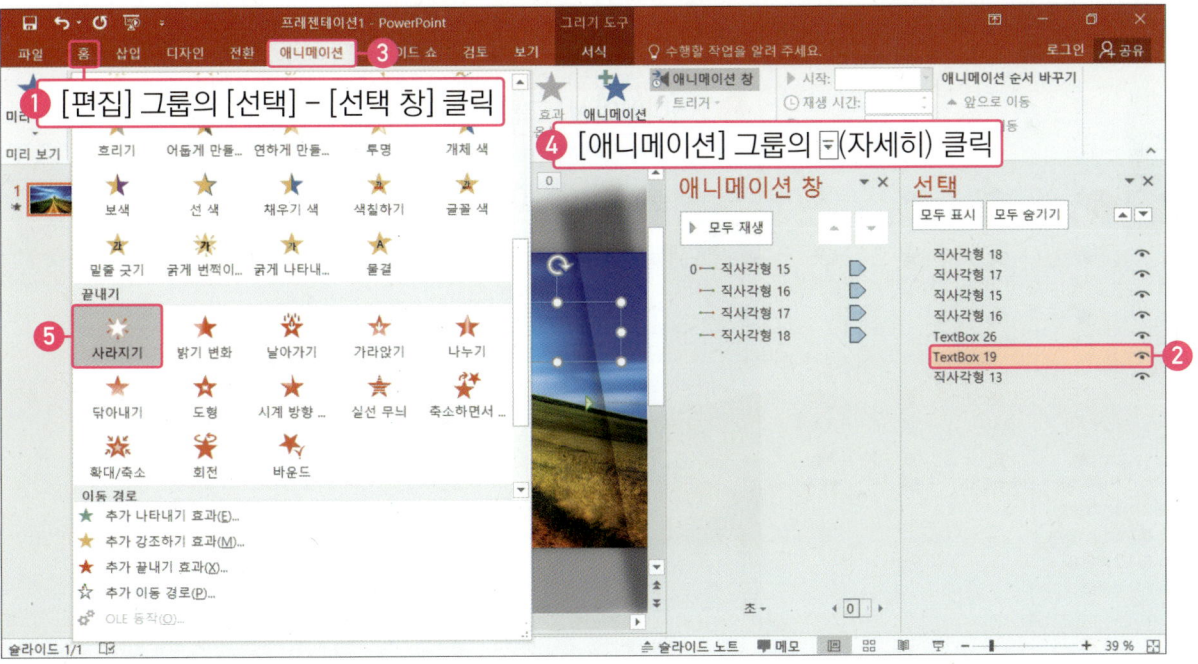

05 애니메이션 창의 애니메이션 목록 중 **04**에서 설정한 [사라지기] 애니메이션을 선택하고, [타이밍] 그룹의 [시작]은 '이전 효과와 함께', [재생 시간]은 '01.00', [지연]은 '02.00'으로 설정합니다.

06 선택 창에서 왼쪽 하단에 해당하는 텍스트 상자를 선택한 후 [애니메이션] 그룹 – [자세히(▼)]를 클릭하고 [나타내기] 중 [나타내기]를 클릭합니다.

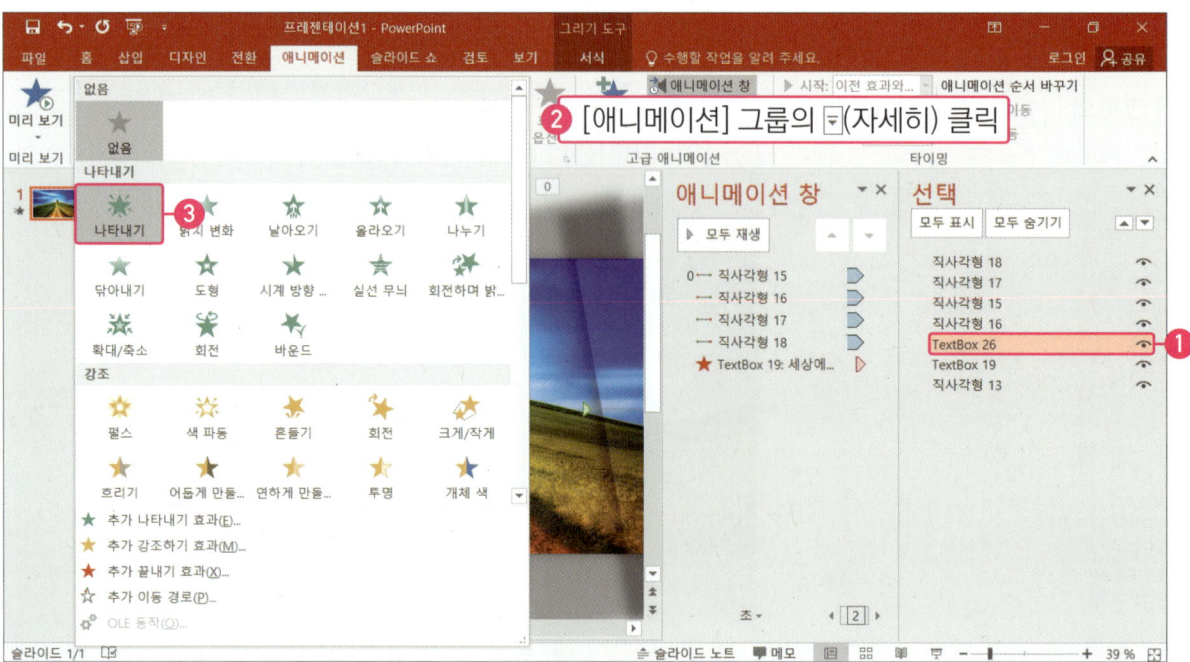

07 애니메이션 창의 애니메이션 목록 중 **06**에서 설정한 [나타내기] 애니메이션을 선택하고, [타이밍] 그룹의 [시작]은 '이전 효과와 함께', [재생 시간]은 '02.00', [지연]은 '03.00'으로 설정합니다.

08 [나타내기] 애니메이션에 또 다른 애니메이션을 추가하기 위해 [고급 애니메이션] 그룹 – [애니메이션 추가]를 클릭하고 [끝내기] 중 [사라지기]를 클릭합니다.

09 애니메이션 창에서 방금 추가한 [사라지기] 애니메이션을 선택하고, [타이밍] 그룹의 [시작]은 '이전 효과와 함께', [재생 시간]은 '01.00', [지연]은 '06.00'으로 설정합니다.

 앞쪽의 애니메이션의 지연 시간을 계산해 보면 6초이기 때문에 두 번째 나타나는 명언이 사라지는 지연 시간을 6초로 설정합니다.

10 F5 키를 눌러서 슬라이드 쇼를 진행하면 배경이 양쪽으로 갈라진 후 오른쪽 상단의 텍스트가 나왔다가 사라지고, 다시 배경이 양쪽으로 갈라지고 왼쪽 하단의 텍스트가 나왔다가 사라집니다. 애니메이션을 확인한 후 Esc 키를 눌러 슬라이드 쇼를 종료합니다.

11 비디오로 만들기 위해 [파일] 탭 - [내보내기] - [비디오 만들기]에서 [각 슬라이드에 걸린 시간(초)]를 '10.00'으로 설정하고, [비디오 만들기] 버튼을 클릭합니다. [다른 이름으로 저장] 대화상자가 나타나면 파일 이름으로 '명언'을 입력한 후 [저장] 버튼을 클릭합니다.

12 [파일] 탭 - [다른 이름으로 저장] - [찾아보기]를 클릭한 후 pptx 파일로도 저장합니다.

응용력 키우기

01 슬라이드 창 크기에 맞는 직사각형과 위에 2개, 아래 2개의 직사각형을 다음처럼 그린 후 슬라이드 배경 채우기와 선 없음을 설정합니다. 아래쪽에 텍스트 상자를 그리고 글을 입력한 후 워드아트로 꾸며 봅니다(단, 글꼴은 학습자가 원하는 것을 선택합니다).

예제파일 산.jpg

- 슬라이드 창 크기의 직사각형과 위쪽 2개의 직사각형 그림자 옵션
  : 투명도(70%), 흐리게(30pt), 각도(135°), 간격(4pt)
- 아래쪽 2개의 직사각형 그림자 옵션
  : 각도(231°), 다른 옵션 위와 동일
- 텍스트 속성
  : WordArt 스타일(채우기 - 파랑, 강조 1, 윤곽선 - 배경 1, 진한 그림자 - 강조 1), 글꼴 크기(40pt)

02 문제 **01**의 파일에서 텍스트 상자를 아래쪽 2개의 직사각형보다 뒤쪽으로 배치한 후 애니메이션을 적용하고 비디오를 만들어 봅니다(단, 비디오 품질과 크기는 상관없지만, 각 슬라이드에 걸린 시간은 '8초'로 설정합니다).

- 위쪽 2개의 직사각형은 선 애니메이션(위쪽 방향)/아래쪽 2개의 직사각형은 선 애니메이션(아래쪽 방향) 적용
  - 효과 : 부드럽게 시작과 종료(2초), 자동 반복
  - 타이밍 : 시작(이전 효과와 함께), 재생 시간(4초), 반복(슬라이드가 끝날 때까지)
- 슬라이드 창 크기에 맞는 직사각형 크게/작게 애니메이션 적용
  - 효과와 타이밍은 다른 직사각형 애니메이션과 동일

05 영상 앨범 만들기

- 사진 앨범
- 서식 파일과 테마
- 현재 테마 저장
- 테마 찾아보기
- 그림 서식
- 오디오 삽입과 설정

미/리/보/기

 예제파일 : 고양이01.jpg~고양이10.jpg, bgm.mp3
 완성파일 : 고양이앨범.mp4, 고양이앨범.pptx

이번 장에서는 사진 앨범 기능을 통해 여러 사진에 그림 레이아웃, 프레임 모양, 테마를 한꺼번에 적용하여 사진 앨범을 만들어 봅니다. 서식 파일을 테마로 저장하고, 그 테마를 모든 슬라이드에 적용하는 방법도 알아보겠습니다. 해당 앨범을 영상으로 만들고, 오디오를 추가하여 배경 음악이 나오도록 만들어 보겠습니다.

 서식 파일과 테마 살펴보기

▶ **서식 파일**

- 테마와 프레젠테이션, 사업 계획, 교실 수업 등과 같이 몇몇 콘텐츠들은 특정 목적을 가지고 있습니다. 서식 파일에는 디자인 요소(색, 글꼴, 배경, 효과) 및 스토리를 설명하는 콘텐츠가 포함되어 있어서 사용자가 간편하게 내용을 입력하는 것만으로 손쉽게 프레젠테이션을 만들 수 있습니다.
- [파일] 탭 – [새로 만들기]를 클릭하여 검색란에 원하는 검색어를 입력하여 서식 파일을 검색하면 다양한 무료 서식 파일을 다운로드할 수 있습니다. 다운로드한 파일에 내용을 입력하여 프레젠테이션을 만들 수 있습니다.

▶ **테마**

- 슬라이드에 적용하는 미리 정의된 색, 글꼴 및 시각적 효과의 집합으로 프레젠테이션을 조화롭고 통일성 있게 할 수 있습니다.
- [디자인] 탭 – [테마] 그룹 – [자세히(▼)]를 클릭하면 테마 갤러리가 펼쳐집니다. 그 중 하나를 선택하면 모든 슬라이드에 적용됩니다.

 기본 Office 테마 혹은 테마 갤러리에서 테마를 적용한 후 [디자인] 탭 – [테마] 그룹 – [자세히(▼)]를 클릭하고 색, 글꼴, 효과, 배경 스타일을 변경하여 새로운 사용자 정의 테마를 만들 수 있습니다.

 ## 사진 앨범 만들기

▶ 사진 앨범

01 빈 화면 슬라이드에서 [삽입] 탭 – [이미지] 그룹 – [사진 앨범]을 클릭합니다.

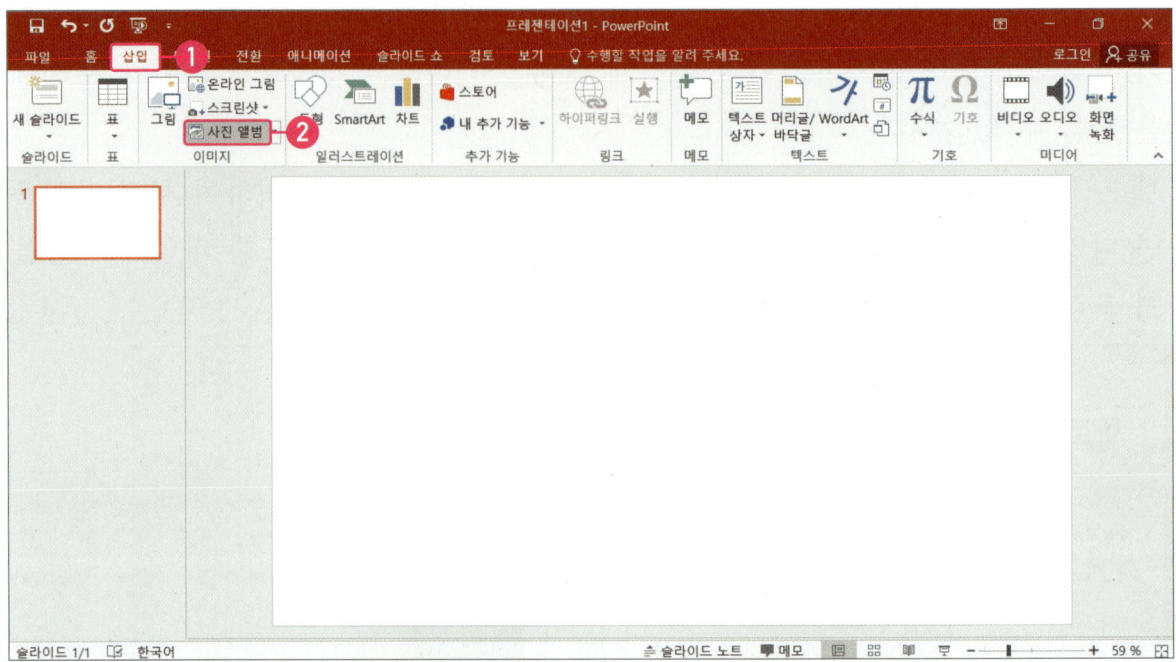

 사진 앨범
사진 파일들을 한 번에 불러와서 프레젠테이션을 쉽고 빠르게 만들 수 있습니다.

02 [사진 앨범] 대화상자에서 삽입할 그림을 불러오기 위해 [그림 삽입]의 **[파일/디스크]** 버튼을 클릭합니다.

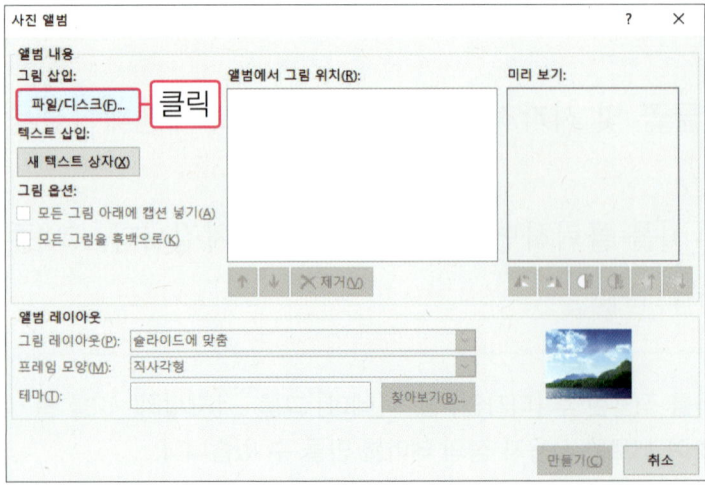

03 [새 그림 삽입] 대화상자에서 [고양이] 폴더를 열고, '고양이01.jpg~고양이10.jpg'를 모두 선택한 후 [삽입] 버튼을 클릭합니다.

04 [앨범에서 그림 위치]에 '고양이01~고양이10'까지 선택한 그림이 불려 옵니다. 텍스트 상자를 추가하기 위해 [새 텍스트 상자] 버튼을 클릭한 후 텍스트 상자가 [앨범에서 그림 위치]의 그림들 아래에 위치한 것을 확인합니다.

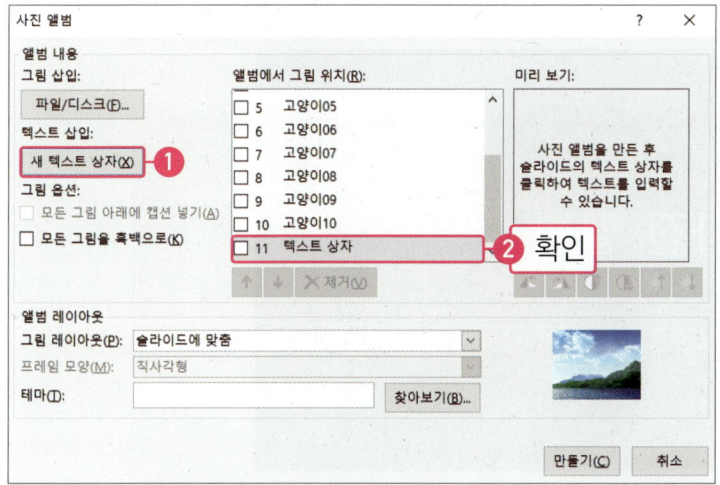

05 [앨범 레이아웃]에서 [그림 레이아웃]을 '그림 2개'로, [프레임 모양]을 '직사각형'으로 설정하고 [만들기] 버튼을 클릭합니다.

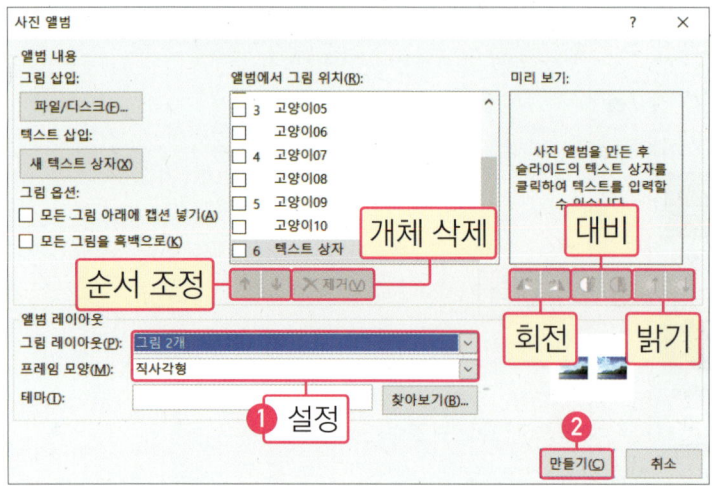

06 슬라이드에 직사각형의 그림이 두 개씩 배치되고, 마지막 슬라이드에는 텍스트 상자가 추가되어 나타납니다.

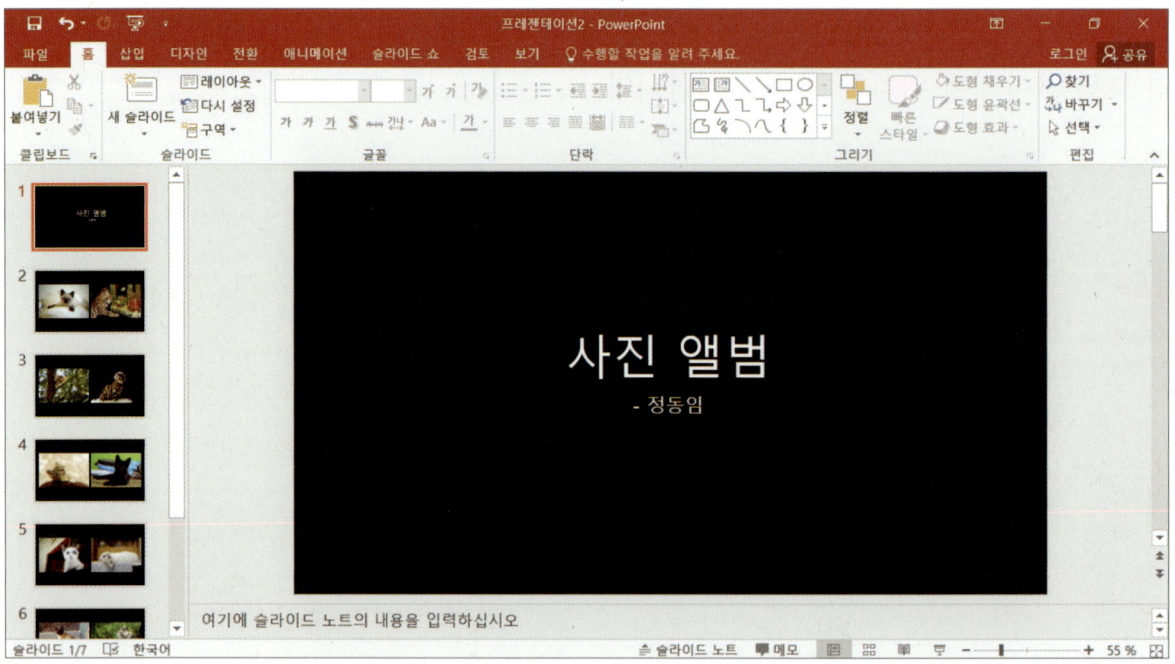

▶ 현재 테마 저장하기

01 새로 만든 사진 앨범에 테마를 적용하기 위해 서식 파일을 활용할 수 있습니다. 파워포인트에서 제공하는 테마는 한정적이기 때문에 온라인에서 검색하여 서식 파일을 다운로드할 수 있습니다. [파일] 탭 – [새로 만들기]를 클릭하고 검색란에 '슬라이드'를 입력하여 검색합니다. 검색된 서식 파일 중 '풍선 디자인 슬라이드'를 선택합니다.

02 [풍선 디자인 슬라이드] 창이 표시되면 서식 파일을 확인하고 [만들기] 버튼을 클릭합니다.

03 풍선 디자인 슬라이드 프레젠테이션이 만들어졌습니다. 풍선 디자인 슬라이드의 테마를 저장하기 위해 [디자인] 탭 – [테마] 그룹 – [자세히(▼)] – [현재 테마 저장]을 클릭합니다.

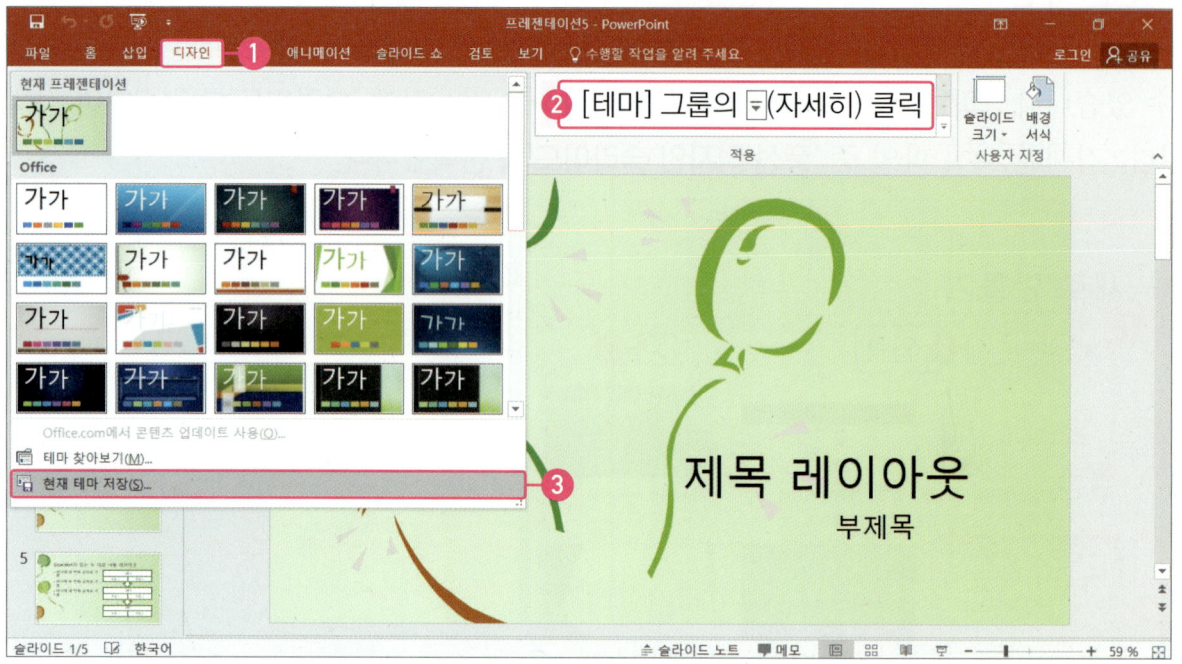

04 [현재 테마 저장] 대화상자에서 [예제] 폴더 안에 파일 이름은 '풍선'으로 입력하고 [저장] 버튼을 클릭합니다. 현재 서식 파일이 풍선 테마로 저장되었습니다.

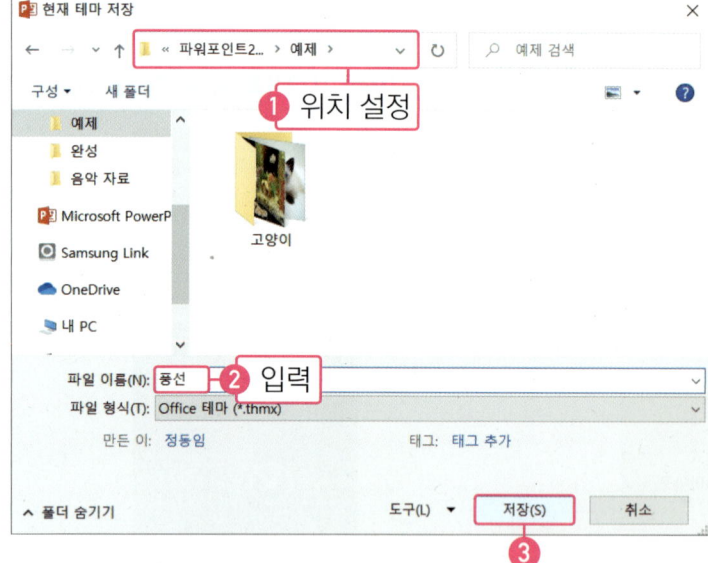

05 다시 사진 앨범 프레젠테이션 문서로 이동한 후 [디자인] 탭 – [테마] 그룹 – [자세히(▽)] – [테마 찾아보기]를 클릭합니다.

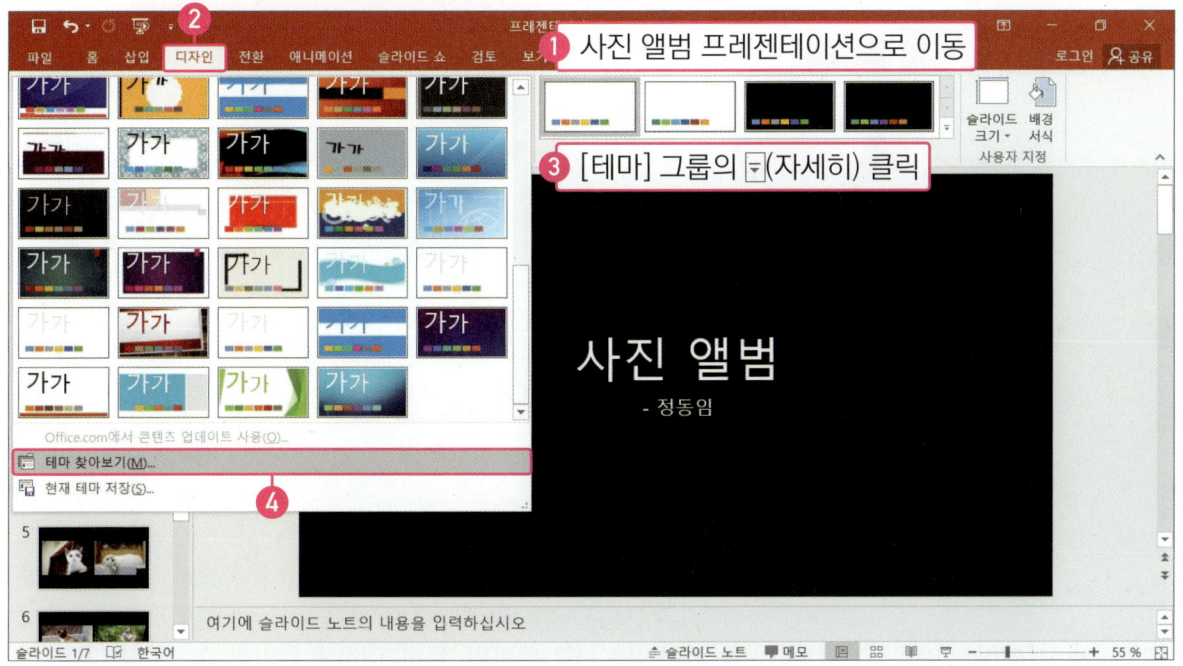

06 [테마 또는 테마 문서 선택] 대화상자에서 [예제] 폴더 안에 미리 저장해 둔 '**풍선.thmx**'를 선택하고 [적용] 버튼을 클릭합니다.

07 테마의 글꼴, 색, 전환 효과 등이 한꺼번에 적용된 것을 확인할 수 있습니다.

 [디자인] 탭 – [테마] 그룹 – [자세히(▼)]를 클릭하면 새로 추가된 '풍선' 테마를 확인할 수 있습니다.

▶ 그림 서식으로 꾸미기

01 슬라이드 미리 보기 창에서 **슬라이드2를 선택**합니다. 삽입된 **두 그림을 모두 선택**한 후 **[그림 도구] – [서식] 탭 – [그림 스타일] 그룹 – [자세히(▼)] – [회전, 흰색]을 클릭**합니다. 그림에 흰 테두리와 회전, 그림자가 한꺼번에 적용됩니다.

02 그림의 위치와 회전을 다음처럼 변경하여 꾸며 봅니다.

03 [삽입] 탭 - [이미지] 그룹 - [온라인 그림]을 클릭합니다.

04 [온라인 그림] 창의 [Bing 이미지 검색]에 '무지개'라고 입력한 후 검색합니다. 'Creative Commons만'으로 설정된 것을 확인하고 [유형]을 클릭하여 '일러스트레이션'으로 설정합니다. 검색된 이미지 중 원하는 이미지를 선택하고 [삽입] 버튼을 클릭합니다.

> **잠깐** [온라인 그림]에서 검색되는 이미지는 검색하는 시점에 따라 다른 이미지가 검색될 수도 있습니다.

05 삽입된 클립 아트의 위치와 크기를 다음처럼 꾸밉니다. 같은 방법으로 나머지 슬라이드도 꾸민 후 슬라이드7의 텍스트 상자에는 '감사합니다'라고 입력합니다.

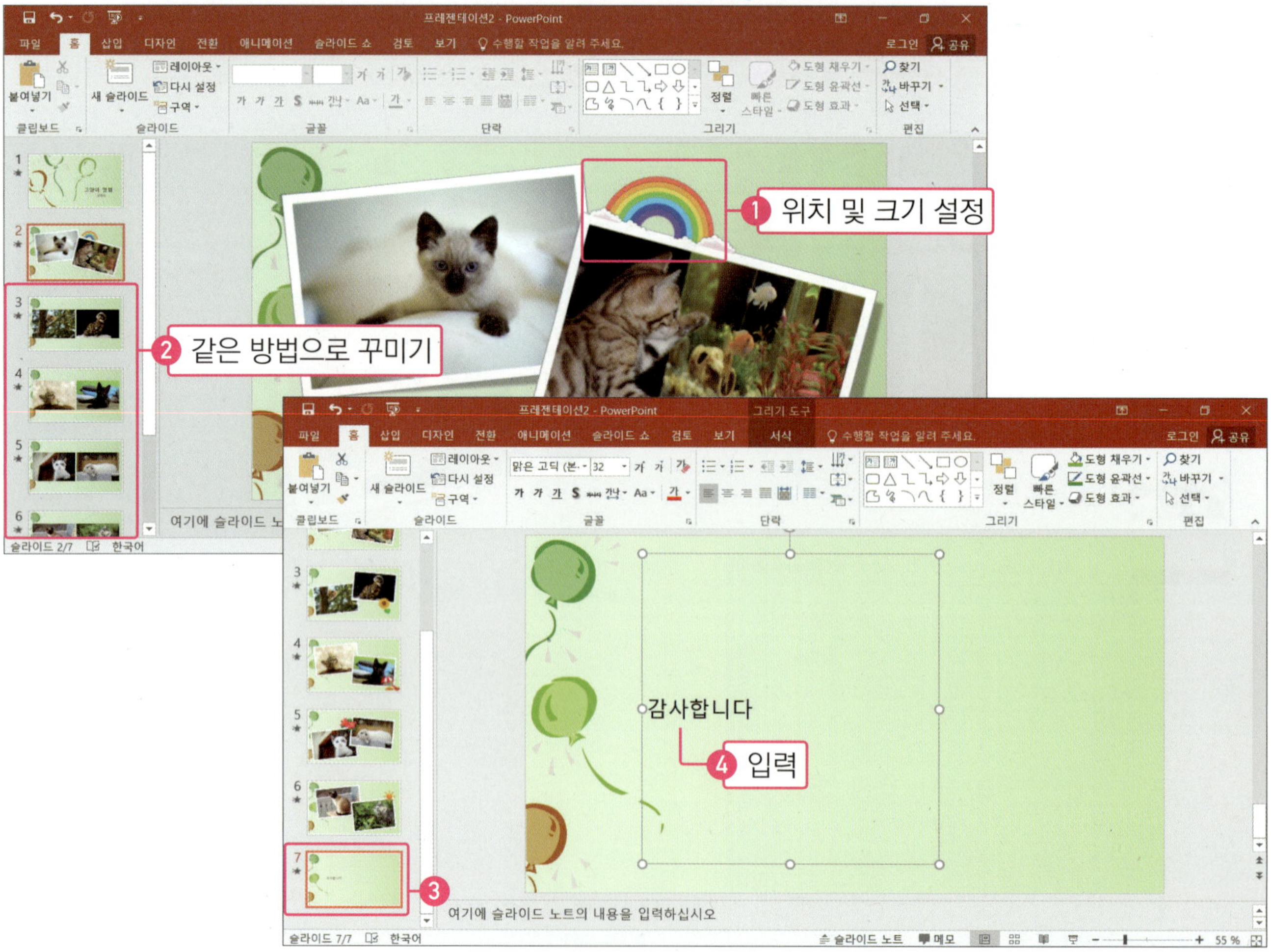

▶ 배경 음악 삽입하기

01 배경 음악을 삽입하기 위해 **슬라이드1에서 [삽입] 탭 – [미디어] 그룹 – [오디오] – [내 PC의 오디오]**를 클릭합니다.

02 [오디오 삽입] 대화상자에서 'bgm.mp3'를 선택한 후 [삽입] 버튼을 클릭합니다.

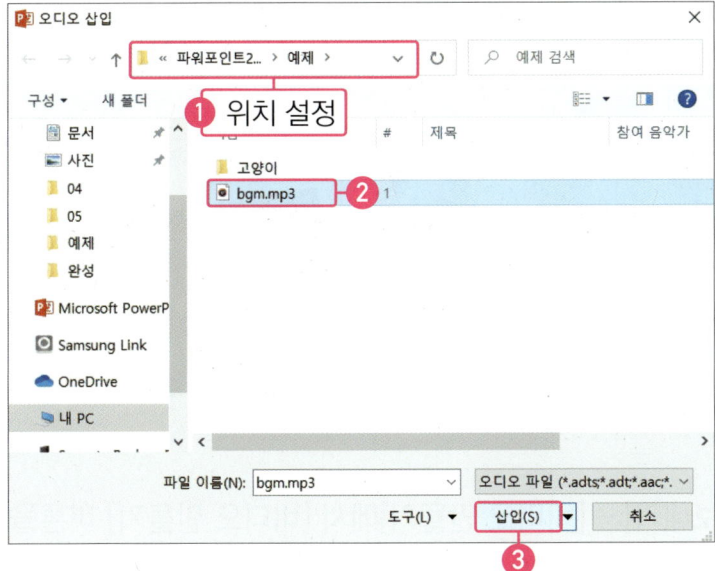

03 오디오 파일이 삽입되면서 슬라이드 창에 오디오 아이콘이 나타납니다. [오디오 도구] - [재생] 탭 - [오디오 옵션] 그룹에서 [시작]의 ▼를 클릭하여 [자동 실행]으로 설정하고, [모든 슬라이드에서 실행], [반복 재생], [쇼 동안 숨기기], [자동 되감기]에 체크합니다. 배경 음악이기 때문에 [오디오 스타일] 그룹의 [백그라운드에서 재생]을 클릭합니다.

04 F5 키를 눌러서 슬라이드 쇼를 진행합니다. 테마에 전환 효과가 포함되어 있기 때문에 클릭하면서 각 슬라이드를 확인할 수 있습니다. Esc 키를 눌러 슬라이드 쇼를 종료합니다.

05 비디오로 만들기 위해 [파일] 탭 - [내보내기] - [비디오 만들기]에서 [비디오 만들기] 버튼을 클릭합니다. [다른 이름으로 저장] 대화상자가 나타나면 [파일 이름]에 '고양이앨범'이라고 입력한 후 [저장] 버튼을 클릭합니다.

06 [파일] 탭 - [다른 이름으로 저장] - [찾아보기]를 클릭한 후 pptx 파일로도 저장합니다.

응용력 키우기

01 사진 앨범 기능을 사용하여 '05_01' 폴더 안의 사진을 한꺼번에 슬라이드에 삽입하여 '여행 앨범'을 만들어 봅니다.

예제파일 예제 > 05_01 > 폴더 안의 이미지 파일

- 그림 옵션 : 모든 사진 아래에 캡션 넣기
- 그림 레이아웃 : 그림 1개
- 프레임 모양 : 직사각형

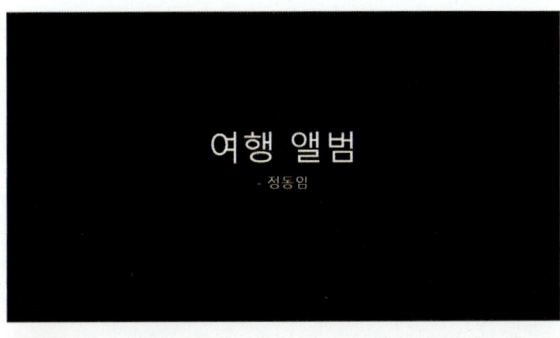 

 그림 옵션을 설정할 때는 사진 앨범 창의 '앨범에서 그림 위치'에서 옵션을 설정할 그림에 체크 표시한 후에 옵션을 설정해야 합니다.

02 '밤의 어둠 디자인 슬라이드' 서식 파일을 다운로드하여 '밤'이라는 테마로 새로 저장합니다. 앞에서 작업한 파일에 '밤' 테마를 적용하고 비디오를 만들어 봅니다 (단, 비디오 품질과 크기는 상관없습니다).

06 세계 여행 지도 만들기

- 투명도 설정하기
- 기호 삽입하기
- 강조 애니메이션
- 타원 애니메이션 설정하기

미/리/보/기

■ 예제파일 : 세계지도.jpg
■ 완성파일 : 항로.mp4, 항로.pptx

이번 장에서는 비행기 항로를 표시할 비행기 기호를 삽입하고, 도형의 투명도를 이용하여 출발지, 경유지, 도착지를 효과적으로 표시해 봅니다. 비행기의 항로를 화살표로 먼저 그린 후 이동 경로 애니메이션을 설정하여 운항 경로를 역동적으로 표현하는 방법을 알아보겠습니다.

01 기호 삽입하기

▶ 기호 메뉴를 사용해 삽입하기

기호를 삽입하려면 텍스트 상자를 그리고, 커서를 텍스트 상자 안에 둔 상태에서 [삽입] 탭 – [기호] 그룹 – [기호]를 클릭하면 됩니다. 먼저 글꼴을 선택하고, 하위 집합에서 수학 및 통화 기호, 저작권 기호 등 다양한 옵션을 선택하여 원하는 기호를 찾을 수 있습니다.

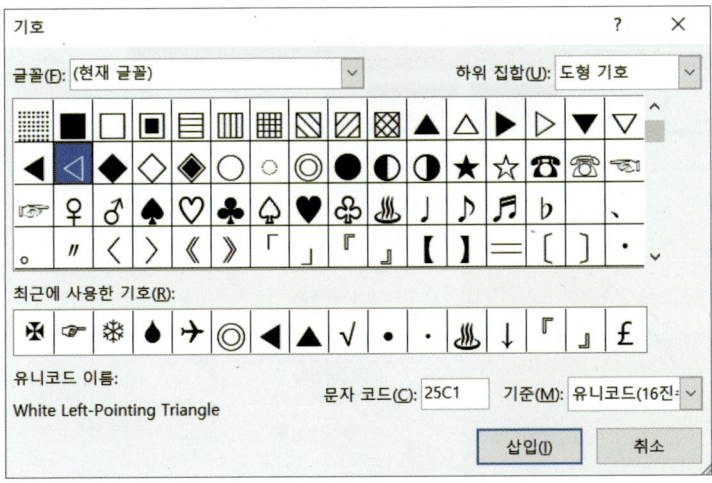

▶ 자음 + 한자 키로 삽입하기

키보드에 있는 자음 키와 한자 키를 순서대로 누르면 특수 문자 창이 나타납니다. 특수 문자 창에서 스크롤하여 원하는 특수 문자를 찾아 삽입합니다. 자음 키마다 숨어있는 특수 문자가 다르기 때문에 자주 사용하는 특수 문자는 어떤 자음 키에 숨어있는지 기억해 두면 편리합니다.

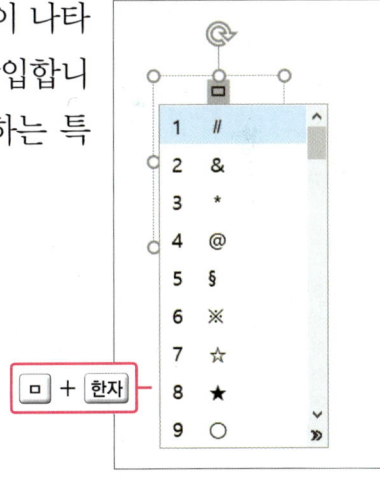

 잠깐

자음은 'ㄱ ~ ㅎ'뿐만 아니라 'ㄲ, ㄸ, ㅃ, ㅆ'도 한자 키와 함께 누르면 각각의 특수 문자 창이 나타납니다. 특수 문자 창이 열린 상태에서 Tab 키를 누르면 해당 자음에 사용할 수 있는 특수 문자를 스크롤하지 않고도 한눈에 볼 수 있습니다.

 **비행기 항로 표시하기**

▶ **배경에 그림 삽입하기**

01 빈 화면 슬라이드에서 [디자인] 탭 – [사용자 지정] 그룹 – [배경 서식]을 클릭합니다. 배경 서식 창의 상단에 (채우기 및 선)이 선택되어 있습니다. [채우기]는 '그림 또는 질감 채우기'로 선택한 후 [다음에서 그림 삽입]에서 [파일] 버튼을 클릭합니다.

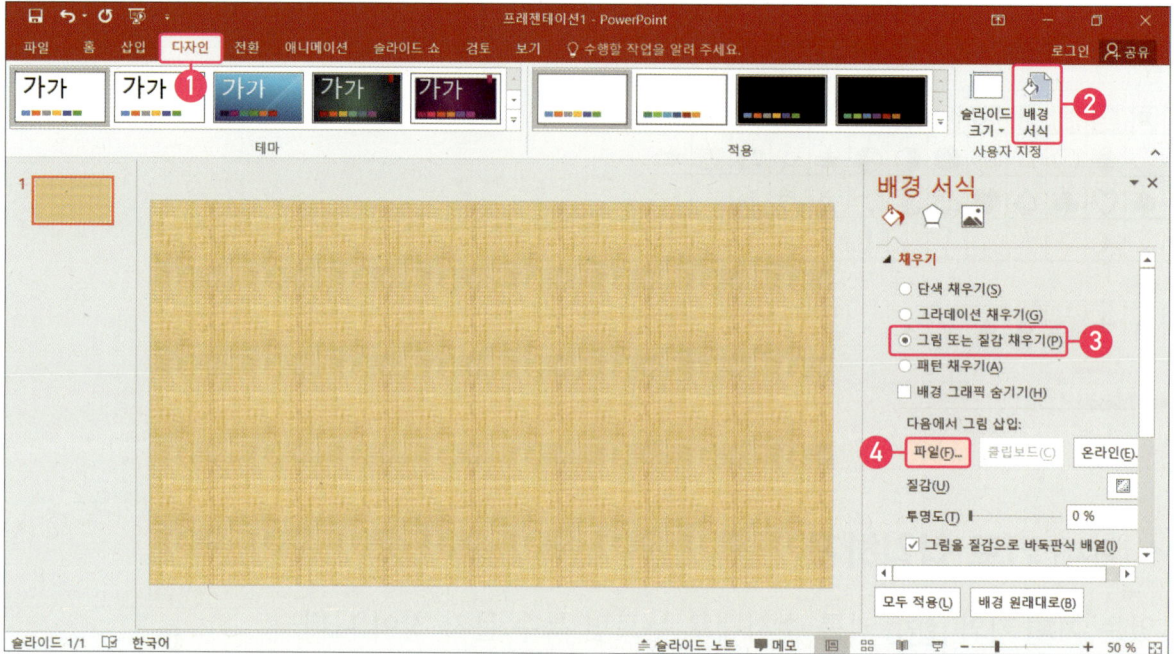

02 [그림 삽입] 대화상자에서 '세계지도.jpg'를 선택한 후 [삽입] 버튼을 클릭합니다.

▶ 도형에 투명도 적용하기

01 [홈] 탭 – [그리기] 그룹에서 [타원(◯)]을 클릭합니다. 지도의 인천 위치에서 Shift 키를 누른 채로 드래그하여 원을 그린 후 [도형 채우기]는 [녹색, 강조 6], [도형 윤곽선]은 [윤곽선 없음]으로 설정합니다.

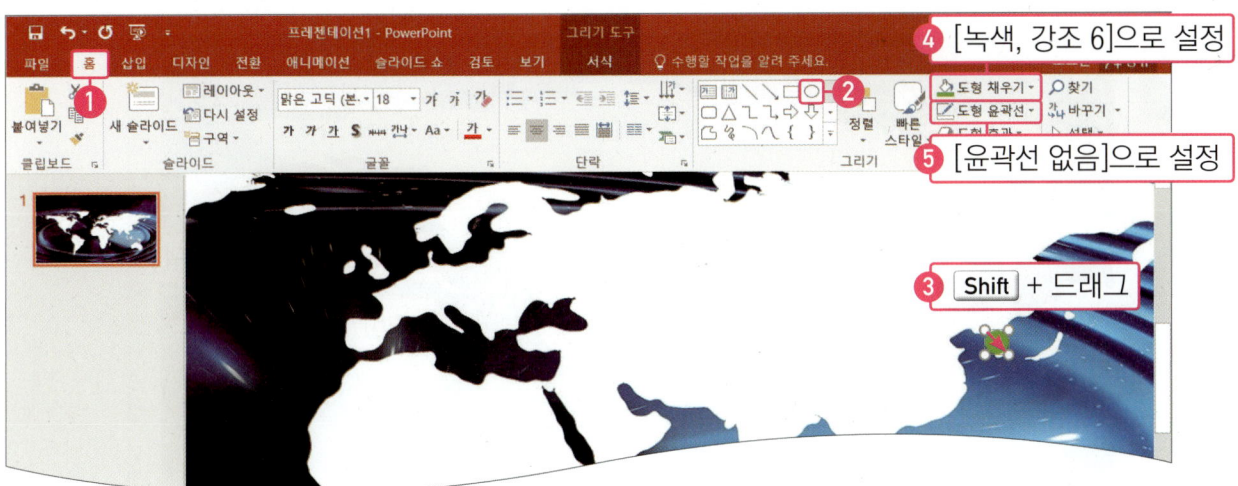

02 [타원(◯)]을 다시 클릭하고 현재 원 위에서 Ctrl + Shift 키를 누른 채로 드래그하여 좀 더 크고 동일한 색의 윤곽선 없는 원을 그립니다. [그리기] 그룹의 [도형 서식(▣)]을 클릭하고 도형 서식 창에서 채우기 색의 [투명도]를 '40%'로 설정합니다.

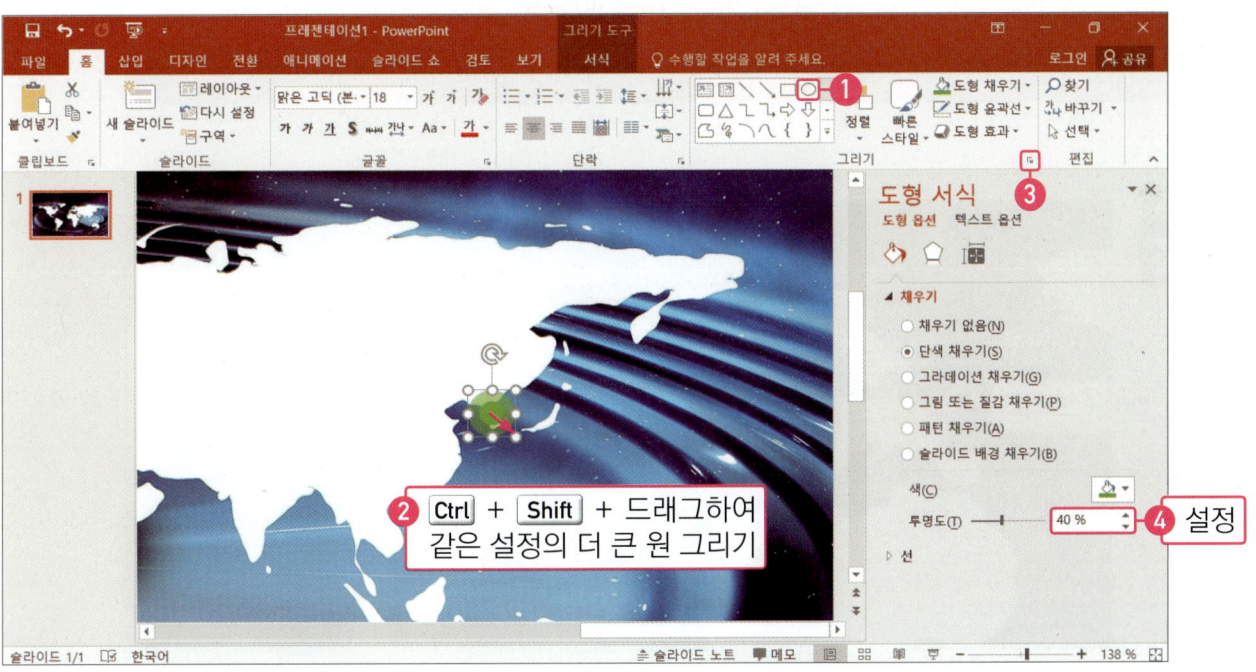

> **잠깐** 원의 중심으로부터 커지는 원을 그리기 위해서는 기존 원의 중심 위에서 Ctrl + Shift + 드래그해야 합니다.

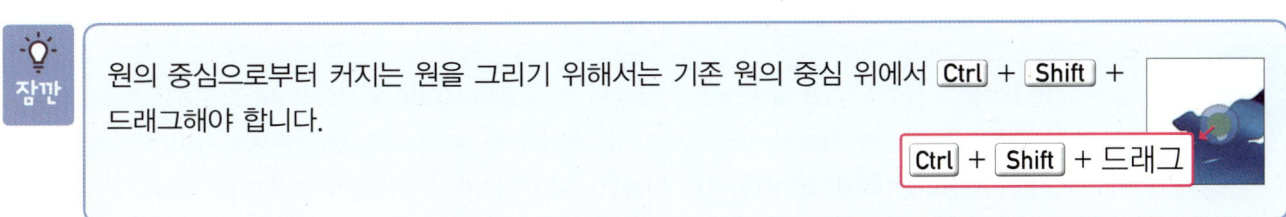

03 두 원 위에서 넓게 **드래그하여 모두 선택**한 후 Ctrl + G 키를 눌러 하나의 개체로 그룹화합니다.

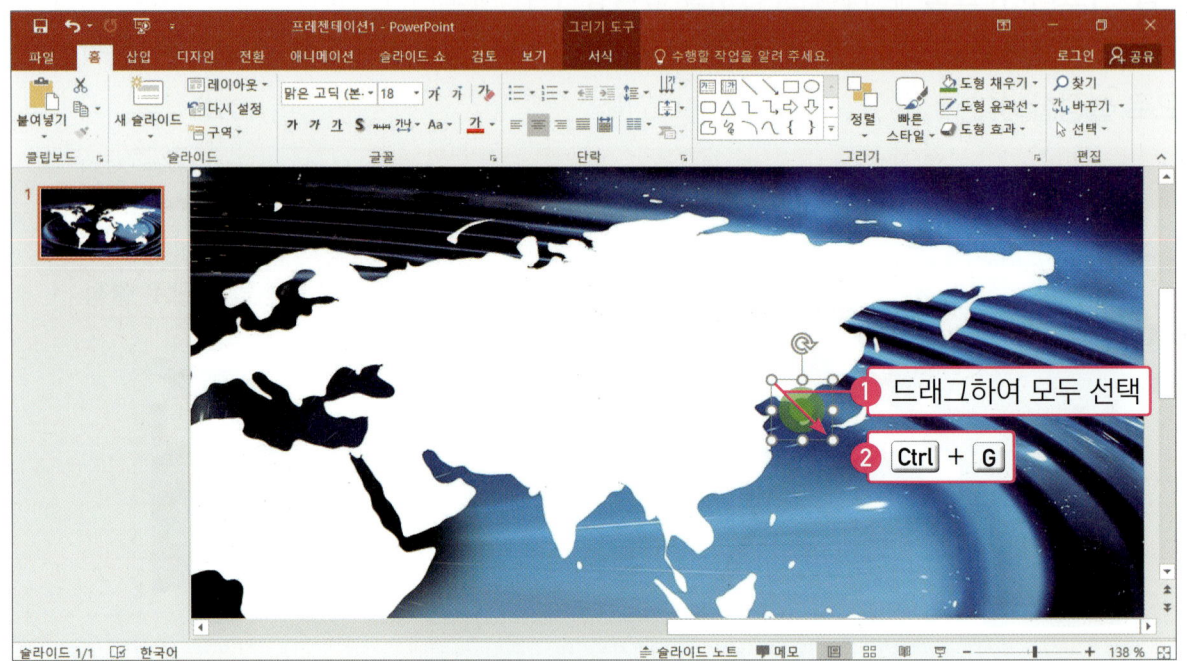

04 파리와 레이캬비크(아이슬란드의 수도) 위치로 그룹화 도형을 Ctrl 키를 누른 채 드래그하여 복사합니다. 파리 그룹 원의 [색]은 [황금색, 강조 4], 투명도는 '40%'로 설정합니다. 레이캬비크 그룹 원의 [색]은 [진한 빨강], 투명도는 '40%'로 설정합니다.

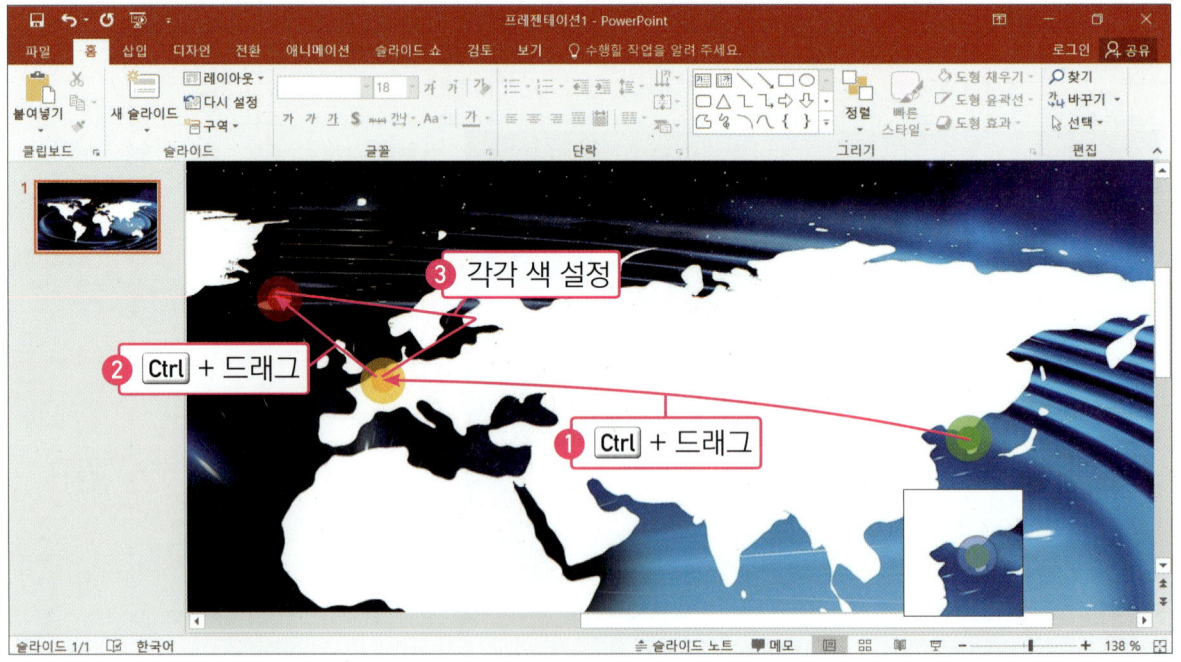

[홈] 탭 – [정렬] 그룹 – [선택 창]을 클릭하면 나타나는 선택 창에서 파리와 레이캬비크 위치에 있는 각각의 원에 색을 지정하는 방법을 사용할 수도 있습니다. 복사해 온 녹색 그룹 원에 투명도가 미리 설정되어 있기 때문에 색만 지정하면 투명도는 자동으로 적용됩니다.

▶ **경로 화살표 그리기**

01 [홈] 탭 – [그리기] 그룹에서 [곡선(⌒)]을 클릭합니다. 인천부터 파리로 곡선을 그리기 위해 **중간 지점을 한 번 클릭**하여 꺾은 후 도착점인 **파리에서는 더블 클릭**하여 끝마칩니다.

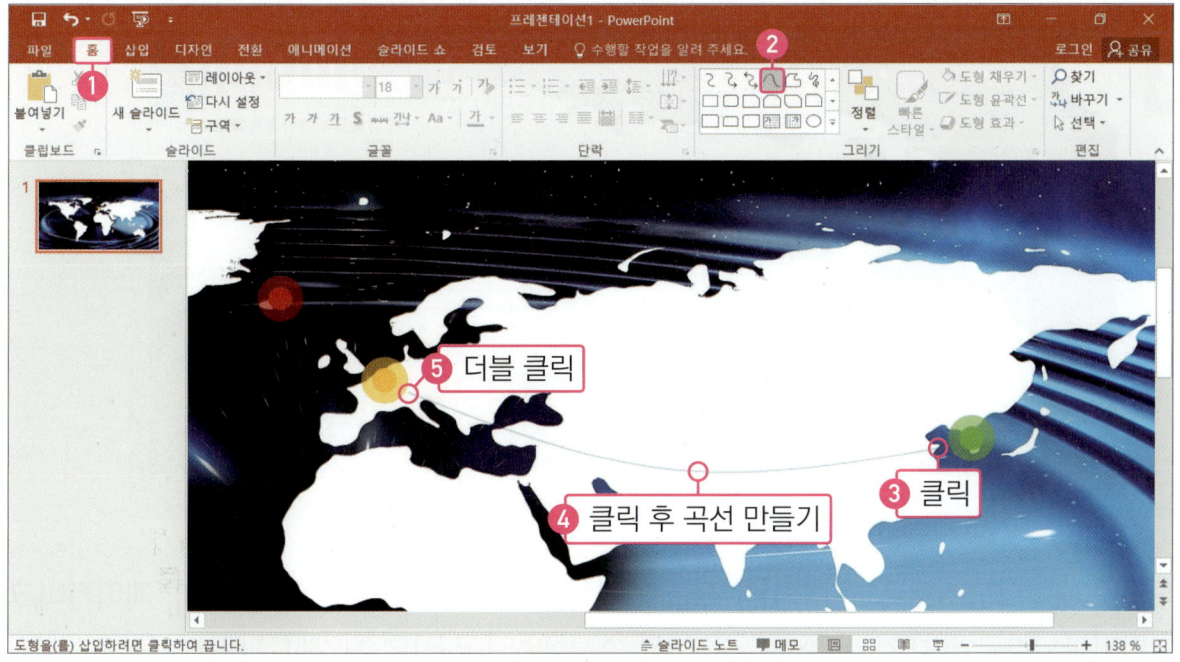

02 [그리기] 그룹 – [도형 윤곽선] – [흰색, 배경 1, 15% 더 어둡게]로 설정하고, [두께]는 [3pt], [대시]는 [사각 점선], [화살표]는 [화살표 스타일 5]로 설정합니다.

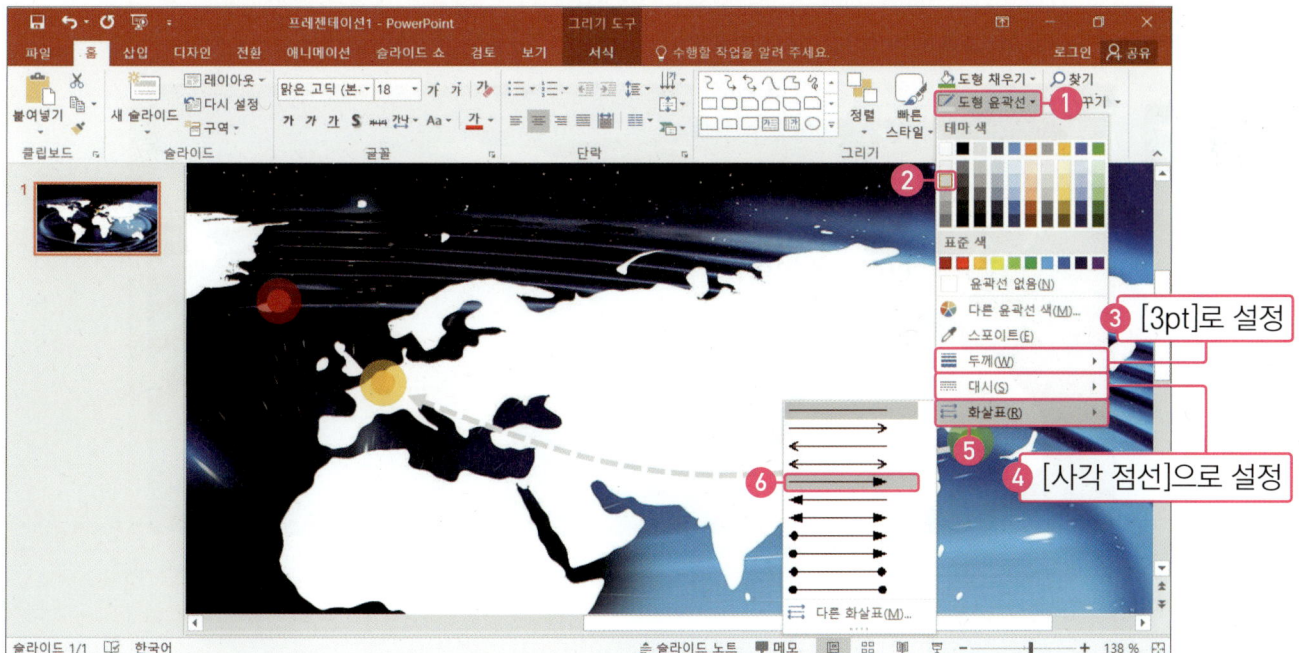

03 파리에서 레이캬비크로 향하는 경로를 **01~02**와 동일한 방법으로 화살표를 그립니다.

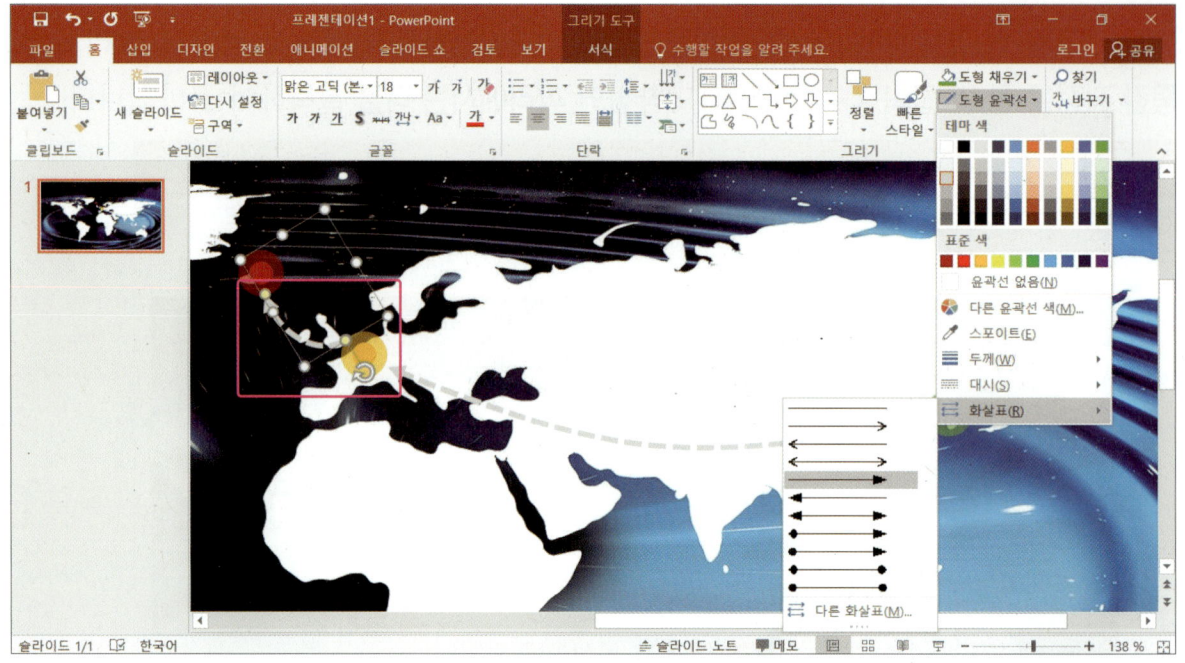

04 [그리기] 그룹의 [텍스트 상자( )]를 그룹화 개체 옆에 각각 그린 후 인천, 파리, 레이캬비크라고 입력합니다. 각 텍스트 상자는 [글꼴] 그룹에서 [글꼴]은 'HY헤드라인M', [글꼴 크기]는 '14', [글꼴 색]은 [진한 빨강]으로 설정합니다.

▶ 기호 삽입하기

01 [삽입] 탭 – [텍스트] 그룹에서 [텍스트 상자(🔲)]를 클릭하고 화살표 선 위에 다음처럼 그립니다. 텍스트 상자 안에 커서를 둔 채 [기호] 그룹 – [기호]를 클릭합니다.

02 [기호] 대화상자에서 [글꼴]을 'Wingdings'로 설정하면 심볼 기호들이 나타납니다. 그중 비행기 기호를 선택한 후 [삽입] 버튼을 클릭합니다. [닫기] 버튼을 클릭하여 [기호] 대화상자를 닫습니다.

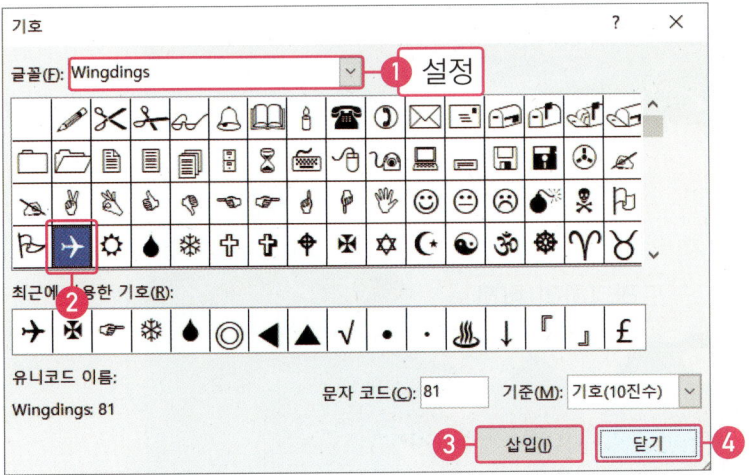

03 텍스트 상자 안에 비행기 기호가 삽입됩니다. 기호의 크기와 색을 변경하기 위해 [홈] 탭 - [글꼴] 그룹에서 [글꼴 크기]는 '32', [텍스트 그림자(S)], [글꼴 색]은 [진한 빨강]으로 설정합니다.

04 회전 핸들(⟳)을 드래그하여 비행기의 방향을 반대 방향으로 회전시킵니다.

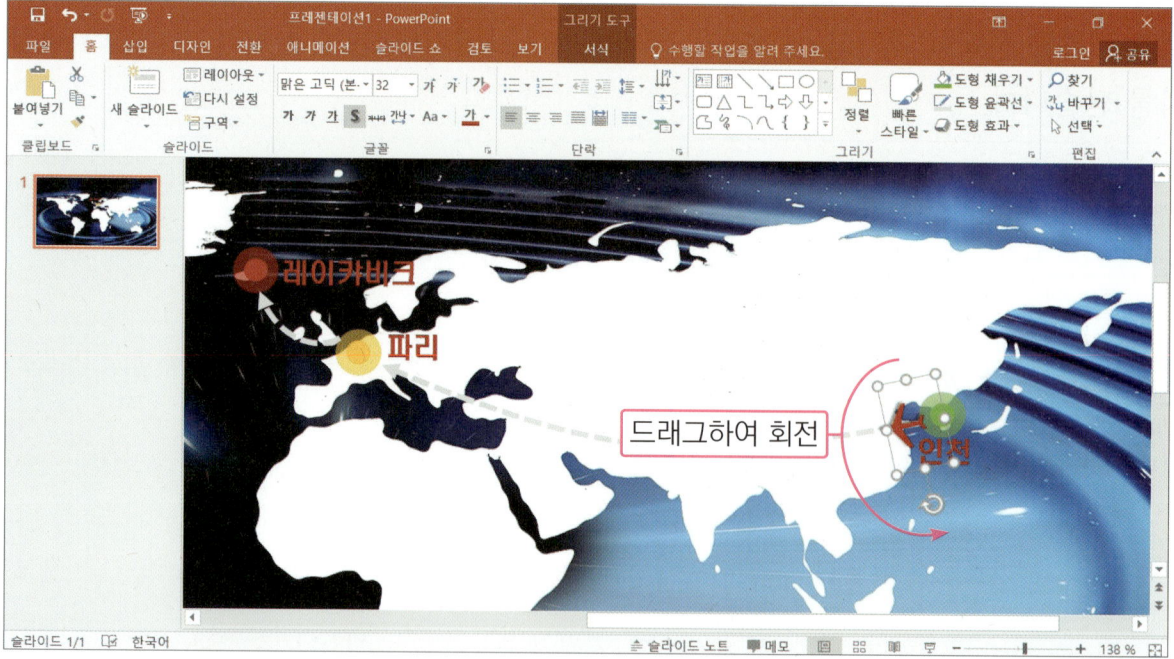

▶ 강조 애니메이션 만들기

01 녹색의 그룹화 개체를 **선택**한 후 애니메이션을 설정하기 위해 **[애니메이션] 탭 - [애니메이션] 그룹 - [자세히(▼)] - [추가 강조하기 효과]**를 클릭합니다.

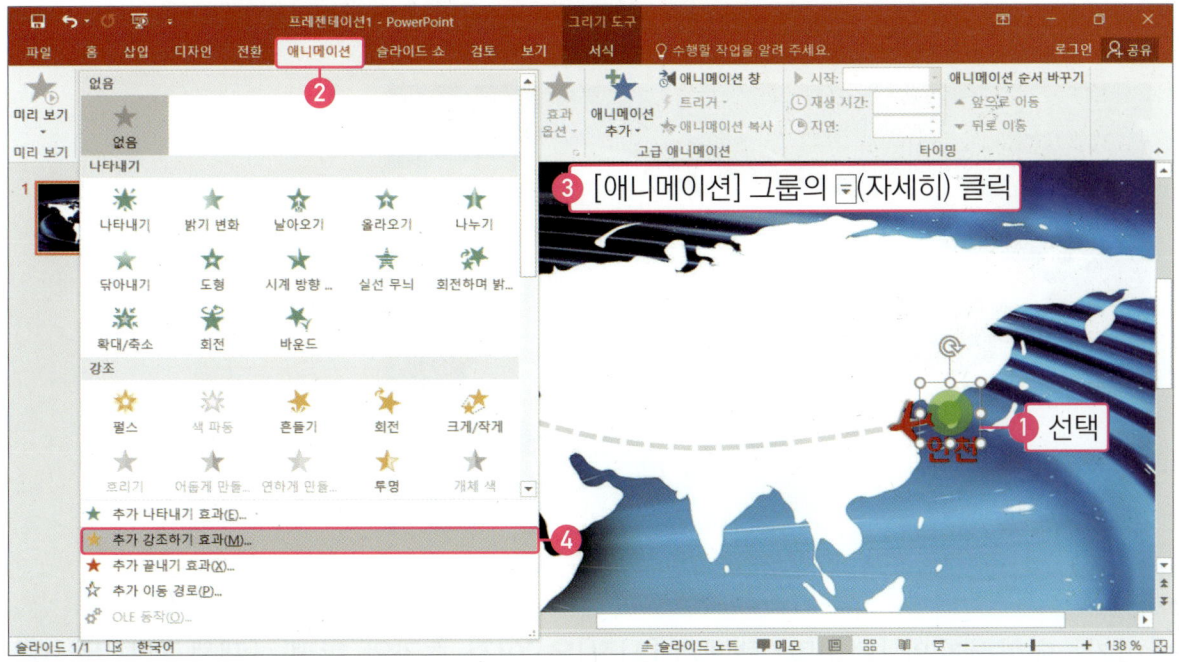

 [나타내기] 애니메이션은 없었던 부분을 나타나게 하고, [끝내기] 애니메이션은 있었던 부분을 사라지게 합니다. [강조] 애니메이션은 강조하고자 하는 부분에 적용하면 효과적입니다. [추가 강조하기 효과]를 사용하면 강조하기 효과를 더 다양하게 선택할 수 있습니다.

02 [강조하기 효과 변경] 창에서 **[화려한 효과]** 중 **[깜박이기]**를 선택한 후 **[확인]** 버튼을 클릭합니다.

03 [고급 애니메이션] 그룹 – [애니메이션 창]을 클릭합니다. 애니메이션 창에서 그룹명 우측의 ▼를 클릭한 후 [타이밍]을 클릭합니다.

04 [깜박이기] 대화상자의 [타이밍] 탭에서 [시작]은 '이전 효과와 함께', [재생 시간]은 '1초(빠르게)', [반복]은 '2'로 설정하고 [확인] 버튼을 클릭합니다.

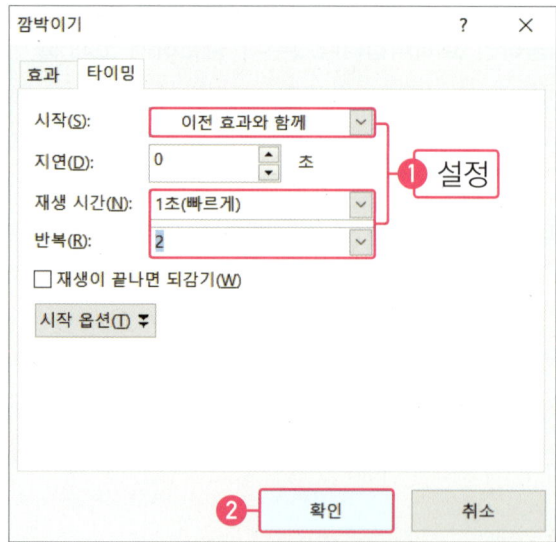

▶ **타원 이동 경로 애니메이션 만들기**

01 비행기 기호가 입력된 텍스트 상자를 선택한 후 [애니메이션] 그룹 – [자세히(▼)] – [이동 경로] 중 [타원]을 클릭합니다. 타원 애니메이션이 인천부터 뒤쪽으로 이동하는 형태로 나타납니다.

02 [애니메이션] 그룹 – [효과 옵션] – [경로 방향 바꾸기]를 클릭하여 이동 경로를 인천 뒤쪽에서 인천으로 오도록 방향을 바꿔 줍니다.

03 타원 애니메이션을 드래그하여 아래쪽 화살표 경로에 맞게 옮겨 줍니다. 화살표 경로에 맞게 타원 애니메이션을 **회전 핸들**(🔄)로 회전시키고, **크기 조절점**도 드래그하여 적절하게 배치합니다.

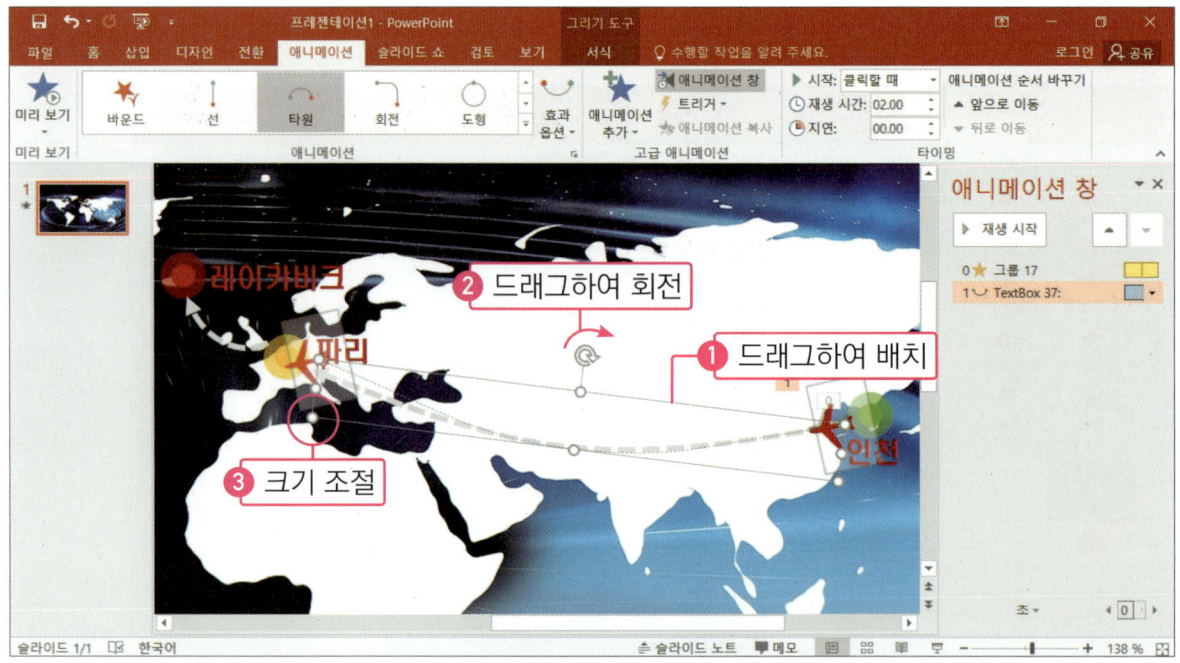

04 오른쪽의 애니메이션 창에서 설정한 **비행기 기호의 [타원] 애니메이션을 선택**하고 [타이밍] 그룹에서 [시작]은 '이전 효과 다음에', [재생 시간]은 '02.00'으로 설정합니다.

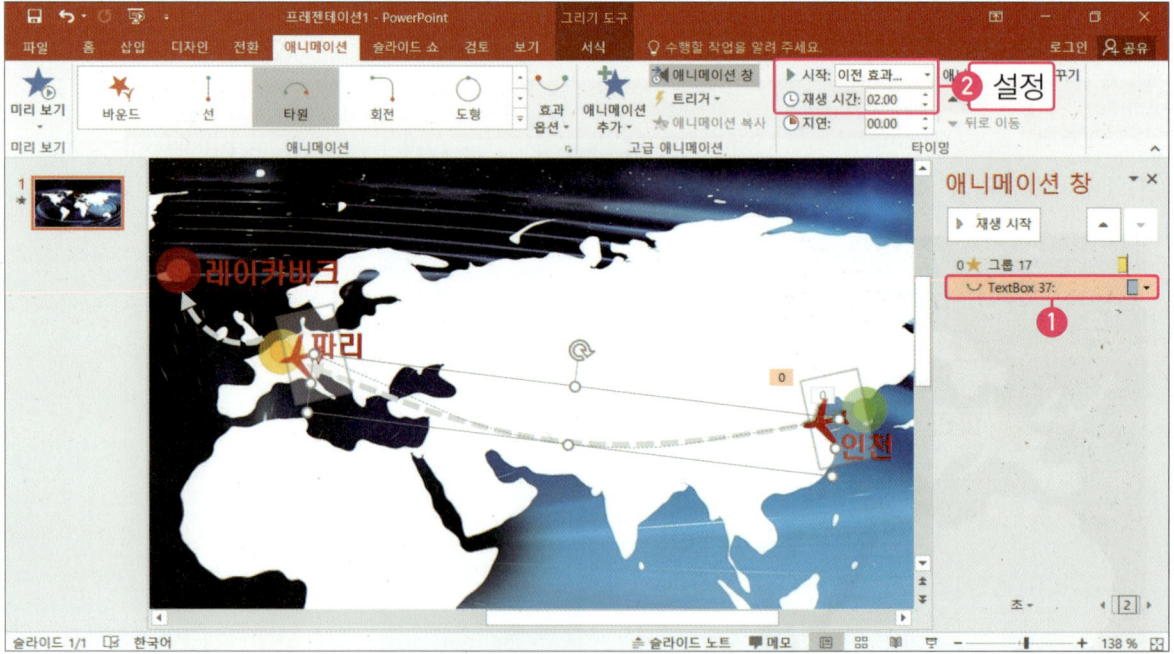

05 노란색 그룹화 개체를 선택한 후 [깜박이기] 애니메이션을 설정(p.99 참고)합니다. [타이밍] 옵션, [재생 시간], [반복]은 녹색 그룹화 개체와 동일하게 설정(p.100 참고)하고, [시작]은 '이전 효과 다음에'로 설정합니다.

▶ 애니메이션 추가하기

01 파리에서 레이캬비크로 이동하는 애니메이션도 추가하기 위해 비행기 기호의 [타원] 애니메이션을 선택한 후 [고급 애니메이션] 그룹 - [애니메이션 추가] - [이동 경로] 중 [타원]을 클릭합니다.

02 새로 추가된 [타원] 애니메이션의 경로 방향을 바꾼 후 파리에서 레이캬비크로 이동하는 아래쪽 화살표 선에 맞게 [타원] 애니메이션의 경로를 조정합니다. [타이밍] 그룹에서 [시작]은 '이전 효과 다음에', [재생 시간]은 '02.00'으로 설정합니다.

03 노란색 그룹화 개체를 선택한 후 [고급 애니메이션] 그룹 – [애니메이션 복사]를 클릭합니다. 마우스 포인터가 일 때 **빨간색 그룹화 개체를 클릭**하면 애니메이션 효과가 복사되어 적용됩니다.

04 빨간색 그룹화 개체에 노란색 그룹화 개체와 동일한 애니메이션이 적용된 것을 확인합니다.

05 F5 키를 눌러서 슬라이드 쇼를 진행하면 비행기 항로를 애니메이션으로 확인할 수 있습니다. Esc 키를 눌러 슬라이드 쇼를 종료합니다.

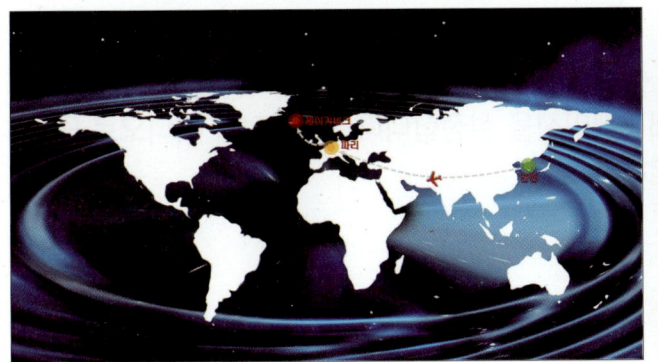 

06 비디오로 만들기 위해 [파일] 탭 - [내보내기] - [비디오 만들기]에서 [각 슬라이드에 걸린 시간(초)]를 '10.00'으로 설정하고, [비디오 만들기] 버튼을 클릭합니다. [다른 이름으로 저장] 대화상자가 나타나면 [파일 이름]에 '항로'를 입력하고 [저장] 버튼을 클릭합니다.

07 [파일] 탭 - [다른 이름으로 저장] - [찾아보기]를 클릭한 후 pptx 파일로도 저장합니다.

응용력 키우기

01 '지도.jpg'를 배경 서식으로 한 후 '비행기.png'를 파란색 핀셋의 출발 지점에 삽입합니다. 도착 지점에는 물방울 기호를 삽입하고 그 위에 흰색 원을 그린 후 그룹화하여 배치해 봅니다.

예제파일 비행기.png, 지도.jpg

- 물방울 기호 : 글꼴 크기(54pt), 글꼴 색(진한 빨강)

 '비행기.png' 그림을 삽입한 후 [홈] 탭 – [그리기] 그룹 – [정렬] – [회전] – [좌우 대칭] 을 클릭하여 좌우를 회전해야 합니다.

02 '비행기.png'에 타원 애니메이션을 설정하여 출발 지점에서 도착 지점까지 이동할 수 있게 설정한 후 물방울 그룹화 개체에 [깜박이기] 애니메이션을 설정합니다. 이 과정을 비디오로 만들어 봅니다(단, 비디오 품질과 크기는 상관없습니다).

- 비행기 타원 애니메이션
  - 타이밍 : 시작(이전 효과와 함께), 재생 시간(2초)
- 물방울 그룹화 개체 깜박이기 애니메이션
  - 타이밍 : 시작(이전 효과 다음에), 재생 시간(1초(빠르게)), 반복(2)

07 역할극 만들기

- 테마 스타일 선택하기
- 테마 글꼴 설정하기
- 그림 도형에 맞춰 자르기
- 그림 가로 세로 비율 맞춰 자르기
- 개체를 그림으로 붙여넣기
- 오디오 삽입하기

미/리/보/기

 예제파일 : 내레이션.m4a, 내레이션1.m4a, 내레이션2.m4a, 동물.jpg
 완성파일 : 역할극.mp4, 역할극.pptx

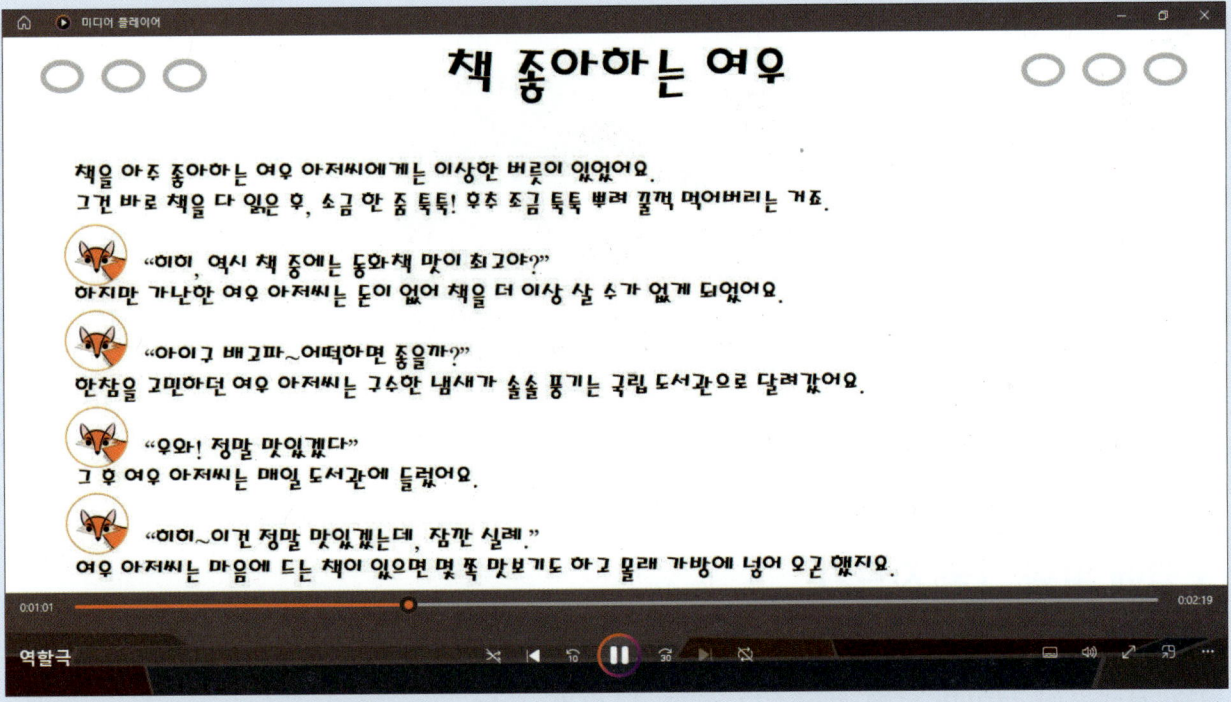

이번 장에서는 오디오북 만드는 과정을 따라 해 봅니다. 먼저 테마 스타일을 프레젠테이션 전체에 적용하고 글꼴을 설정하는 방법을 알아보겠습니다. 대사 옆에 적절한 이미지를 삽입한 후 원하는 크기와 모양으로 자르는 방법을 배워보겠습니다. 마지막으로 슬라이드에 내레이션 오디오 파일을 삽입해 봅니다.

 그림 자르기와 오디오 삽입하기

▶ 그림 자르기

그림을 잘라 불필요한 영역을 제거합니다. 옵션에 따라 그림을 도형에 맞춰 자르거나 가로 및 세로 비율로 자를 수 있습니다. 자를 그림을 선택한 후 [그림 도구] – [서식] 탭 – [크기] 그룹 – [자르기]의 ▼ – [자르기]를 클릭하면 그림 테두리에 자르기 선이 나타납니다. 자르기 선을 드래그하면 영역에 포함되지 않는 부분은 삭제 영역으로 분리됩니다. 다음 그림에서 필요한 영역만 남기고 자르기 선을 드래그한 후 그림 바깥쪽을 클릭하면 6인 가족 그림을 4인 가족 그림으로 만들 수 있습니다.

▶ 도형에 맞춰 그림 자르기

[그림 도구] – [서식] 탭 – [크기] 그룹 – [자르기] – [도형에 맞춰 자르기]를 클릭한 후 원하는 도형을 선택하면 그림을 도형 모양으로 자를 수 있습니다.

▶ 오디오 삽입

[삽입] 탭 – [미디어] 그룹 – [오디오]를 클릭한 후 [내 PC의 오디오]를 클릭하면 내 PC에 있는 오디오 파일을 불러와서 배경 음악 등으로 사용할 수 있습니다.

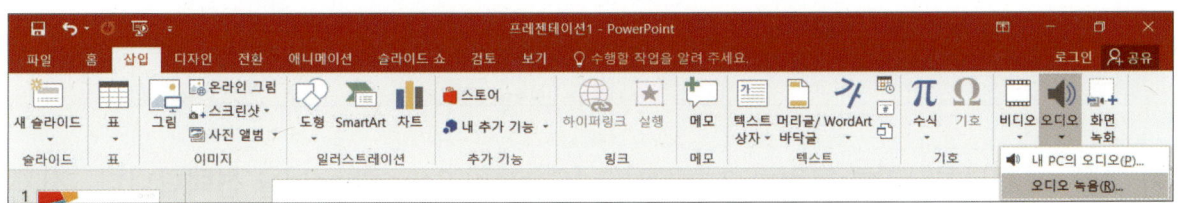

 오디오 녹음

[오디오 녹음]을 클릭하면 직접 내 목소리를 녹음할 수 있습니다. [소리 녹음] 창에서 [이름]에 파일 이름을 입력하고 ●를 클릭하면 녹음이 시작됩니다. 녹음을 끝내려면 ■를 클릭하고 [확인] 버튼을 클릭합니다. 슬라이드 창에 오디오 아이콘(🔊)이 삽입됩니다.

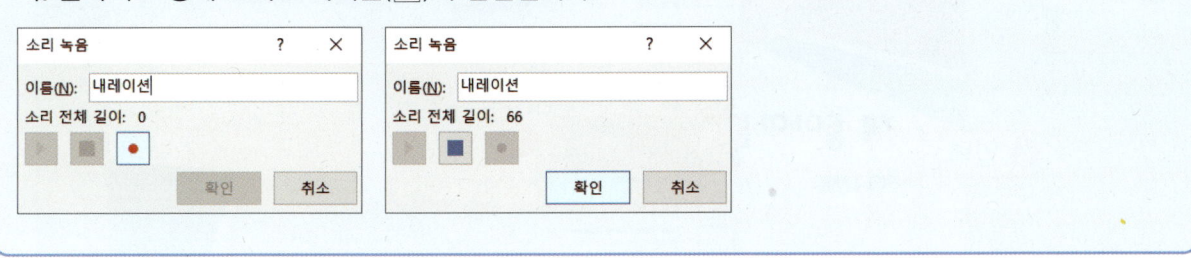

 **나만의 오디오북 만들기**

▶ **테마 설정하기**

01 빈 화면 슬라이드에서 [디자인] 탭 – [테마] 그룹 – [자세히(▼)]를 클릭하고 [교육 테마]를 클릭합니다.

02 [적용] 그룹 – [자세히(▼)]를 클릭하고 [글꼴] – [Century Schoolbook]을 선택합니다. 전체적으로 제목 글꼴과 본문은 휴먼매직체로 변경됩니다. **제목과 부제목을 입력합니다.**

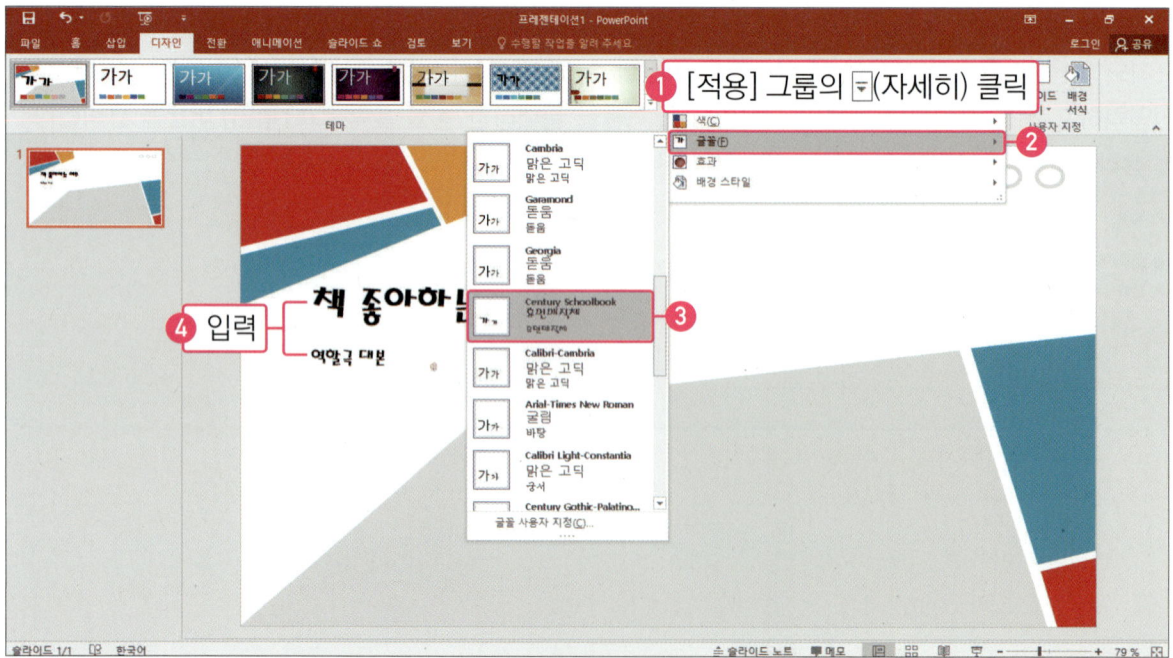

03 새 슬라이드를 추가하기 위해 [홈] 탭 – [슬라이드] 그룹 – [새 슬라이드]의 ▼ – [제목만]을 클릭합니다.

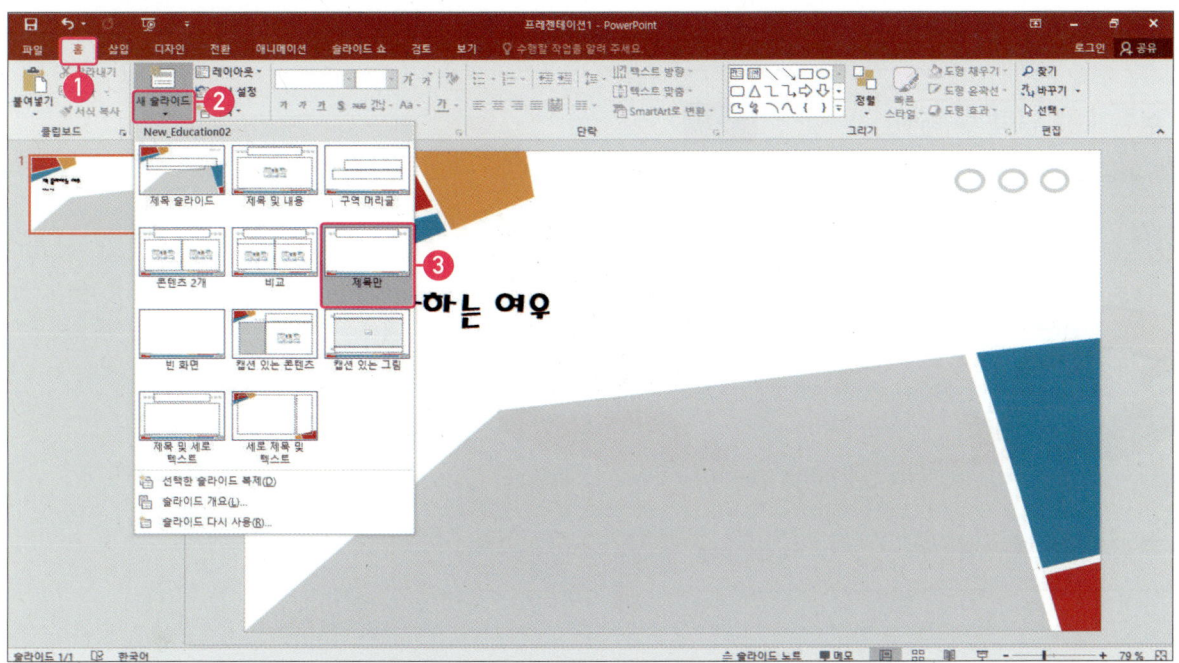

▶ 이미지 삽입하고 자르기

01 추가한 슬라이드에 제목을 입력하고, [삽입] 탭 – [이미지] 그룹 – [온라인 그림]을 클릭합니다.

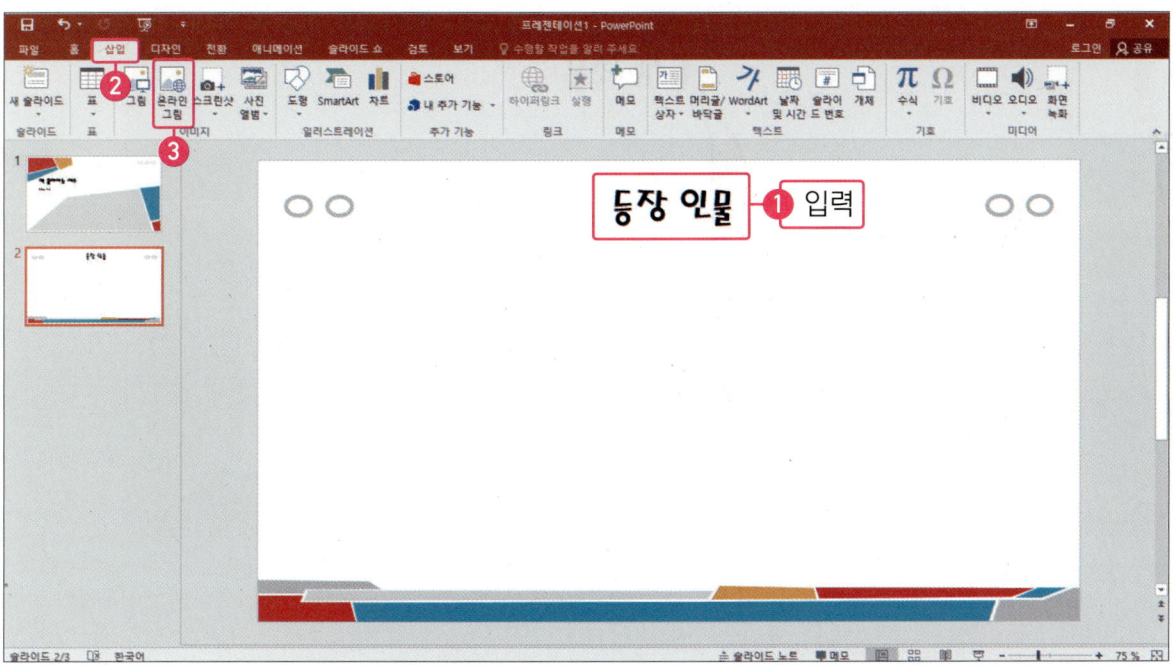

02 [그림 삽입] 창의 [Bing 이미지 검색]에서 '여우'를 검색합니다. 검색 결과가 나타나면 'Creative Commons만'으로 설정되었는지 확인하고 [유형]에서 [일러스트레이션]을 설정합니다. 여우 일러스트레이션 중 하나를 선택하고 [삽입] 버튼을 클릭합니다.

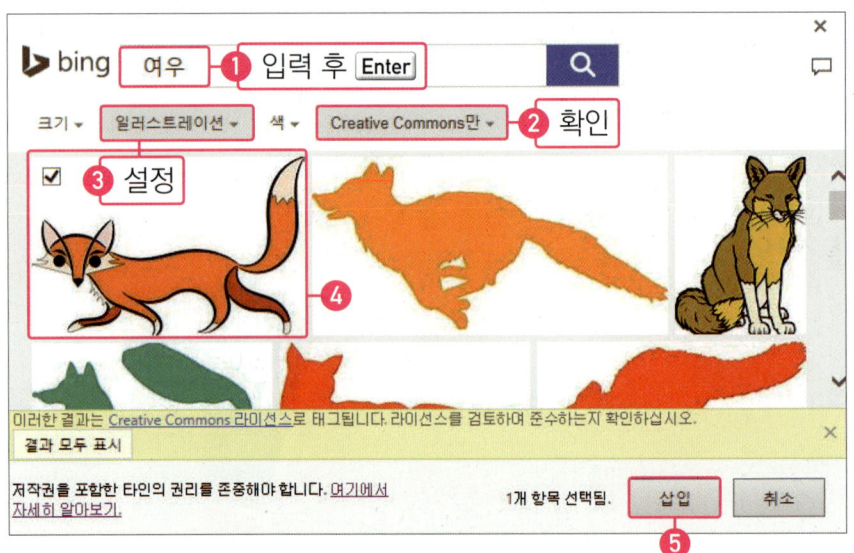

03 여우 그림이 삽입되면 [홈] 탭 - [그리기] 그룹의 [텍스트 상자(가)]를 클릭하여 여우 그림 아래에 드래그한 후 텍스트를 입력합니다.

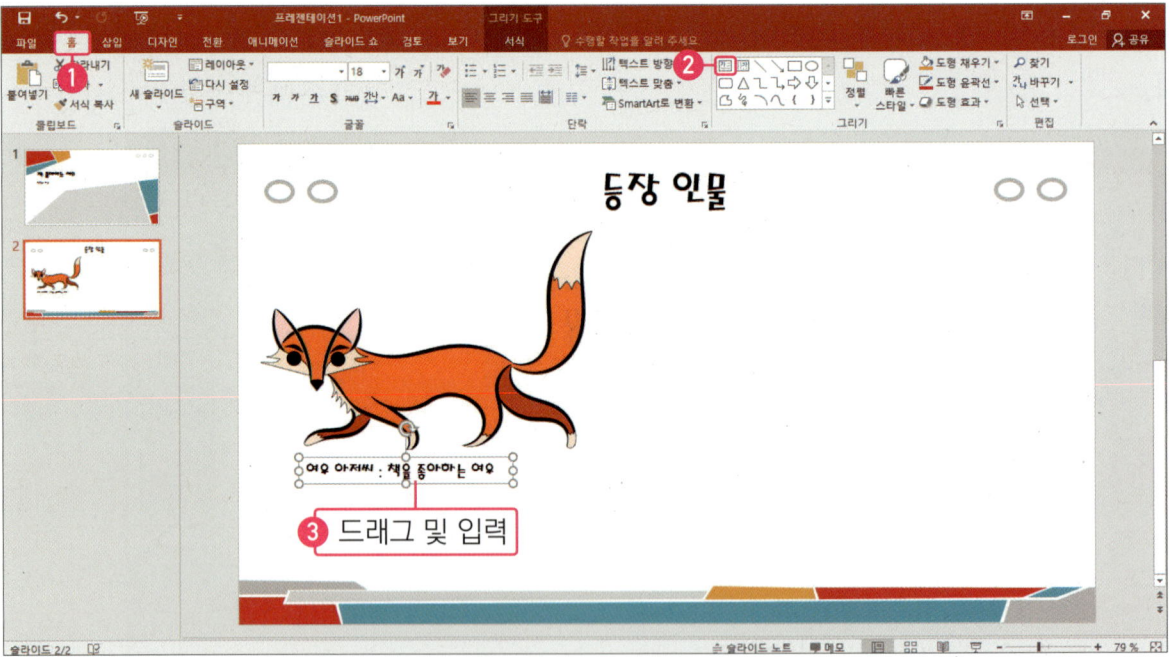

04 [삽입] 탭 – [이미지] 그룹 – [그림]을 클릭합니다. [그림 삽입] 대화상자가 나타나면 제공하는 **예제 폴더**에서 '동물.jpg' 파일을 선택한 후 [삽입] 버튼을 클릭합니다.

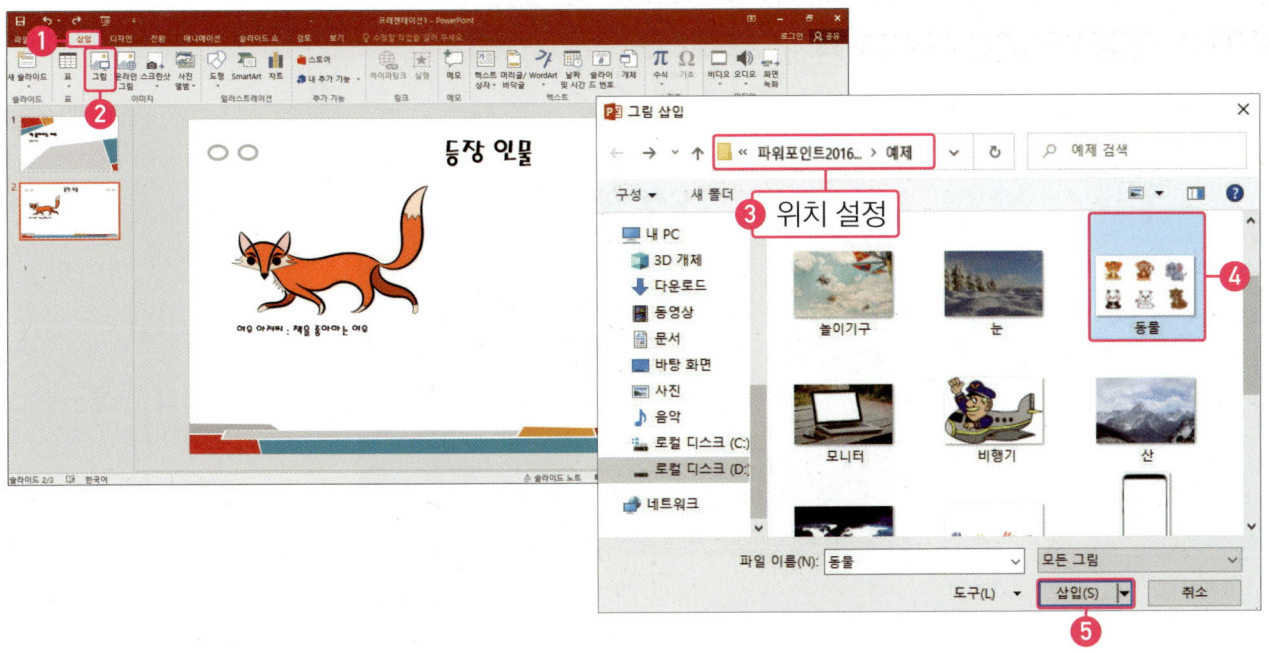

05 삽입된 그림에서 고양이만 남기고 나머지 불필요한 부분은 지우기 위해 [그림 도구] – [서식] 탭 – [크기] 그룹 – [자르기]의 ▼를 클릭한 후 [자르기]를 클릭합니다.

06 다음처럼 고양이만 남기고 **자르기 선을 드래그**합니다. **그림 영역 바깥쪽을 클릭**하여 적용합니다.

07 [텍스트 상자(가)]를 사용하여 텍스트 상자를 그린 후 등장인물 고양이에 대한 **설명을 입력**합니다. 고양이를 Ctrl + C, Ctrl + V 키를 눌러 복사한 후 오른쪽에 배치합니다. [그림 도구] - [서식] 탭 - [크기] 그룹 - [자르기]의 ▼ - [자르기]를 클릭하여 그림 영역을 호랑이로 옮기고 그림 영역 바깥쪽을 클릭합니다.

08 호랑이 아래에 **텍스트 상자를 하나 더** 그린 후 호랑이에 대한 **등장인물 설명**을 입력합니다.

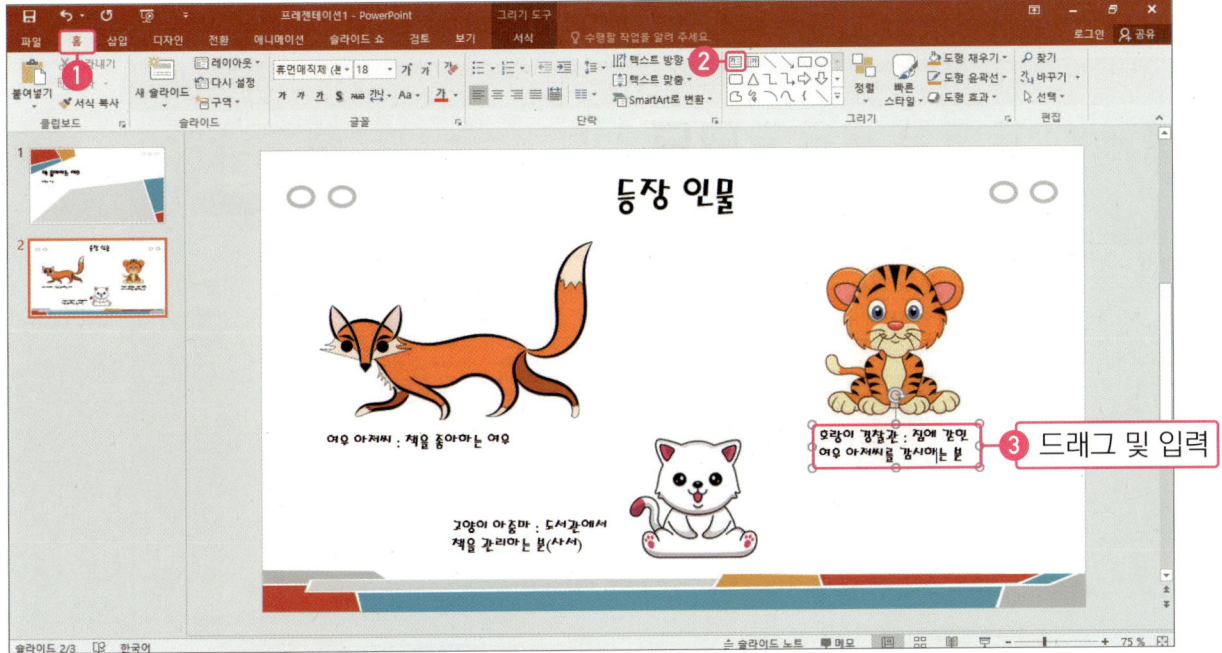

▶ 그림을 도형에 맞춰 자르기

01 [홈] 탭 – [슬라이드] 그룹 – [새 슬라이드]의 ▼ – [제목 및 내용]을 클릭하여 슬라이드를 추가한 후 **제목 부분에 제목을, 내용 부분에 대본 내용**을 차례로 입력합니다.

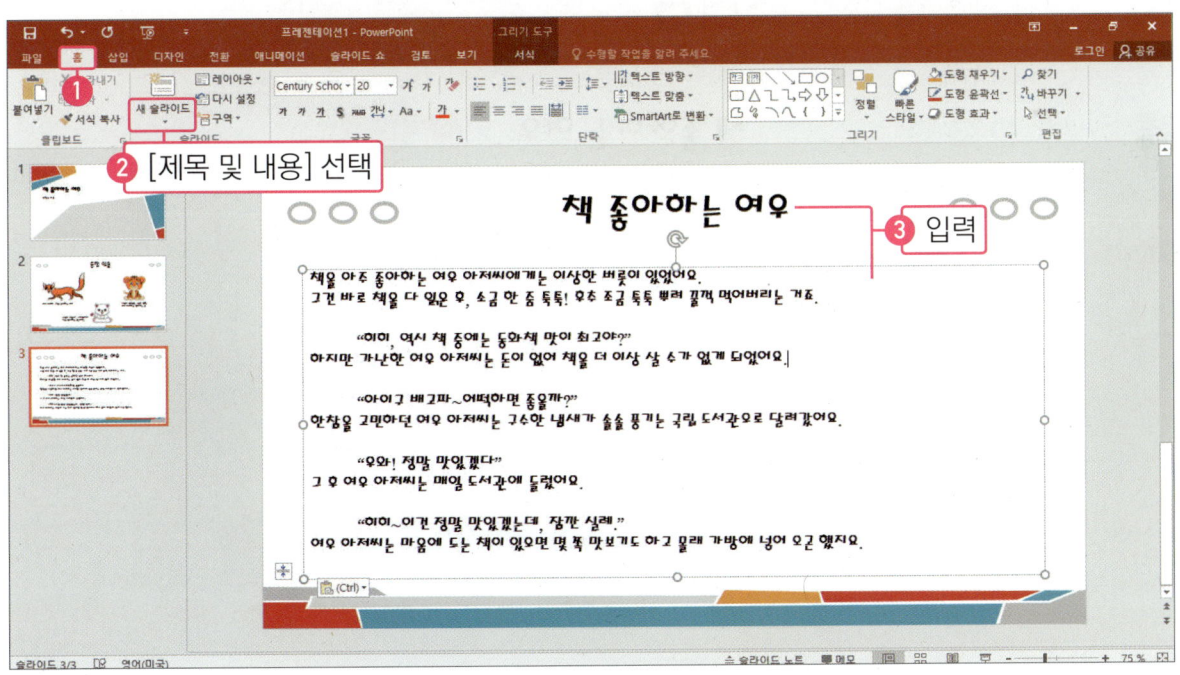

 [홈] 탭 – [단락] 그룹 – [글머리 기호(▦)]를 클릭하여 글머리 기호를 없앤 후 텍스트를 입력합니다.

02 슬라이드2에서 여우 그림을 선택한 후 Ctrl + C 키를 눌러 복사하고 슬라이드3에서 Ctrl + V 키를 눌러 붙여넣기 합니다. [그림 도구] - [서식] 탭 - [크기] 그룹 - [자르기]의 ▼ - [도형에 맞춰 자르기] - [기본 도형] 중 [타원(○)]을 클릭합니다.

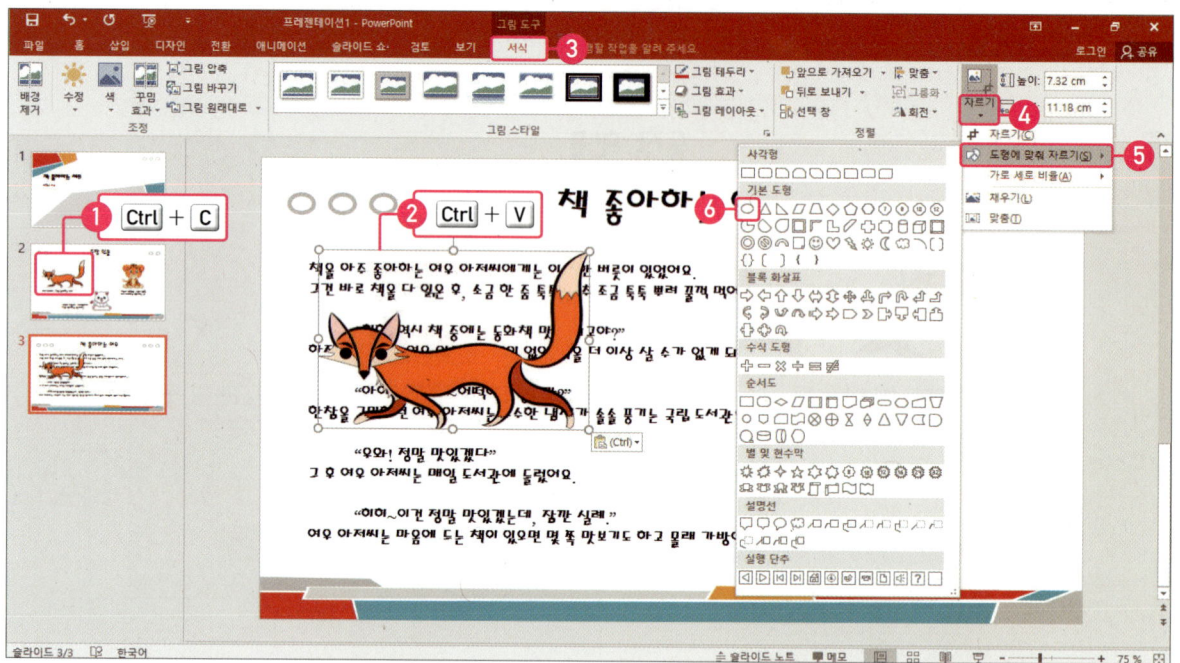

03 [크기] 그룹 - [자르기]의 ▼ - [가로 세로 비율] - [정사각형]의 [1:1]을 클릭합니다.

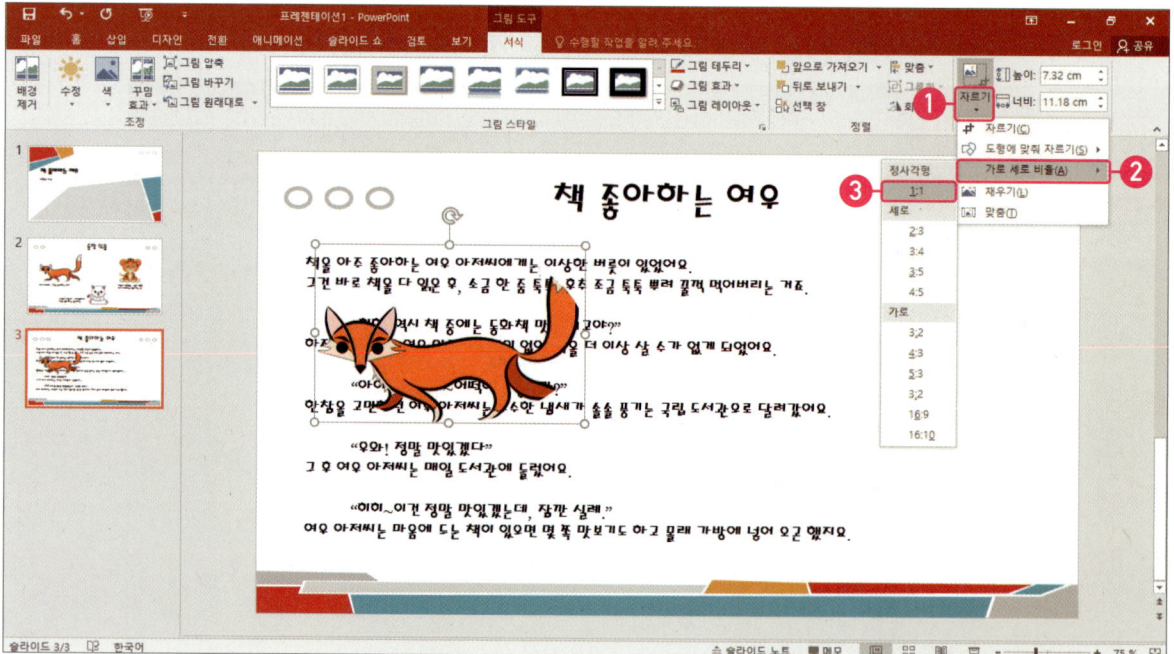

04 정사각형의 비율로 자르기 선이 표시되고, 안쪽의 그림 영역은 원으로 표시됩니다. 그림을 드래그하여 여우의 얼굴 부분이 그림 영역에 포함되도록 한 후 **그림 바깥쪽을 클릭**하여 적용합니다.

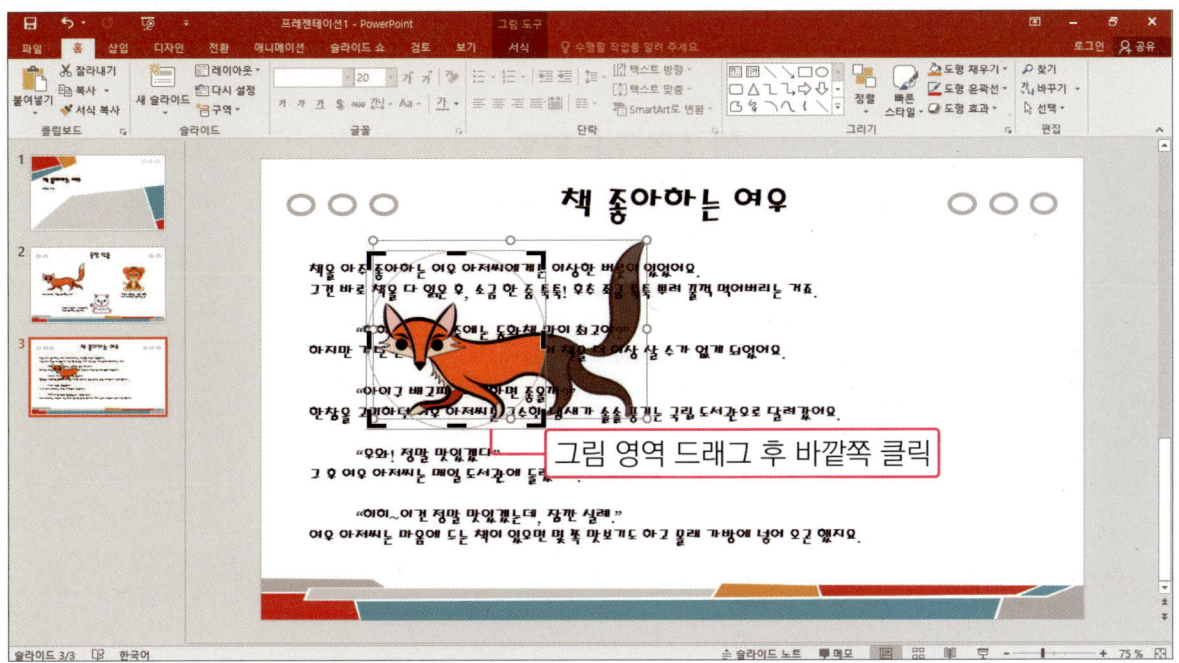

05 여우의 **크기 조절점을 드래그**하여 작게 조절한 후 **여우 대사 앞쪽에 배치**합니다. [크기] 그룹 – [자르기]의 ▼ – [자르기]를 클릭한 후 작아진 정사각형의 자르기 선 안에 여우의 얼굴 부분만 포함되도록 그림을 다시 드래그합니다. [그림 스타일] 그룹 – [그림 테두리] – [주황, 강조 2]를 클릭하고 그림 바깥쪽을 클릭하여 변동 사항을 적용합니다.

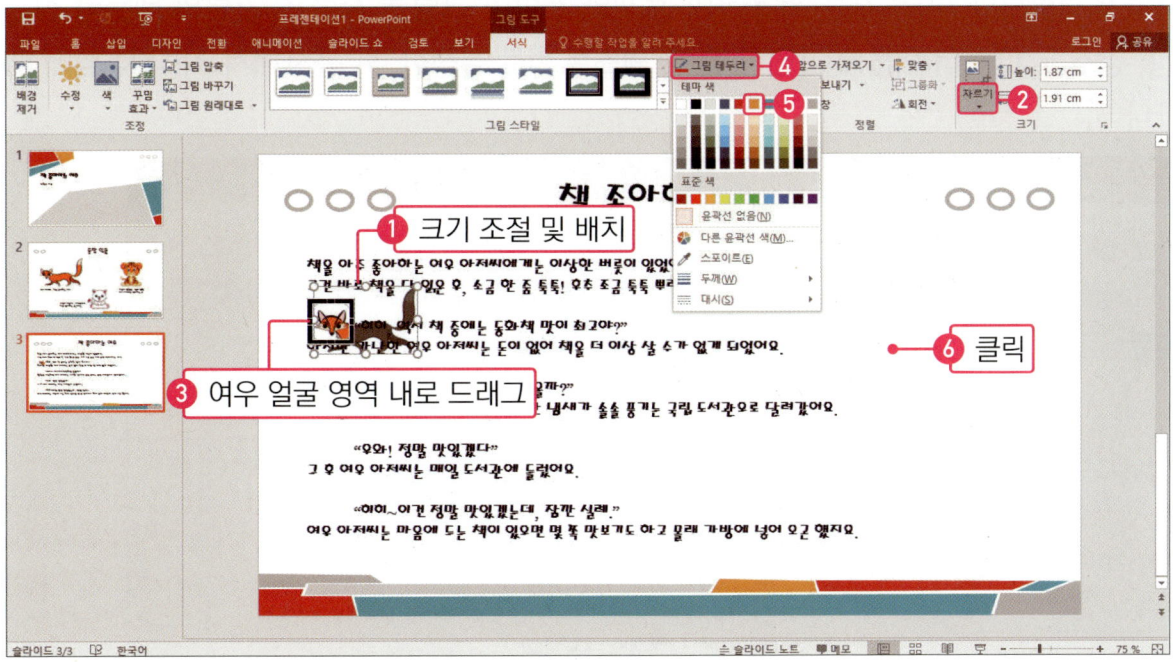

06 Ctrl + Shift 키를 누른 상태로 여우 그림을 다음 대사 앞으로 드래그하여 수직 복사합니다. 두 번 더 수직 복사하여 여우 그림을 배치합니다.

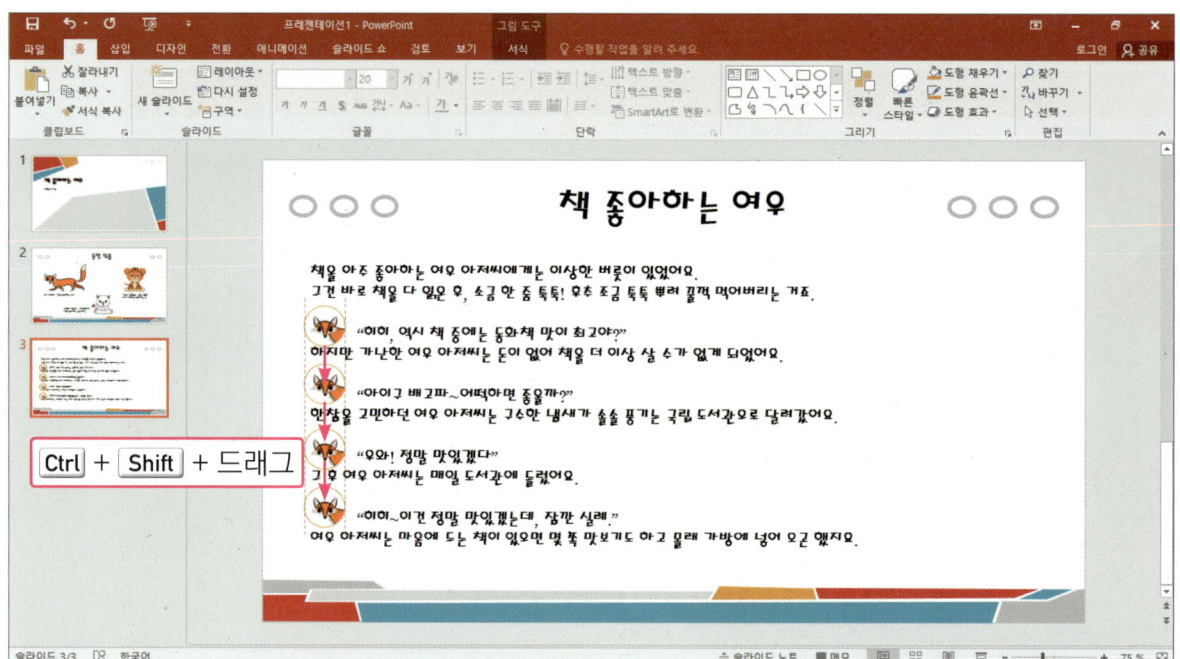

 Ctrl + Shift 키를 누른 상태로 여우 그림을 드래그하면 자동으로 가이드라인(안내선)이 나타나 위쪽의 여우 그림을 보면서 쉽게 배치할 수 있습니다.

07 같은 방법으로 **제목 및 내용 슬라이드를 추가**하여 슬라이드4, 5를 만든 후 **텍스트 상자에 대사를 입력**합니다. 자르기를 활용하여 **토끼와 호랑이 그림을 자르고, 그림의 테두리 선은 [다홍, 강조 5, 10% 더 어둡게], [진한 청록, 텍스트 2]로 설정**한 후 복사해서 **각 대사 앞에 배치**합니다.

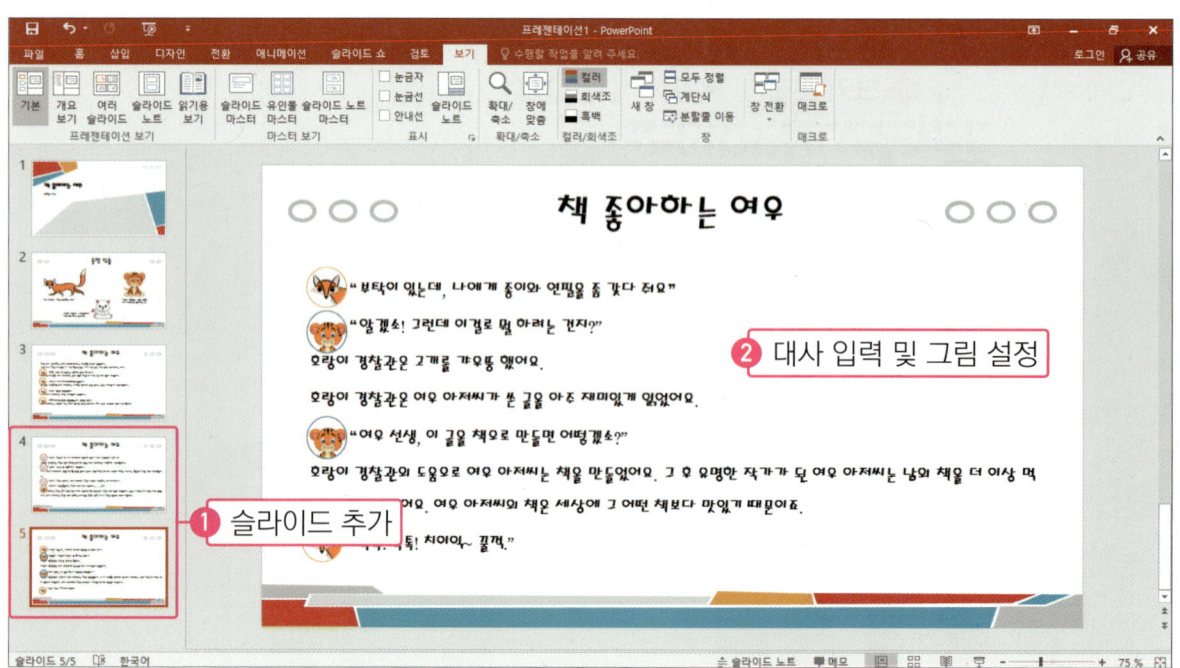

▶ 오디오 파일 삽입하기

01 슬라이드3을 선택한 후 [삽입] 탭 - [미디어] 그룹 - [오디오] - [내 PC의 오디오]를 클릭합니다.

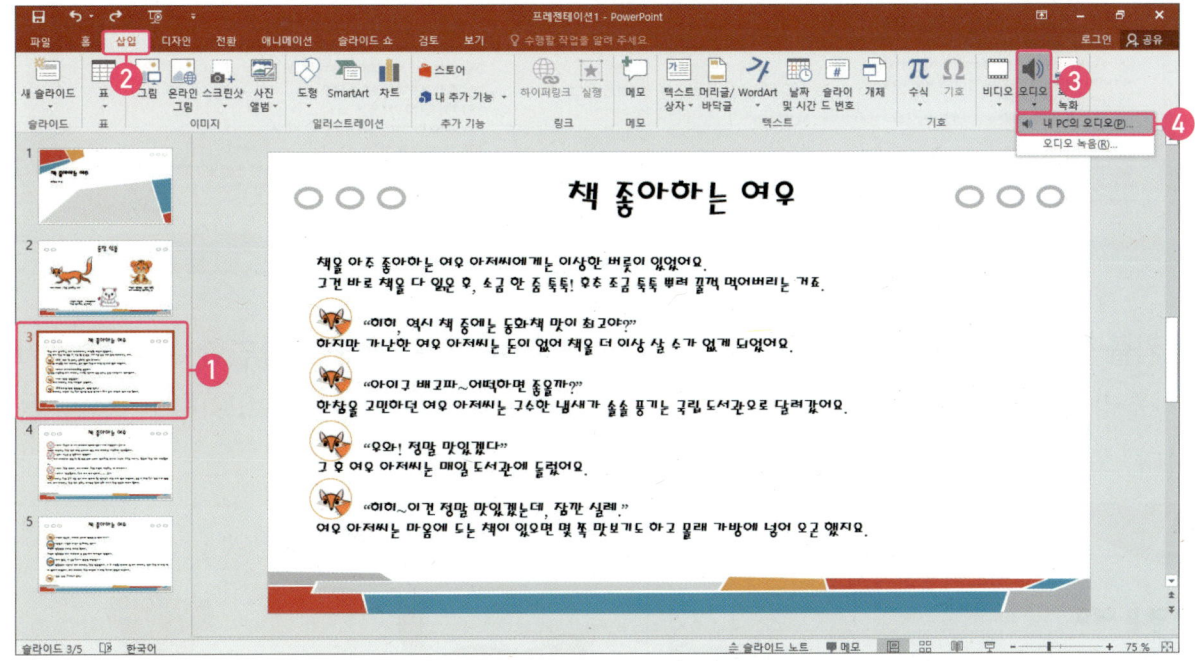

02 [오디오 삽입] 대화상자에서 '내레이션.m4a' 파일을 선택한 후 [삽입] 버튼을 클릭합니다. 오디오 아이콘(🔊)이 표시됩니다. [오디오 도구] - [재생] 탭 - [오디오 옵션] 그룹에서 [시작]은 [자동 실행]으로 설정하고, [쇼 동안 숨기기]에 체크합니다.

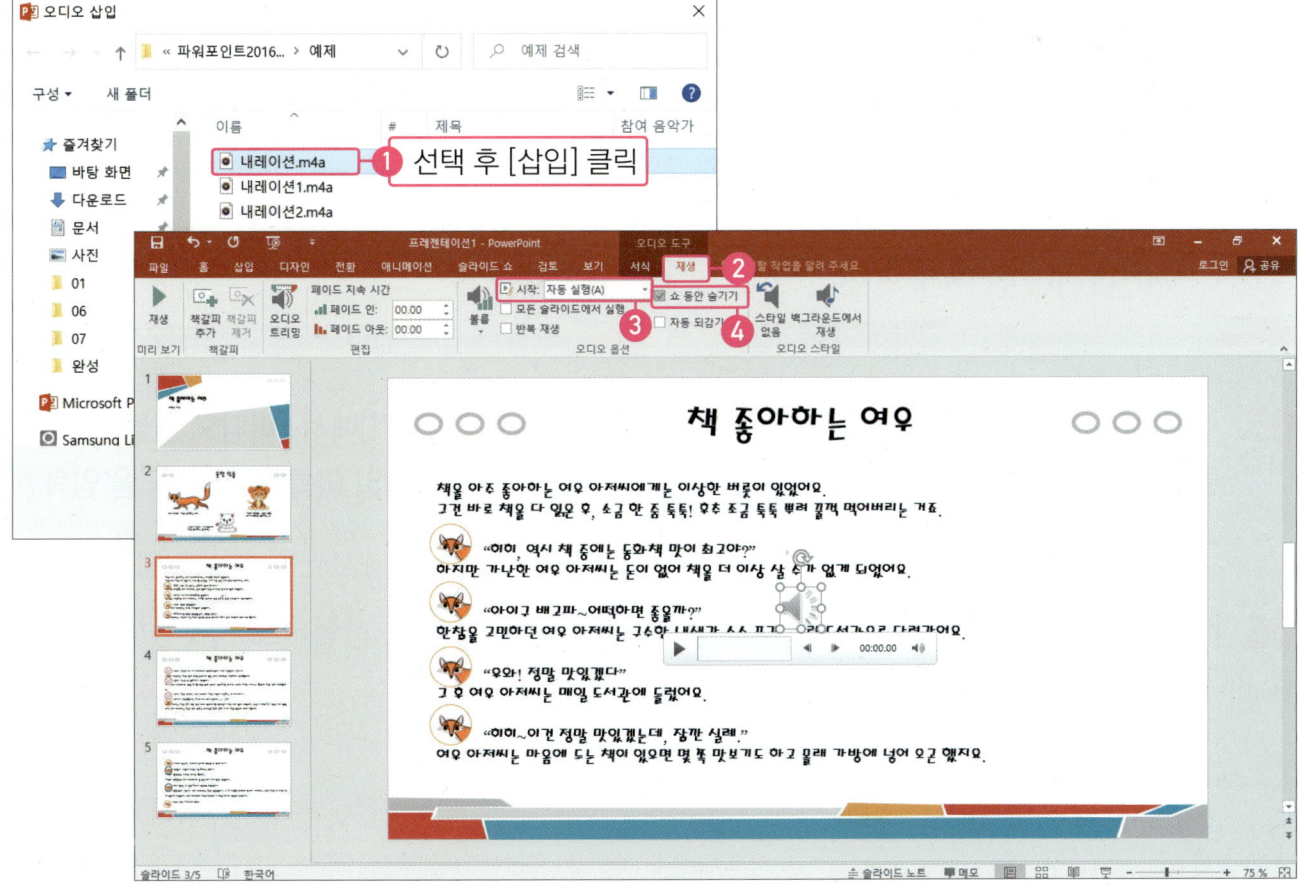

03 슬라이드4에는 '내레이션1.m4a' 파일을, 슬라이드5에는 '내레이션2.m4a' 파일을 삽입하고, 오디오 설정을 슬라이드3과 동일하게 설정합니다.

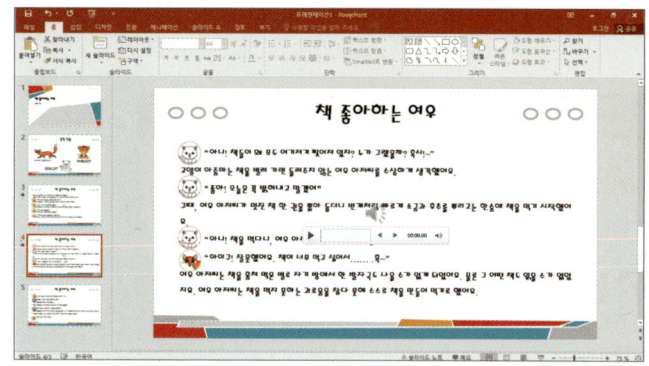 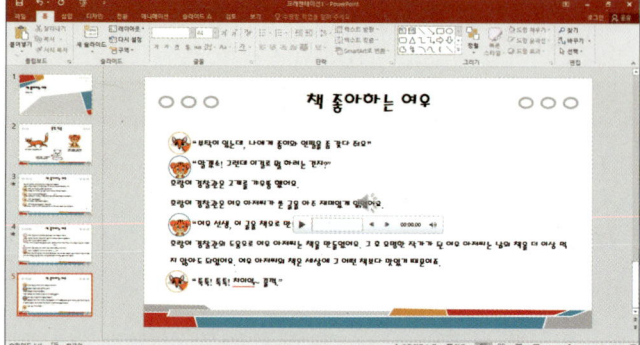

04 F5 키를 눌러 슬라이드 쇼를 진행하고 각각의 슬라이드를 클릭하여 확인합니다. '슬라이드3~슬라이드5'에서는 오디오 아이콘이 숨김 상태이므로 보이지는 않고 내레이션만 들립니다. 쇼가 끝나면 Esc 키를 눌러 슬라이드 쇼를 종료합니다.

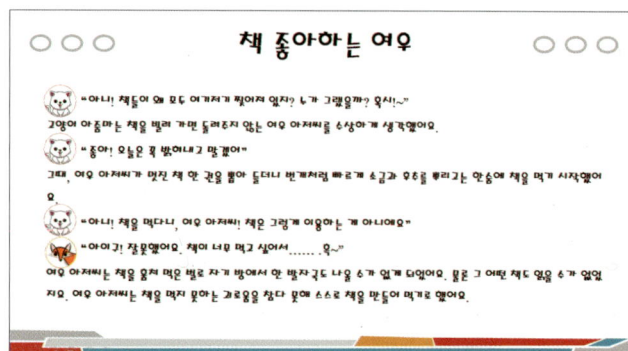 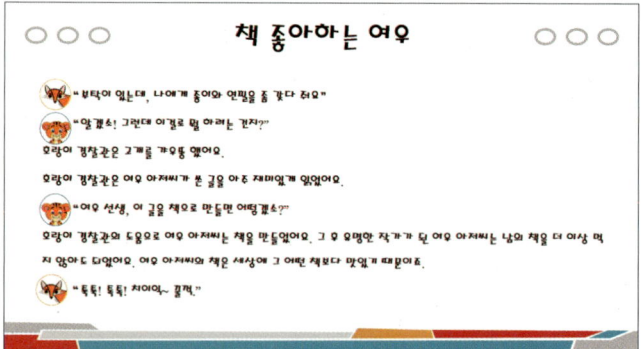

05 비디오로 만들기 위해 [파일] 탭 - [내보내기] - [비디오 만들기]에서 [비디오 만들기] 버튼을 클릭합니다. [다른 이름으로 저장] 대화상자가 나타나면 [파일 이름]에 '역할극'을 입력한 후 [저장] 버튼을 클릭합니다.

06 [파일] 탭 - [다른 이름으로 저장] - [찾아보기]를 클릭한 후 pptx 파일로도 저장합니다.

응용력 키우기

01 제목 슬라이드에 '배지' 테마를 적용한 후 온라인 그림에서 거북이와 토끼 일러스트레이션을 찾아서 삽입해 봅니다.

02 문제 **01**의 파일에 텍스트 상자를 추가하여 다음처럼 대화 내용을 입력합니다. '토끼와거북.m4a' 파일을 삽입하고, 오디오 옵션을 다음처럼 설정합니다. 이 과정을 비디오로 만들어 봅니다(단, 비디오 품질과 크기는 상관없습니다).

예제파일 토끼와거북.m4a

- 오디오 옵션 : 시작(자동 실행), 쇼 동안 숨기기

08 영상 시 만들기

- 그림 크기 정비례로 조절하기
- 사용자 지정 그라데이션
- 사용자 지정 경로 애니메이션
- 애니메이션 타이밍 설정하기

미/리/보/기

예제파일 : 그네.jpg
완성파일 : 시.mp4, 시.pptx

이번 장에서는 그림을 정비례로 조절하는 방법과 도형의 색을 그라데이션으로 채우는 방법을 알아보겠습니다. 그리고 도형이 슬라이드 창 안팎을 넘나들며 사용자가 지정한 이동 경로대로 이동하는 애니메이션을 만드는 방법도 알아보겠습니다.

 ## 그라데이션 색 추가하기

▶ 도형에 그라데이션 색 추가하기

도형은 기본적으로 단색으로 지정할 수 있으나, 그라데이션 기능을 통해 두 가지 이상의 색상이 포함된 혼합 색상으로 표현할 수도 있습니다. 도형뿐만 아니라 차트, SmartArt, WordArt의 일부에도 기본 제공되는 그라데이션을 선택하여 적용할 수 있습니다. 또한, 파워포인트에서 제공하는 다양한 옵션을 통해 사용자 지정 색과 밝기, 투명도, 그라데이션 방향 및 위치를 사용하여 그라데이션 채우기를 직접 만들 수도 있습니다.

도형에 그라데이션 색을 추가하는 가장 간단한 방법은 그라데이션 색을 추가할 도형을 선택한 후 [그리기 도구] – [서식] 탭 – [도형 스타일] 그룹 – [도형 채우기]에서 색을 선택하고 [그라데이션]에서 미리 설정된 그라데이션 색을 선택하여 적용하는 것입니다.

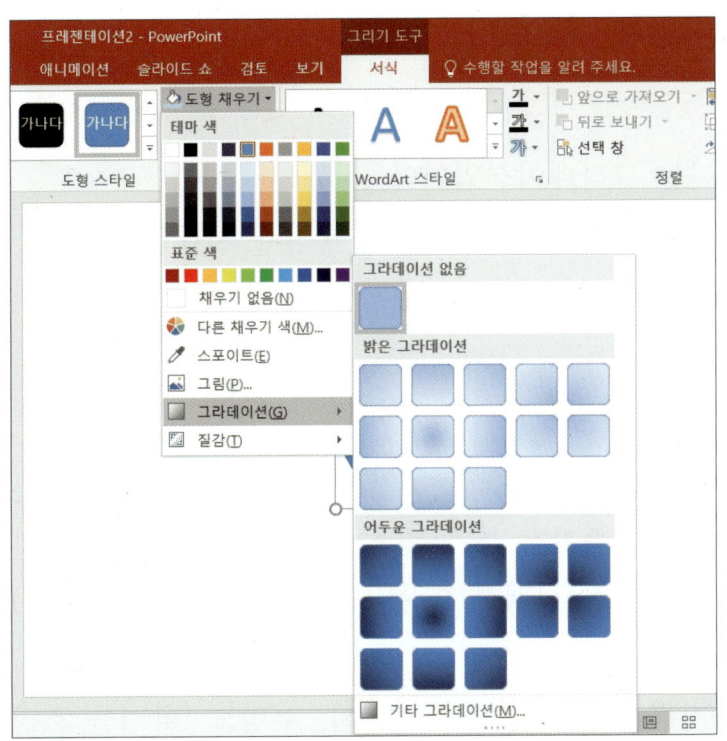

 [그리기 도구] – [서식] 탭 – [도형 스타일] 그룹 – [도형 채우기] – [그라데이션] – [기타 그라데이션]을 클릭하면 오른쪽에 도형 서식 창이 나타나고, 상단에 (채우기 및 선)이 선택되어 있습니다. [채우기]에서 '그라데이션 채우기'를 선택하여 사용자 지정 그라데이션을 설정할 수 있습니다.

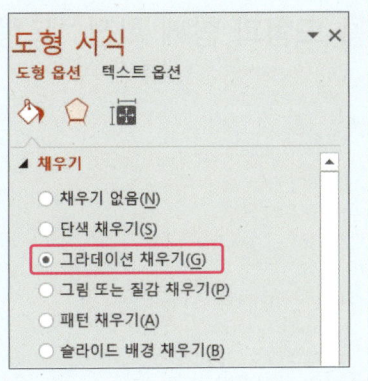

▶ 사용자 지정 그라데이션 만들기

그라데이션 채우기는 위치와 방향, 중지점의 활용에 따라 다양한 모양으로 채울 수 있습니다. 그라데이션은 종류, 방향, 각도에서부터 중지점의 위치와 숫자, 색상, 투명도 등에 따라 다양하게 옵션을 지정할 수 있습니다.

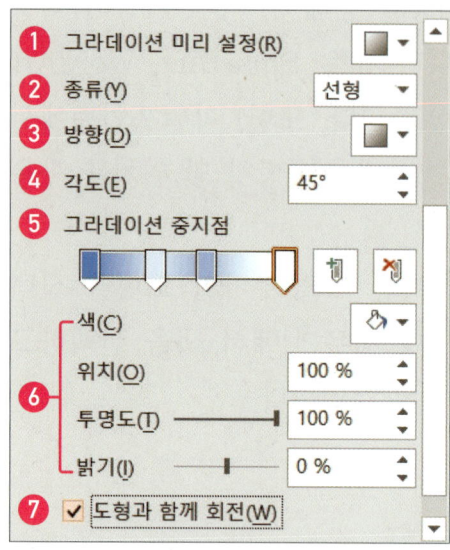

① **그라데이션 미리 설정** : 기본으로 제공하는 그라데이션입니다.

② **종류** : 선형, 방사형, 사각형, 경로형 중에서 원하는 그라데이션 종류를 선택합니다.

③ **방향** : 그라데이션의 방향을 지정합니다. 선형을 선택하면 각도가 표시되고, 방사형, 사각형, 경로형은 각도가 표시되지 않습니다.

④ **각도** : 그라데이션 각도를 설정합니다.

⑤ **그라데이션 중지점** : 2~10개까지 중지점을 표시하고, 중지점마다 색과 위치, 투명도, 밝기를 설정할 수 있습니다. (그라데이션 중지점 추가)를 클릭하면 중지점을 추가할 수 있고, 중지점을 제거하려면 제거할 중지점을 선택한 후 (그라데이션 중지점 제거)를 클릭합니다.

⑥ **색 / 위치 / 투명도 / 밝기** : 변경할 중지점을 선택한 후 색, 위치, 투명도, 밝기를 조정하여 그라데이션 효과를 설정합니다.

⑦ **도형과 함께 회전** : 도형을 회전시키면 그라데이션도 함께 회전합니다.

 **나만의 영상 시 만들기**

▶ **그림 크기 설정하기**

01 [삽입] 탭 – [이미지] 그룹 – [그림]을 클릭합니다.

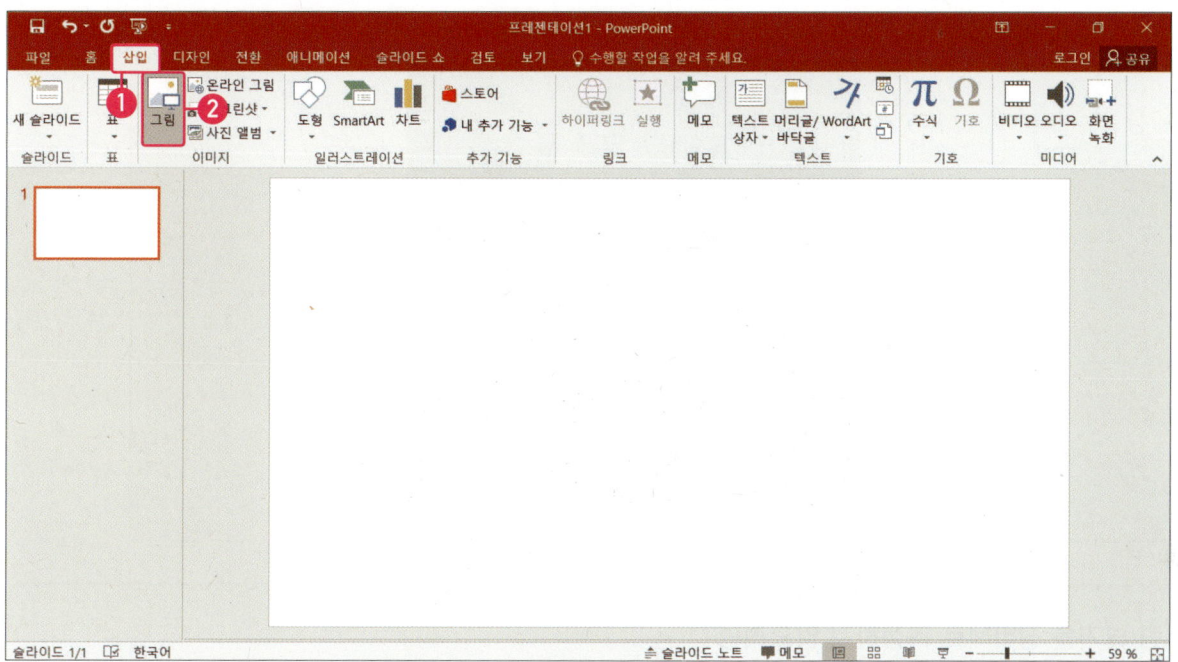

02 [그림 삽입] 대화상자에서 '그네.jpg'를 선택한 후 [삽입] 버튼을 클릭합니다.

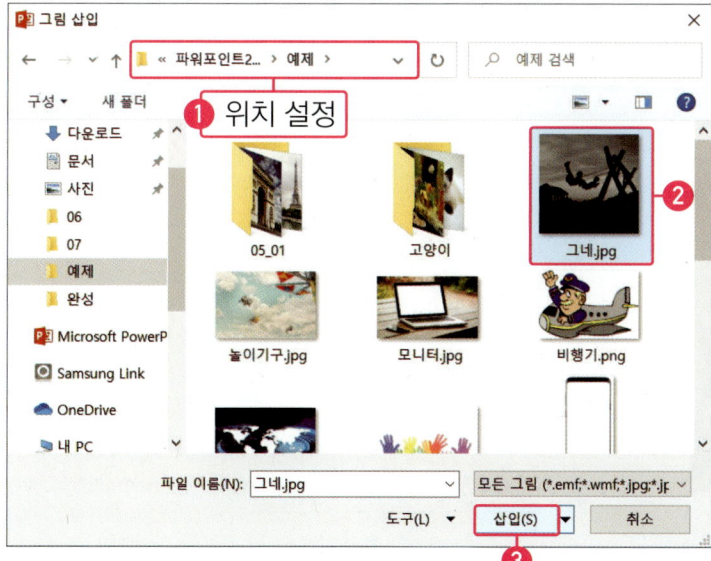

03 삽입된 그림을 선택하고, 그림의 크기를 슬라이드 창보다 크게 설정하기 위해 [그림 도구] – [서식] 탭 – [크기] 그룹에서 도형 높이(↕)를 '40'으로 입력하고 Enter 키를 누르면 도형 너비(↔)도 40cm가 됩니다. 가로 세로 비율이 정비례로 변경됩니다.

그림 크기를 정비례로 조절하지 않으려면?
[그림 도구] – [서식] 탭 – [크기] 그룹의 크기 및 위치(⤢)를 클릭하여 그림 서식 창에서 [가로 세로 비율 고정], [원래 크기에 비례하여]를 체크 해제한 후 높이나 너비를 설정하면 정비례로 조절되지 않습니다.

04 화면 배율을 '36%'로 축소한 후 슬라이드 창의 왼쪽 아래에 맞춰 **그림을 드래그합니다.**

05 [보기] 탭 - [표시] 그룹 - [눈금선]에 체크하여 슬라이드 창에 눈금선을 표시합니다. 눈금선이 보이는 부분까지가 슬라이드 창에 해당합니다.

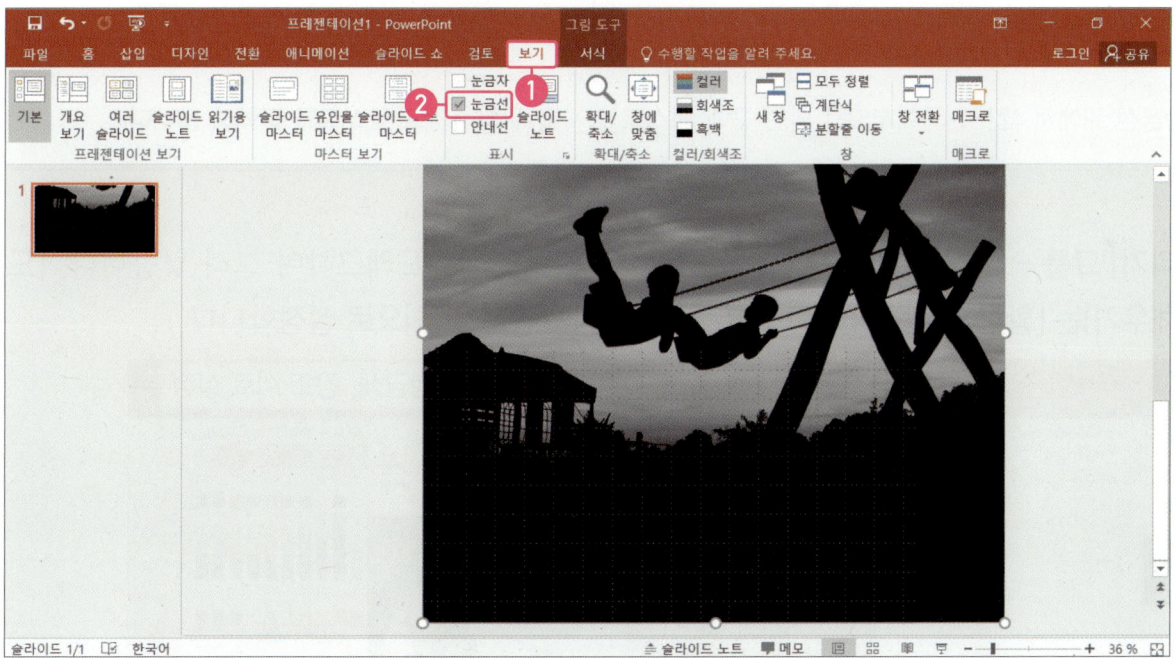

▶ **도형에 그라데이션 색 채우기**

01 슬라이드 창 안에 [홈] 탭 - [그리기] 그룹의 [텍스트 상자(가)]를 그린 후 다음처럼 입력합니다. [글꼴] 그룹에서 [글꼴]은 '맑은 고딕', [글꼴 크기]는 '18', [텍스트 그림자(S)], [글꼴 색]은 [흰색, 배경 1]로 설정합니다.

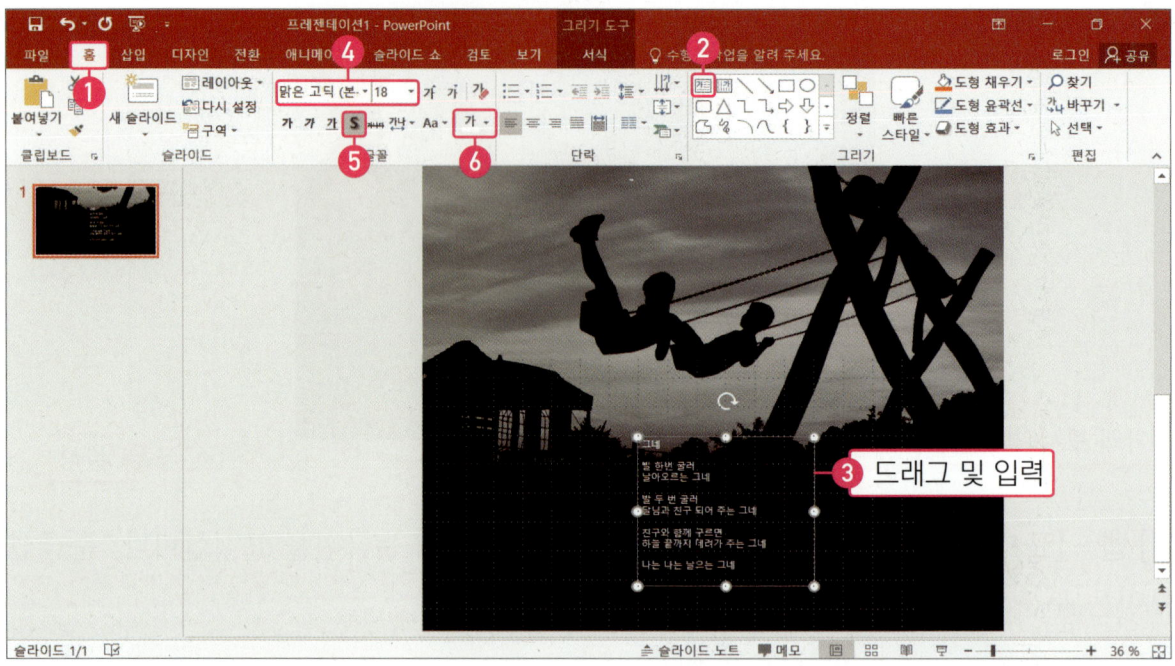

 눈금선 위에서 4칸, 왼쪽에서 9칸 되는 곳에 텍스트 상자를 위치시키고 텍스트를 입력해 봅니다.

02 [그리기] 그룹 - [달(☾)]을 클릭하고 눈금선의 다음 위치에 드래그하여 그려 넣습니다. [도형 채우기]는 [황금색, 강조 4]로, [도형 윤곽선]은 [윤곽선 없음]으로 설정합니다.

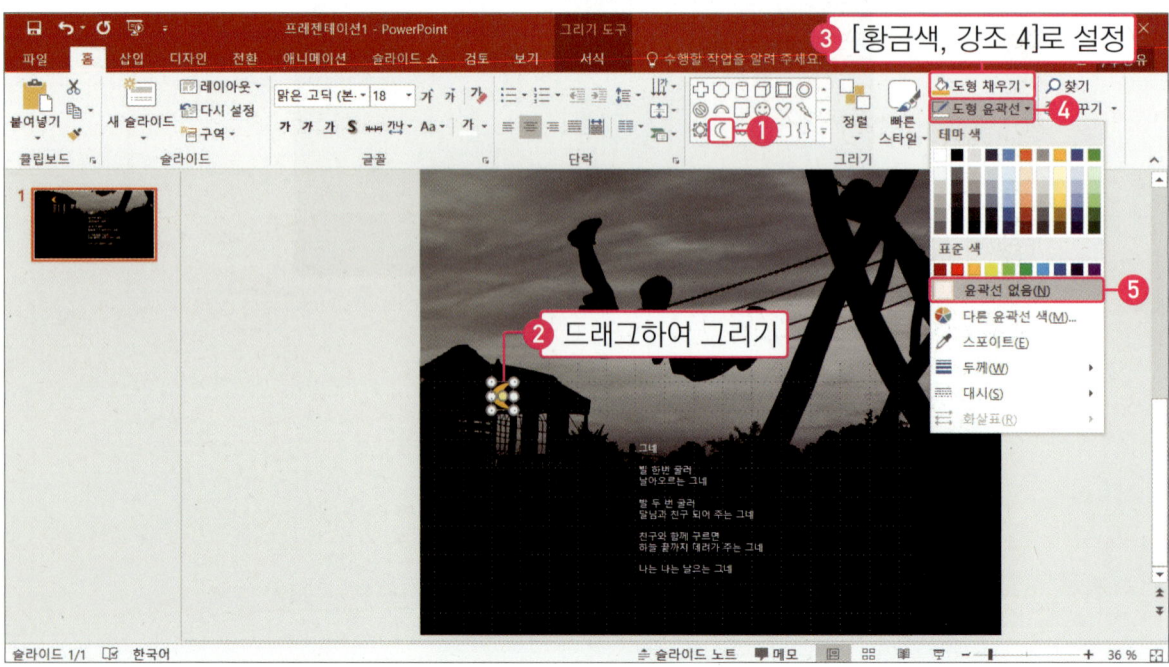

03 [그리기] 그룹 – [포인트가 4개인 별(✦)]을 클릭하여 슬라이드 창 아래쪽에 드래그하여 그린 후 [도형 채우기]는 [흰색, 배경 1]로, [도형 윤곽선]은 [윤곽선 없음]으로 설정합니다. 채우기 설정을 변경하기 위해 [그리기] 그룹의 도형 서식(🗔)을 클릭합니다.

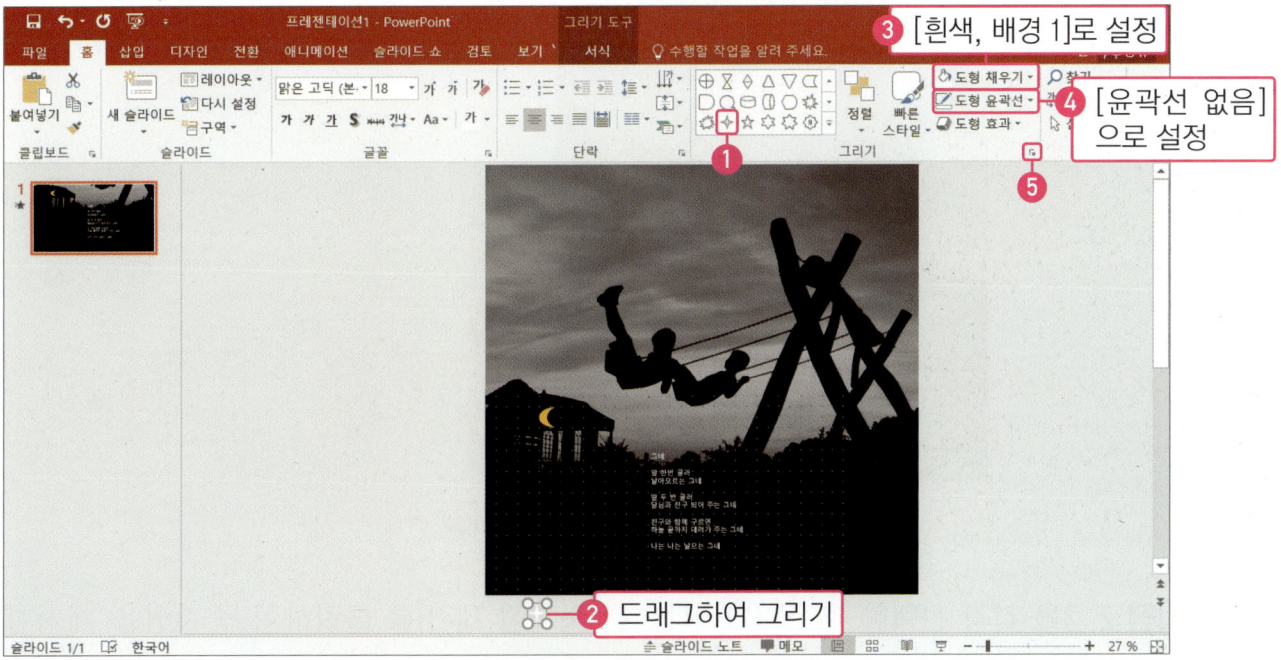

 화면 배율을 낮춰야 슬라이드 창 아래쪽에 도형을 그릴 수 있습니다. 여기서는 '27%'로 축소했습니다.

04 오른쪽에 도형 서식 창이 나타나고, 상단에 🗋(채우기 및 선)이 선택되어 있습니다. [채우기]는 '그라데이션 채우기'로 선택하고 [종류]는 '경로형'으로 설정합니다.

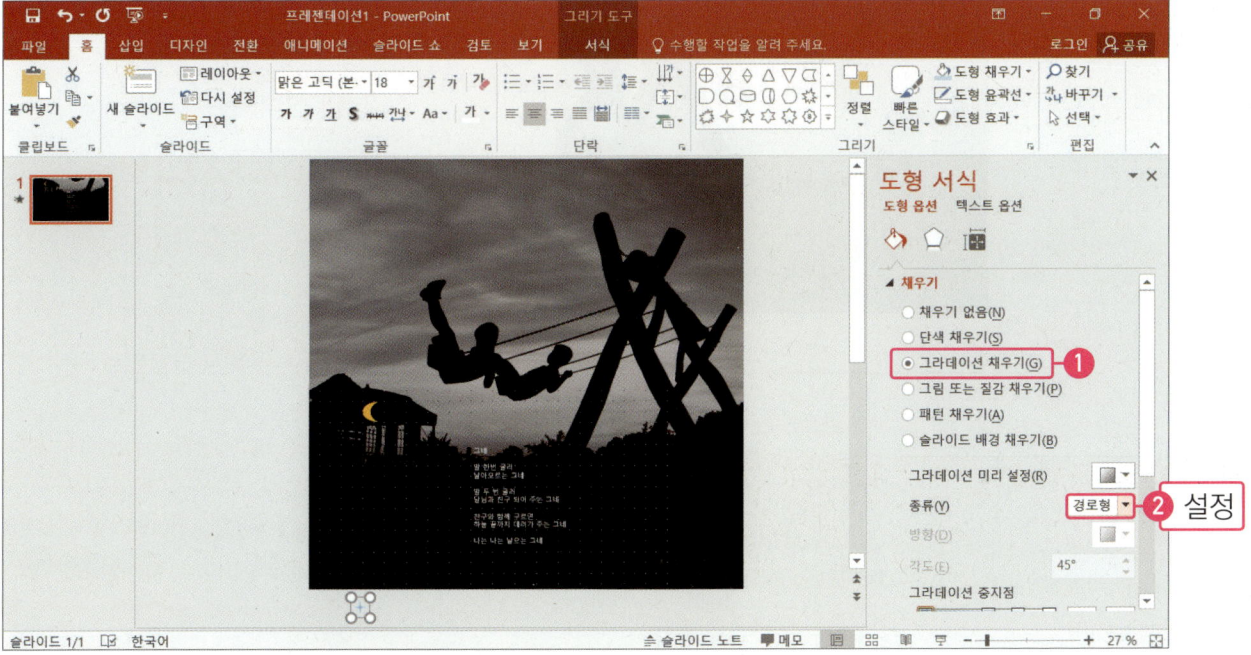

129

05 중지점 1을 선택한 후 [색]은 [흰색, 배경 1]로, [위치]와 [투명도]는 '0%'로 설정합니다.

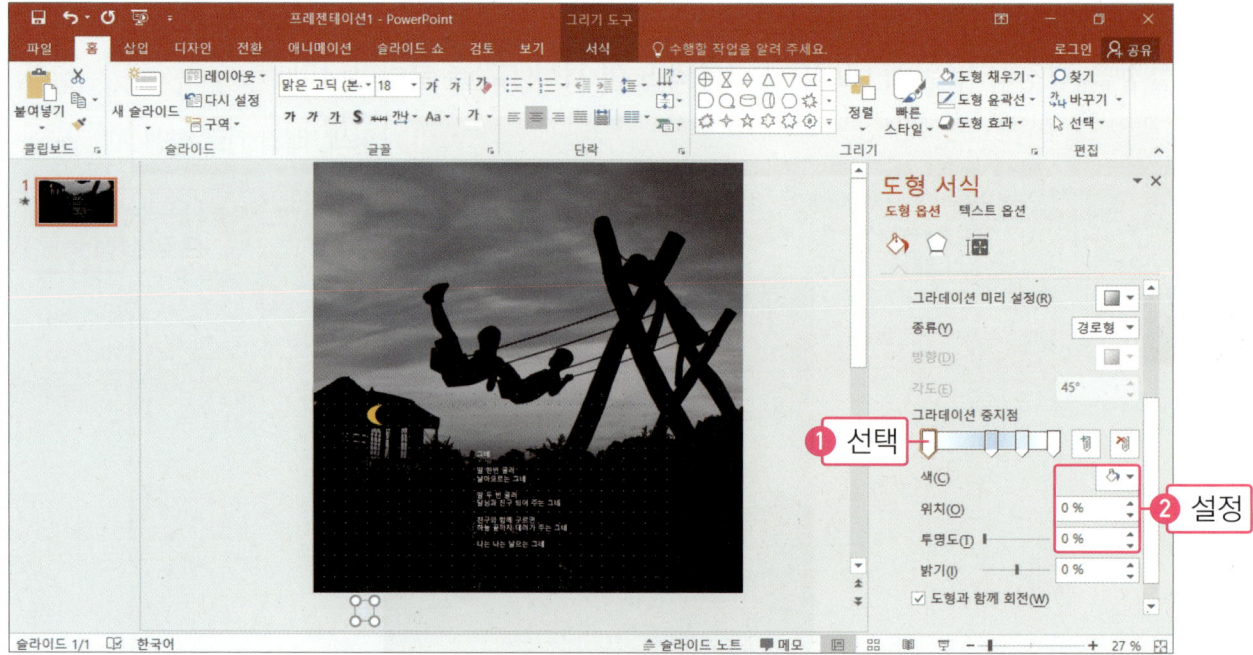

06 중지점 2, 3을 각각 선택한 후 ⬚(그라데이션 중지점 제거)를 클릭하여 중지점을 제거합니다.

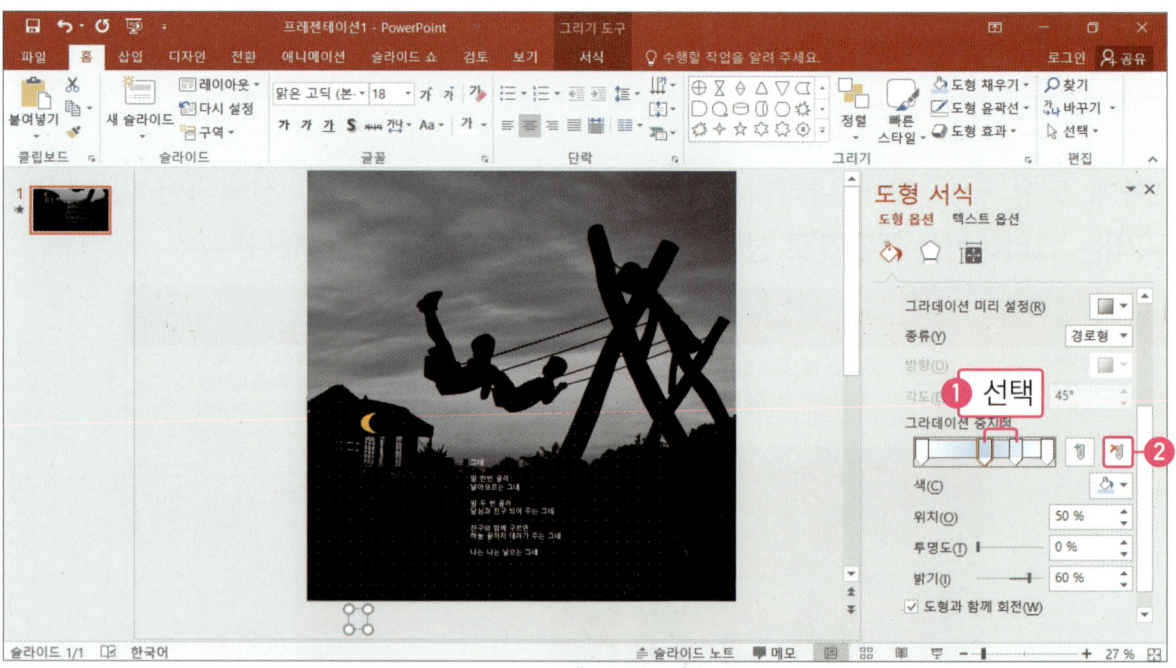

07 중지점 2를 선택한 후 [색]은 [흰색, 배경 1]로, [위치]와 [투명도]는 '100%'로 설정합니다.

 별 모양의 흰색이 바깥쪽으로 갈수록 투명도가 흐려지면 그라데이션 효과가 나타나서 검정색 배경에서 별이 더 반짝이는 것처럼 보입니다.

08 별을 선택한 상태에서 Ctrl 키를 누르고 드래그하여 별을 복사합니다. 별을 4개 더 만든 후 크기를 다음처럼 변경합니다.

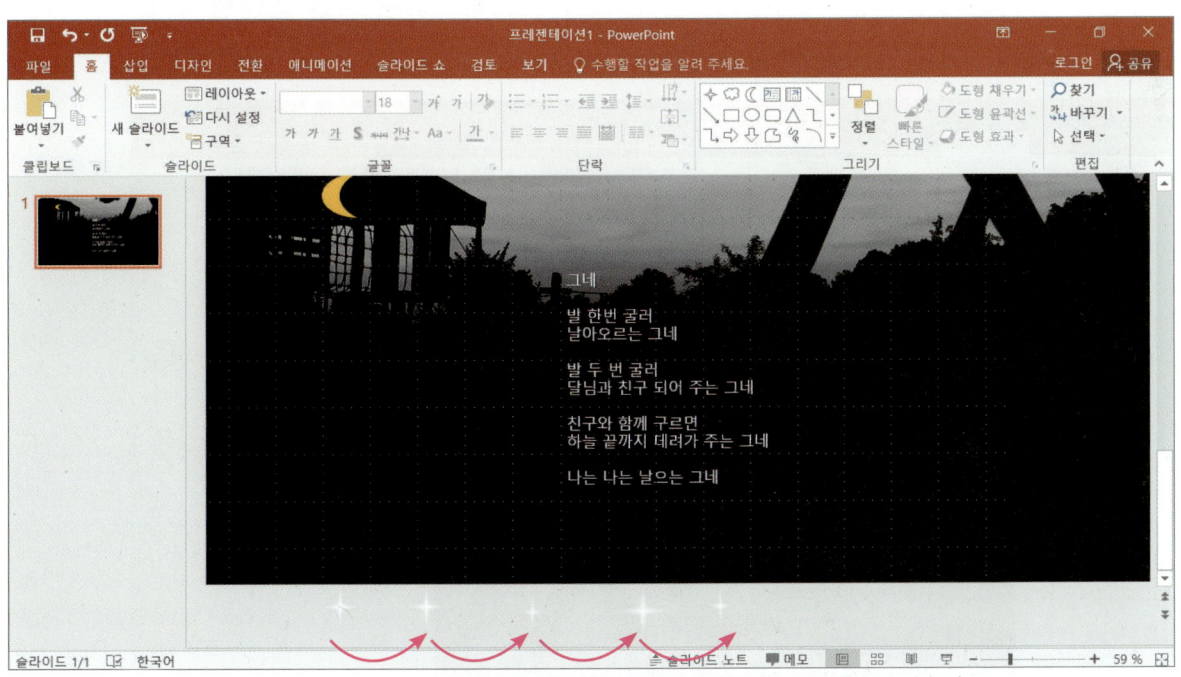

 사용자 지정 경로 애니메이션 만들기

▶ 선 애니메이션으로 그림 이동하기

01 그림이 아래로 이동하는 방식으로 설정하기 위해 **배경으로 사용한 그림을 선택**한 후 [애니메이션] 탭 - [애니메이션] 그룹 - [자세히(▼)] - [이동 경로] 중 [선]을 클릭합니다. 위쪽의 녹색 시작점에서 아래쪽의 빨간색 끝점으로 이동 경로 선이 나타납니다.

02 [고급 애니메이션] 그룹 - [애니메이션 창]을 클릭하면 애니메이션 창이 나타납니다. 선 애니메이션에서 빨간색 끝점을 아래에서 4칸 정도까지 드래그하여 더블 클릭합니다. [타이밍] 그룹에서 [시작]을 '이전 효과와 함께'로 설정합니다.

▶ 사용자 지정 경로 애니메이션으로 별 이동하기

01 첫 번째 별을 선택한 후 [애니메이션] 탭 – [애니메이션] 그룹 – [자세히(▼)] – [이동 경로] 중 [사용자 지정 경로]를 클릭합니다.

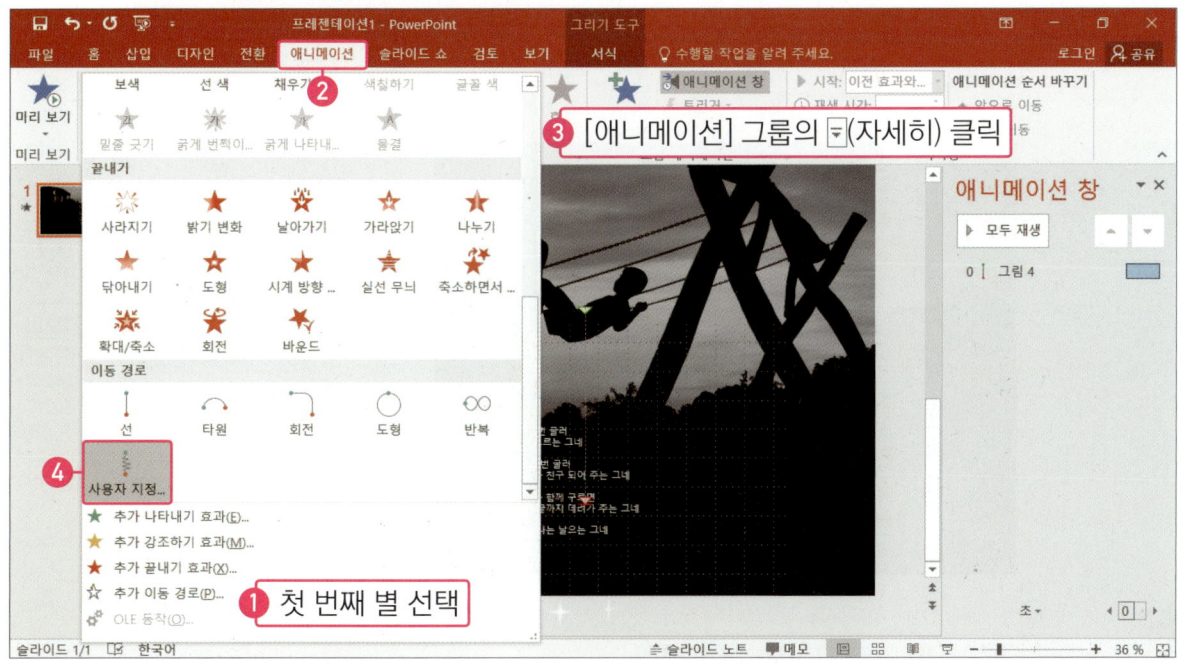

02 별이 이동하는 **경로를 드래그**하여 그린 후 경로를 끝내려면 **더블 클릭**합니다. 별의 이동 경로가 녹색 시작점에서 시작하여 빨간색 끝점에서 끝나게 됩니다.

03 같은 방법으로 **나머지 별들도 사용자 지정 경로 애니메이션**을 사용하여 다음처럼 이동 경로를 그려 줍니다. 오른쪽 애니메이션 창에는 포인트가 4개인 별 목록이 4개 추가되었습니다.

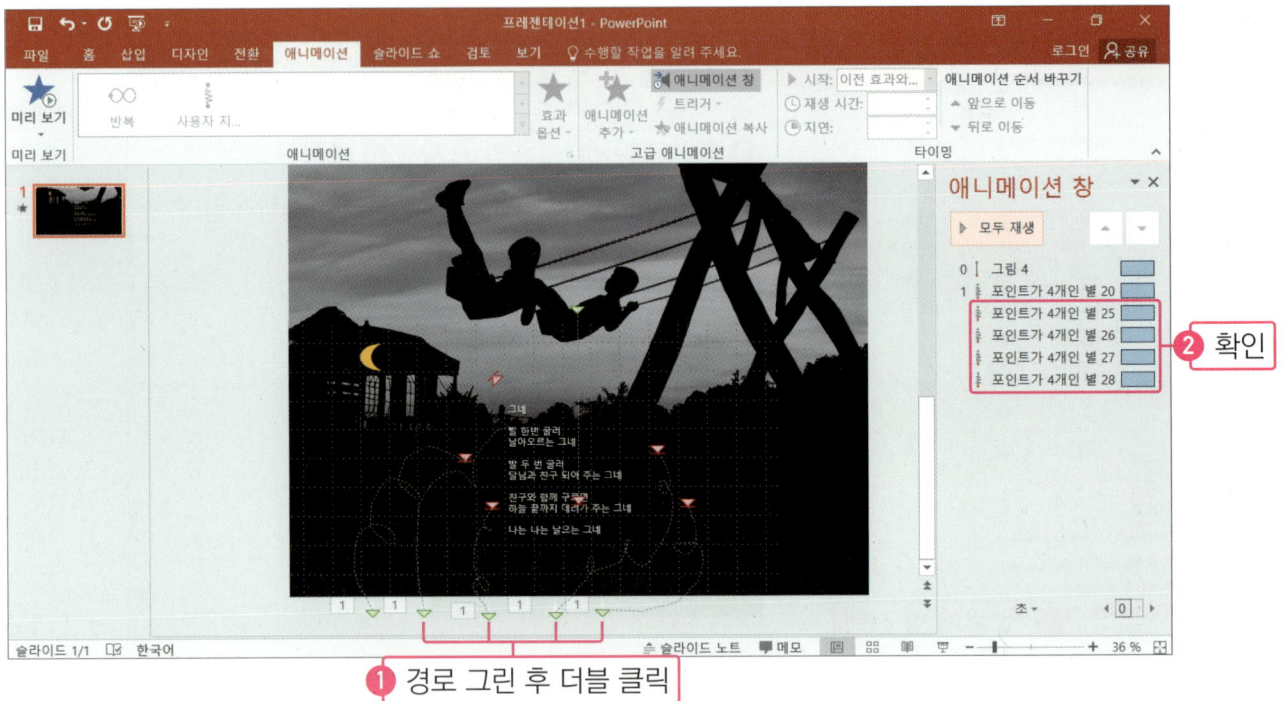

04 오른쪽 애니메이션 창에 있는 포인트가 4개인 별 목록 중 **첫 번째 포인트가 4개인 별 애니메이션**을 선택한 후 [타이밍] 그룹에서 [시작]을 '이전 효과 다음에'로 설정합니다. **나머지 별들도 모두 선택**하여 [시작]을 '이전 효과와 함께'로 설정합니다. 그림이 이동한 후에 별들이 이동하도록 타이밍을 설정하였습니다.

05 달 도형과 텍스트 상자를 선택한 후 [애니메이션] 그룹에서 [나타내기]를 클릭합니다.

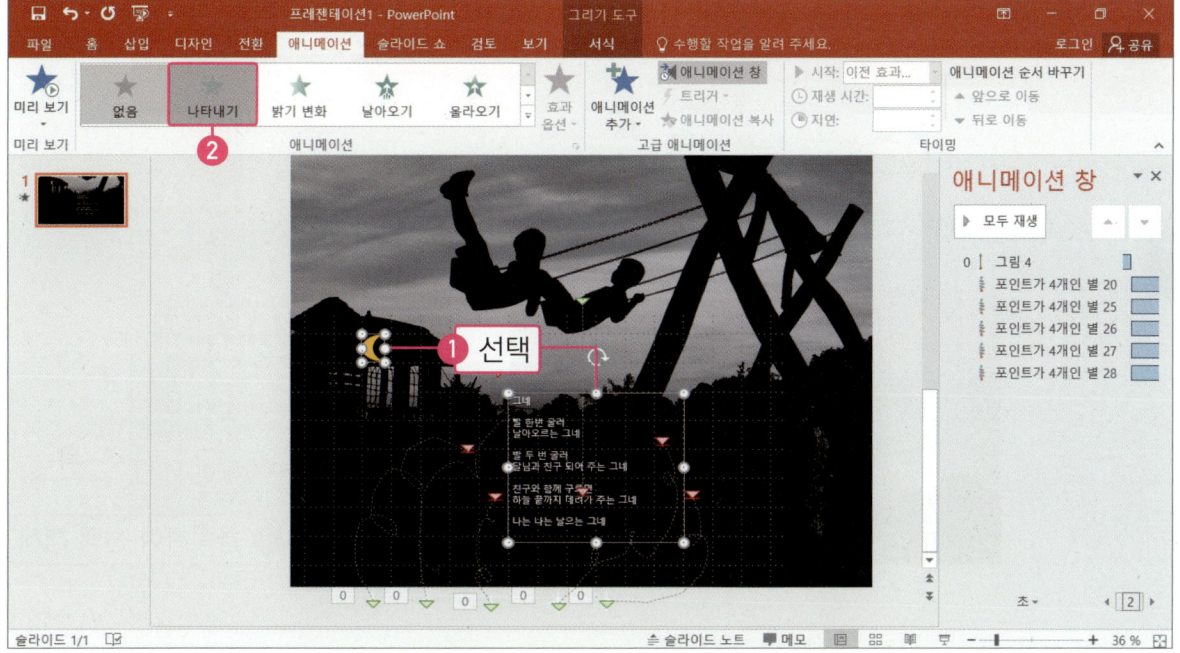

06 오른쪽 애니메이션 창의 목록 중 달과 텍스트 상자 애니메이션이 선택된 상태에서 [타이밍] 그룹의 [시작]을 '이전 효과와 함께'로 설정합니다.

07 애니메이션 창의 빈 곳을 클릭하여 선택한 목록을 해제한 후 [미리 보기] 그룹의 [미리 보기]를 클릭하여 애니메이션 진행을 확인합니다.

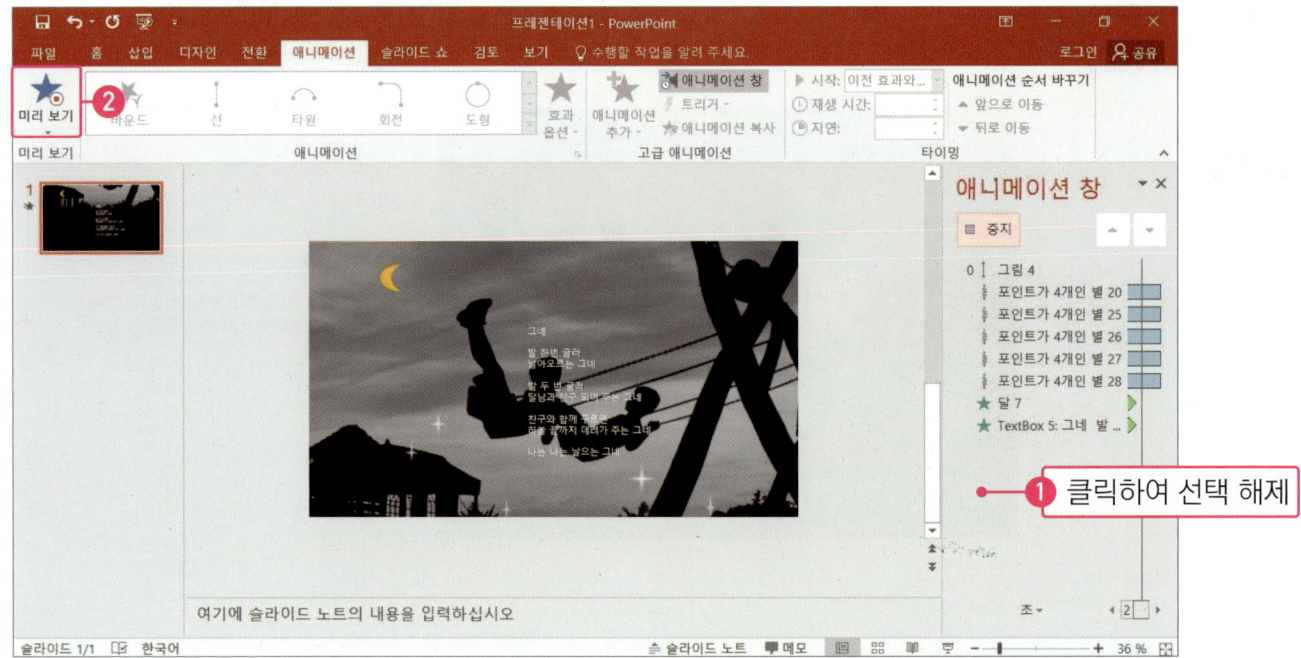

08 F5 키를 눌러서 슬라이드 쇼를 진행합니다. 그림이 아래로 이동하면서 달과 텍스트 상자가 나타나고, 별들도 이동 경로를 따라 나타납니다. Esc 키를 눌러 슬라이드 쇼를 종료합니다.

09 비디오로 만들기 위해 [파일] 탭 – [내보내기] – [비디오 만들기]에서 [비디오 만들기] 버튼을 클릭합니다. [다른 이름으로 저장] 대화상자가 나타나면 [파일 이름]에 '시'를 입력한 후 [저장] 버튼을 클릭합니다.

10 [파일] 탭 – [다른 이름으로 저장] – [찾아보기]를 클릭한 후 pptx 파일로도 저장합니다.

응용력 키우기

01 배경 서식으로 '눈.jpg'를 삽입한 후 크기가 다른 여러 개의 타원을 슬라이드 바깥에 그려 넣고, 경로형 그라데이션으로 색을 채웁니다(단, 타원의 윤곽선을 보이지 않게 설정합니다).

예제파일 눈.jpg

- 중지점 1 : 색(흰색, 배경 1), 위치(0%), 투명도(0%)
- 중지점 2 : 색(흰색, 배경 1), 위치(100%), 투명도(100%)

 슬라이드 바깥에 크고 작은 여러 개의 타원을 그린 후 그라데이션 효과를 적용해야 합니다.

02 문제 **01**의 파일에서 눈이 위에서 아래로 내려오는 효과를 사용자 지정 경로 애니메이션으로 그려 넣은 후 이 과정을 비디오로 만들어 봅니다(단, 비디오 품질과 크기는 상관없습니다).

- 눈 개체 사용자 지정 애니메이션
  - 타이밍 : 시작(이전 효과와 함께), 재생 시간(3초), 반복(슬라이드가 끝날 때까지), 지연 시간(0~3초)

 지연 시간을 같게 지정한 타원이 많을 경우 눈이 한꺼번에 내려서 눈처럼 보이지 않으므로, 시간차를 두고 내려올 수 있게 지연 시간을 각각 다르게 설정합니다.

09 자막 영상 만들기

- 비디오 삽입하기
- 비디오 트리밍
- 책갈피 추가하기
- 애니메이션 추가하기
- 트리거 설정하기

미/리/보/기

 예제파일 : 토이.mp4, 기차소리.mp3
 완성파일 : 자막영상.mp4, 자막영상.pptx

이번 장에서는 비디오를 삽입하는 방법과 불필요한 부분은 잘라내는 트리밍 기능을 알아보겠습니다. 그리고 비디오에 책갈피를 추가하고 트리거를 적용하여 비디오의 특정 부분에서 자막이 나타났다가 사라지도록 해보겠습니다.

 # 트리거 설정하기

▶ 트리거란?

트리거란 본래 총의 방아쇠를 뜻하는 말로 애니메이션에 특수 시작 조건을 설정하는 것을 의미합니다. 트리거를 설정하여 비디오를 재생하는 동안 애니메이션 효과를 재생할 수도 있고, 애니메이션이 적용된 개체를 클릭할 때 애니메이션 효과가 시작되도록 트리거를 설정할 수도 있습니다. 예를 들어, 작은 사과 그림을 클릭하여 큰 사과 그림이 보이도록 트리거를 설정할 수 있습니다.

▶ 트리거 만들기

큰 사과 그림을 선택하고, [애니메이션] 탭 – [고급 애니메이션] 그룹 – [애니메이션 추가] – [나타내기] 중 [나타내기]를 설정합니다. [트리거] – [클릭할 때]를 클릭하고 작은 사과 그림을 클릭합니다. 이제 슬라이드 쇼에서 작은 그림을 클릭하면 큰 사과 그림이 나타납니다.

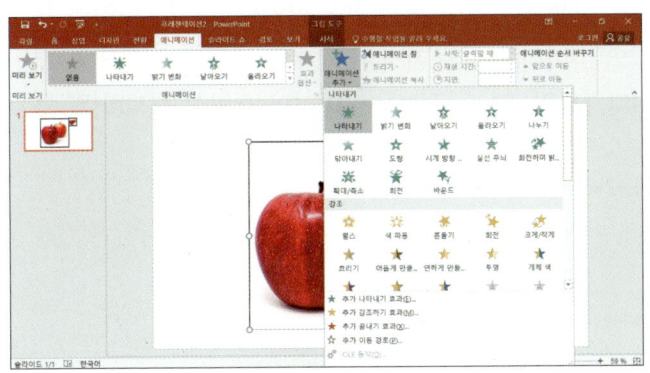 

▶ 책갈피에 애니메이션을 시작하게 하는 트리거

만약 비디오 클립의 특정 지점에서 자막이 나오게 하려면 먼저 책갈피를 삽입하고, [나타내기] 애니메이션이 적용된 자막을 선택한 후 트리거에서 자막이 나올 책갈피를 선택합니다. 즉, 애니메이션 창에서 애니메이션 효과를 선택한 후 [고급 애니메이션] 그룹 – [트리거] – [책갈피에서]를 클릭하고 책갈피를 선택하면, 비디오를 재생했을 때 책갈피 위치에서 자막이 보입니다.

미디어 호환성 최적화

미디어 파일을 삽입할 때는 미디어 호환성 최적화를 진행하는 것이 좋습니다. 삽입한 미디어 파일의 용량이 큰 경우 미디어 호환성 최적화를 진행하지 않으면 비디오 파일 재생이 제대로 진행되지 않거나, 저장했을 때 오디오가 제대로 들리지 않을 수 있습니다. [파일] 탭 – [정보] – [미디어 호환성 최적화]를 클릭하여 미디어 호환성을 최적화합니다.

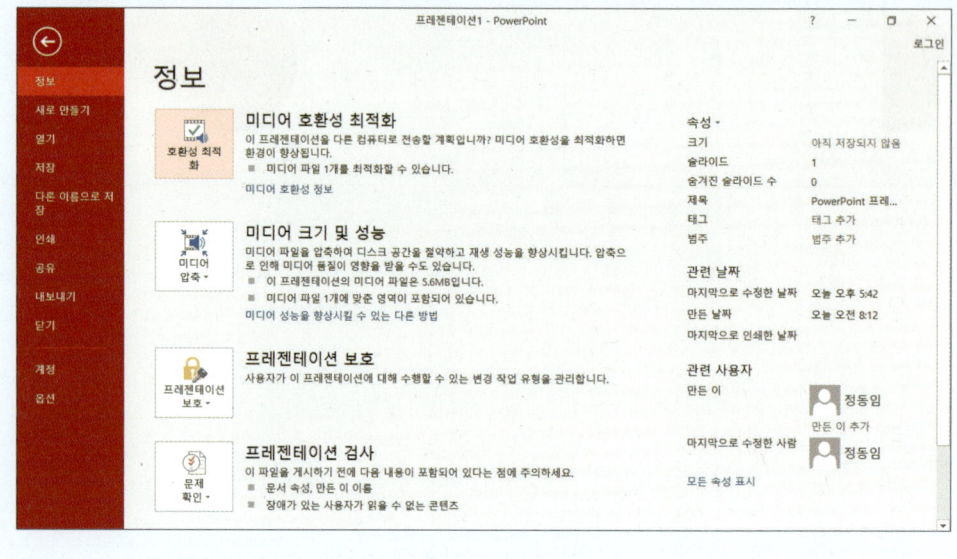

 ## 자막 영상 편집하기

▶ 비디오 파일 삽입하고 트리밍하기

01 [삽입] 탭 - [미디어] 그룹 - [비디오] - [내 PC의 비디오]를 클릭합니다.

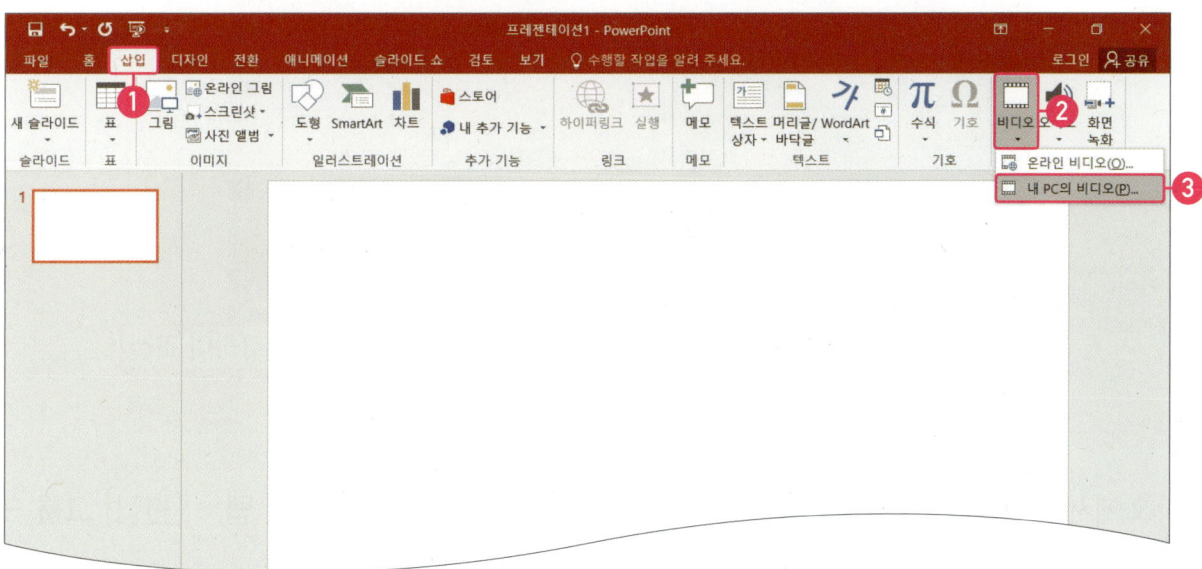

02 [비디오 삽입] 대화상자에서 '토이.mp4'를 선택한 후 [삽입] 버튼을 클릭합니다.

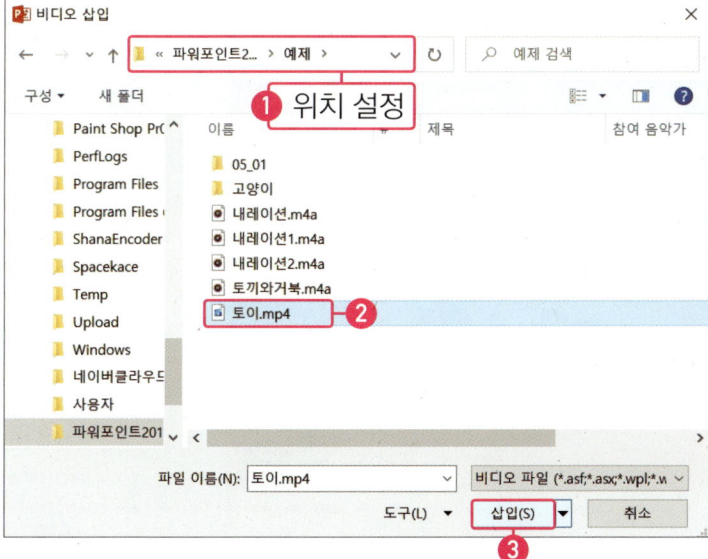

 지원되는 비디오 파일 형식
파워포인트에서 지원되는 파일 형식은 asf, avi, mp4, m4v, mov, mpg 또는 mpeg, wmv 등이 있으나, 파워포인트 2016 버전 이상에서 권장하는 파일 형식은 mp4 파일입니다.

03 삽입된 비디오의 **크기 조절점을 드래그**하여 슬라이드 창에 맞게 조절합니다.

04 비디오에서 불필요한 부분을 트리밍하기 위해 [비디오 도구] - [재생] 탭 - [편집] 그룹 - [비디오 트리밍]을 클릭합니다.

 삽입한 비디오 또는 오디오 클립의 시작/끝 부분을 조절하여 불필요한 콘텐츠를 트리밍할 수 있습니다.

05 기차가 한 바퀴 도는 지점까지 남기기 위해 ▶를 클릭하여 영상을 확인합니다. **한 바퀴 돈 지점에서** ⏸를 클릭하면 하늘색 재생 바도 멈춥니다. 해당 시간까지 **빨간색 바를 드래그하거나 [종료 시간]에 해당 시간을 입력**하고 **[확인] 버튼을 클릭**합니다.

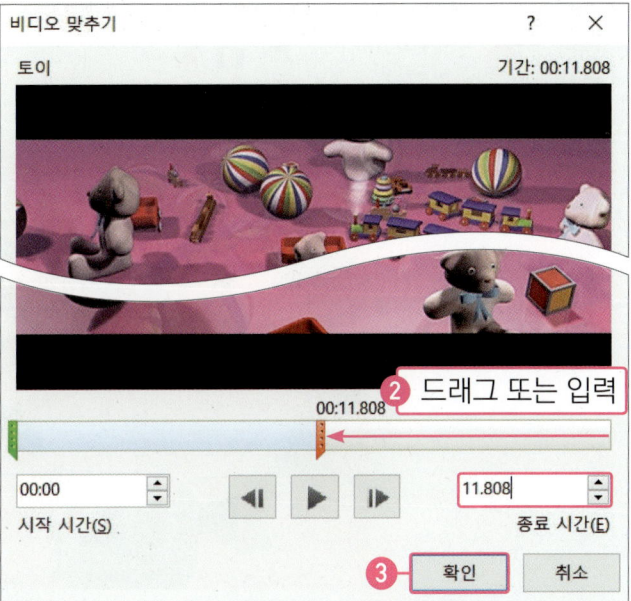

 녹색 바는 시작 시간을, 빨간색 바는 종료 시간을 표시합니다. 직접 드래그하여 시작 시간과 종료 시간을 설정할 수 있습니다.

06 [편집] 그룹에서 [페이드 인]과 [페이드 아웃]을 각각 '01.00'으로 설정하여 영상이 서서히 나타나고 서서히 사라지게 합니다.

 오디오 재생 기능에서도 페이드 효과를 적용하면 소리가 서서히 커지고 서서히 작아집니다.

▶ 음향 효과 삽입하기

01 [삽입] 탭 - [미디어] 그룹 - [오디오] - [내 PC의 오디오]를 클릭합니다.

02 [오디오 삽입] 대화상자에서 '기차소리.mp3'를 선택한 후 [삽입] 버튼을 클릭합니다.

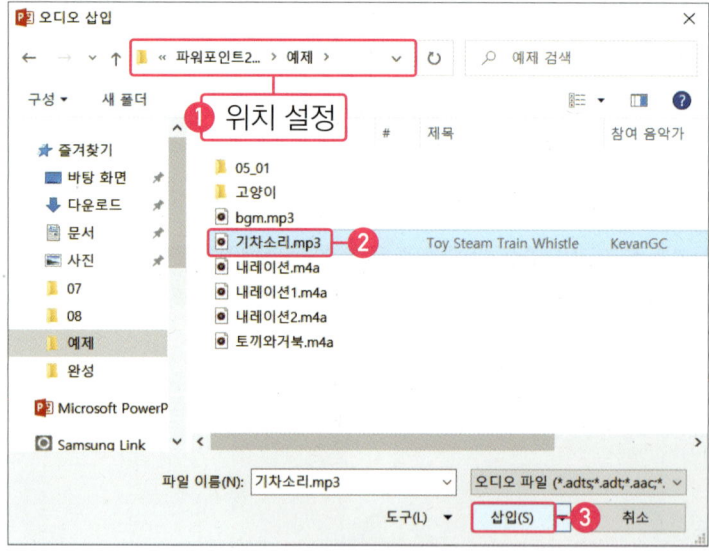

지원되는 오디오 파일 형식

파워포인트에서 지원되는 파일 형식은 aiff, au, mid 또는 midi, mp3, m4a, wav, wma 등이 있습니다. m4a 파일 형식은 파워포인트 2013 버전 이상에서 사용 가능합니다.

03 오디오 아이콘(🔊)을 선택한 상태에서 [오디오 도구] - [재생] 탭 - [오디오 옵션] 그룹의 [시작]을 '자동 실행'으로 설정하고 [쇼 동안 숨기기]에 체크하여 쇼 동안에는 오디오 아이콘이 보이지 않게 합니다.

▶ 책갈피 추가하기

01 삽입된 비디오 파일을 선택하면 아래쪽에 나타나는 도구 모음에서 [재생(▶)] 버튼을 클릭합니다.

02 자막을 넣을 곳에 책갈피를 추가하기 위해 자막이 필요한 곳에서 [일시 중지(❚❚)]를 클릭한 후 [비디오 도구] – [재생] 탭 – [책갈피] 그룹 – [책갈피 추가]를 클릭합니다.

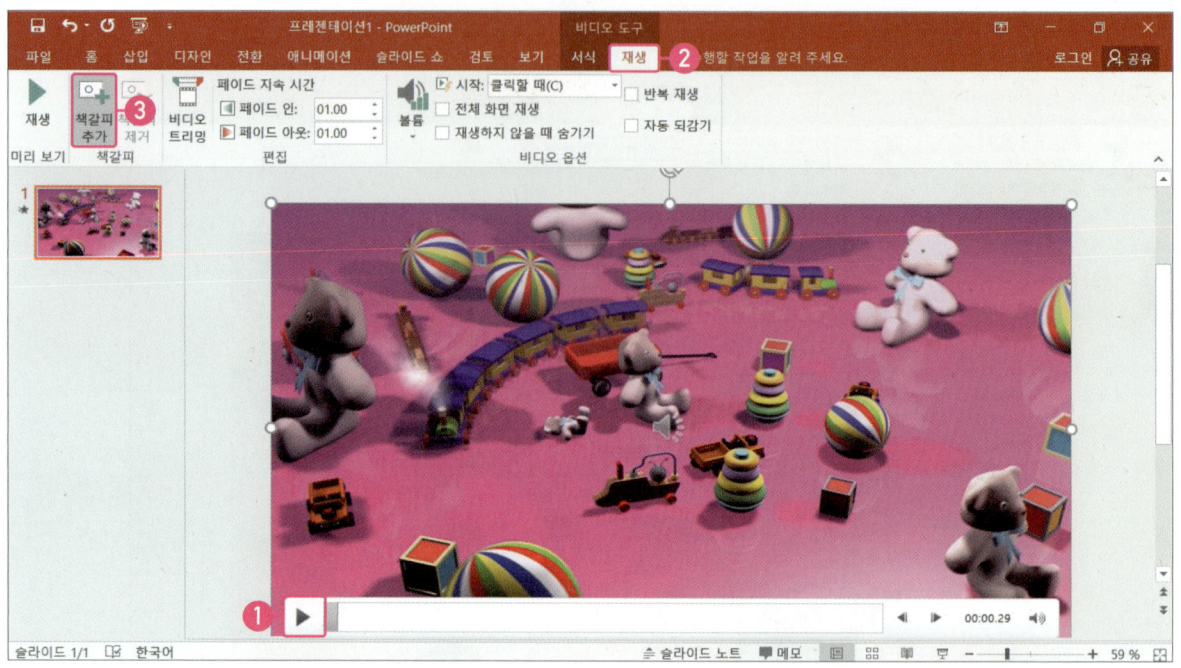

03 자막을 여러 번 추가할 예정인 경우, 자막이 나타날 지점과 자막이 사라질 부분에 책갈피를 추가합니다. 다음은 6개의 책갈피를 추가한 상태입니다.

 책갈피 제거
비디오 도구 모음에 책갈피가 추가되면 흰색 점으로 표시되고, 책갈피를 선택하면 노란색 점으로 표시됩니다. 책갈피를 제거할 때는 제거할 책갈피를 선택한 후 [비디오 도구] – [재생] 탭 – [책갈피] 그룹 – [책갈피 제거]를 클릭합니다.

▶ 설명선으로 자막 추가하기

01 [홈] 탭 – [그리기] 그룹에서 [구름 모양 설명선()]을 선택하고 자막이 나타날 위치에 드래그하여 그려 넣습니다.

> 잠깐 첫 번째 책갈피에 자막을 넣을 계획이면 첫 번째 책갈피를 선택하여 영상의 어느 위치에 넣을지 확인한 후 설명선을 그려 넣습니다.

02 설명선 안에 텍스트를 다음과 같이 입력하고, [글꼴] 그룹에서 [글꼴]을 '휴먼매직체', [글꼴 크기]는 '18', [글꼴 색]은 [검정, 텍스트 1]로 설정합니다. [그리기] 그룹에서 [도형 채우기] – [흰색, 배경 1]을 선택하고, [도형 윤곽선]은 [검정, 텍스트 1]로 설정합니다. 모양 조절 핸들(◉)을 기차 방향으로 드래그합니다.

147

03 같은 방법으로 **구름 모양 설명선 자막을 두 개 더 추가**합니다.

 첫 번째, 세 번째, 다섯 번째 책갈피에서 자막이 나타나고, 두 번째, 네 번째, 여섯 번째 책갈피에서 자막이 사라지게 할 계획이므로, 세 번째와 다섯 번째 책갈피를 각각 선택하여 영상 위치를 확인한 후 자막을 추가해야 합니다.

▶ 트리거로 자막 애니메이션 설정하기

01 첫 번째로 나타날 구름 모양 설명선을 선택한 후 [애니메이션] 탭 – [애니메이션] 그룹 – [나타내기]를 클릭합니다.

02 [고급 애니메이션] 그룹에서 [애니메이션 창]을 클릭하면 오른쪽에 애니메이션 창이 나타납니다. 애니메이션 창에서 **구름 모양 설명선 애니메이션을 선택**한 후 [트리거] – [책갈피에서] – [책갈피 1]을 클릭합니다.

03 [고급 애니메이션] 그룹 – [애니메이션 추가] – [끝내기] 중 [사라지기]를 클릭합니다.

04 [고급 애니메이션] 그룹 – [트리거] – [책갈피에서] – [책갈피 2]를 클릭합니다. 구름 모양 설명선 자막이 책갈피 1에서 나타났다가 책갈피 2에서 사라지도록 설정됩니다.

05 같은 방법으로 책갈피 3에서 구름 모양 설명선이 나타났다가 책갈피 4에서 사라지도록, 책갈피 5에서 구름 모양 설명선이 나타났다가 책갈피 6에서 사라지도록 설정합니다.

06 비디오가 자동으로 재생되게 하기 위해 **비디오를 선택**하고, [애니메이션] 그룹 – [실행]을 클릭합니다.

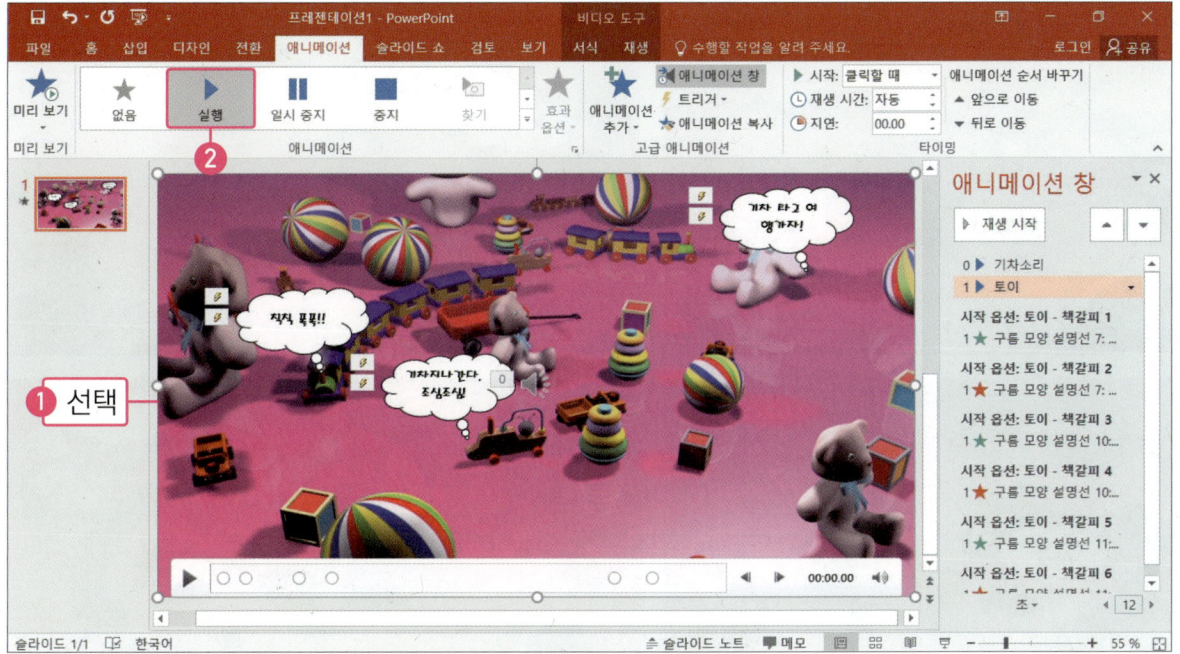

07 [타이밍] 그룹에서 [시작]을 '이전 효과와 함께'로 설정합니다.

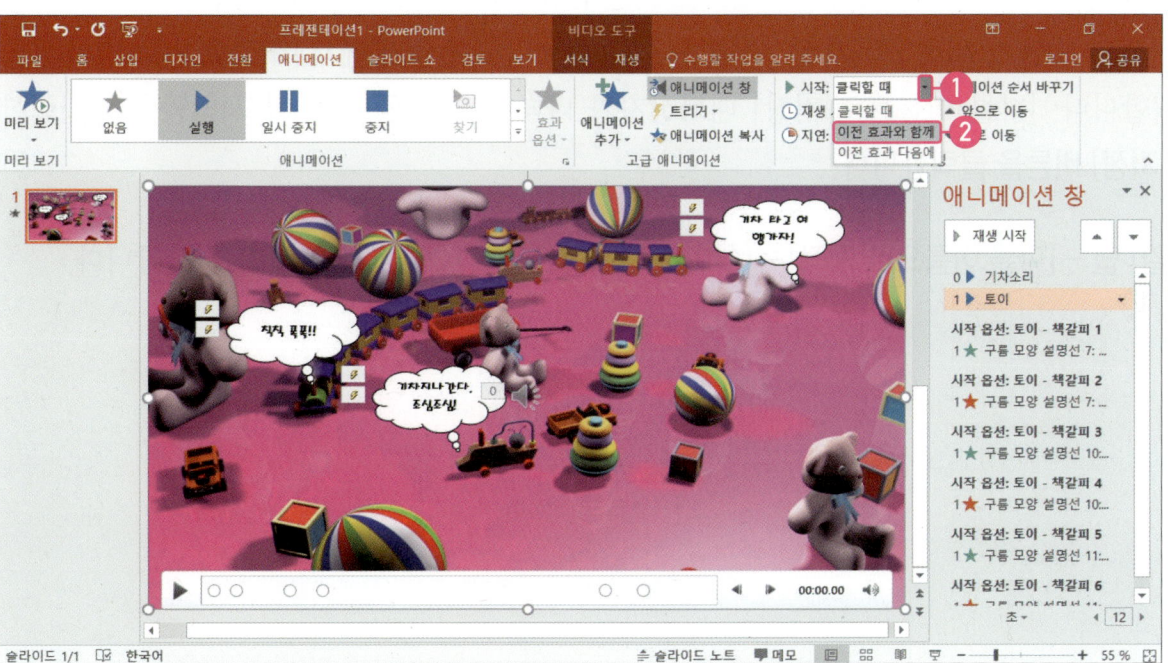

08 F5 키를 눌러 슬라이드 쇼를 실행하면 비디오가 자동으로 재생되고, 구름 모양 설명선이 나타났다 사라집니다. 재생이 완료되면 Esc 키를 눌러 슬라이드 쇼를 종료합니다.

09 비디오로 만들기 위해 [파일] 탭 – [내보내기] – [비디오 만들기]에서 [비디오 만들기] 버튼을 클릭합니다. [다른 이름으로 저장] 대화상자가 나타나면 [파일 이름]에 '자막영상'을 입력한 후 [저장] 버튼을 클릭합니다.

10 [파일] 탭 – [다른 이름으로 저장] – [찾아보기]를 클릭한 후 pptx 파일로도 저장합니다.

응용력 키우기

01 '나비.mp4' 비디오 파일을 삽입한 후 책갈피를 3개 추가하고, 텍스트 그림자 효과가 적용된 흰색 자막을 입력해 봅니다(단, 글꼴과 글꼴 크기는 상관없습니다).

예제파일 나비.mp4

- 자막 1 : 나비가 날아와서 꿀을 빨아먹습니다.
- 자막 2 : 나비가 다시 날아갑니다.
- 책갈피 1 위치 : 01.35
- 책갈피 2 위치 : 05.05
- 책갈피 3 위치 : 11.53

02 문제 **01**의 파일의 책갈피 1에서 자막 1이 나타나고, 책갈피 2에서 자막 1이 사라지고, 책갈피 3에서 자막 2가 나타나게 트리거합니다. 이 과정을 비디오로 만들어 봅니다(단, 비디오 품질과 크기는 상관없습니다).

- 자막 1, 2 애니메이션 : 닦아내기(왼쪽에서)
- 비디오 파일 애니메이션 : 시작(이전 효과와 함께)

10 유튜브에서 동영상 다루기

- 유튜브 스튜디오
- 유튜브 채널
- 동영상 업로드
- 동영상 편집하기
- 최종 화면 설정하기

미/리/보/기

 완성파일 : 역할극.mp4, 05_01.mp4

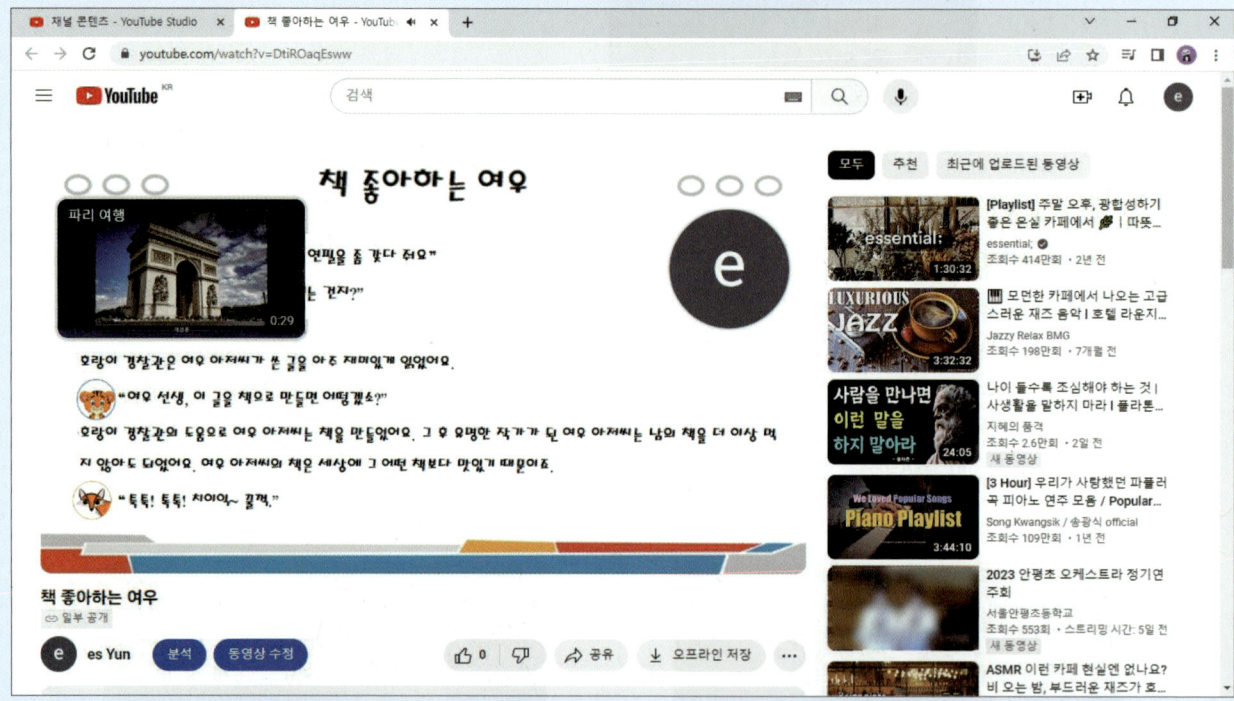

이번 장에서는 세계 최대 동영상 사이트인 유튜브에 파워포인트 2016에서 만든 동영상을 업로드해 봅니다. 유튜브 스튜디오에서는 동영상의 업로드 및 관리는 물론 동영상에 배경 음악을 삽입하는 등의 재편집도 가능합니다. 직접 만든 동영상을 인터넷에 업로드하고 다른 사람들에게 홍보하는 방법까지 알아보겠습니다.

 # 유튜브 스튜디오 살펴보기

▶ 유튜브

구글이 운영하는 세계 최대 동영상 사이트인 유튜브(www.youtube.com)에서는 동영상과 음악을 감상할 수 있고, 직접 콘텐츠를 제작하여 업로드할 수도 있습니다. 뿐만 아니라 유튜브의 콘텐츠는 다른 사람들과 공유할 수 있습니다.

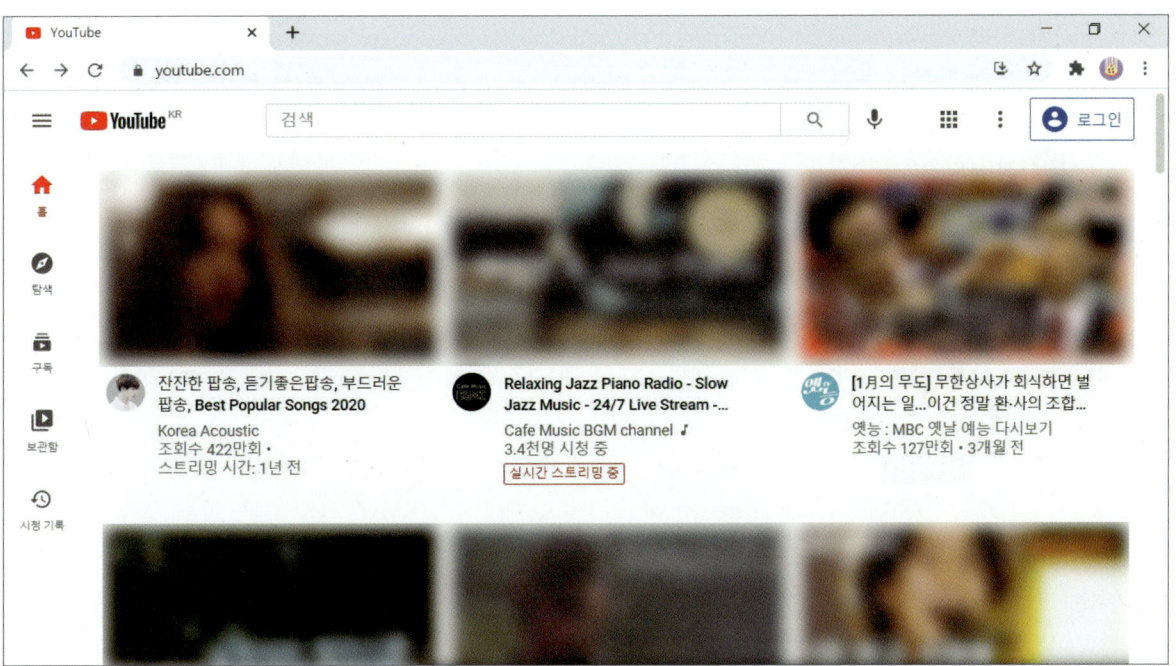

 유튜브는 모든 웹브라우저에서 접속하여 이용할 수 있지만, 크롬 브라우저가 아닌 다른 브라우저에서 접속할 경우 크롬 브라우저를 사용하라는 안내 메시지가 나타나기도 합니다. 유튜브는 구글에서 운영하기 때문에 구글의 크롬 웹브라우저에서 최적의 시청 환경을 제공합니다.
크롬 브라우저를 다운로드하려면 마이크로소프트 엣지에서 크롬(www.google.com/chrome)에 접속한 후 [Chrome 다운로드]를 클릭하여 설치합니다.

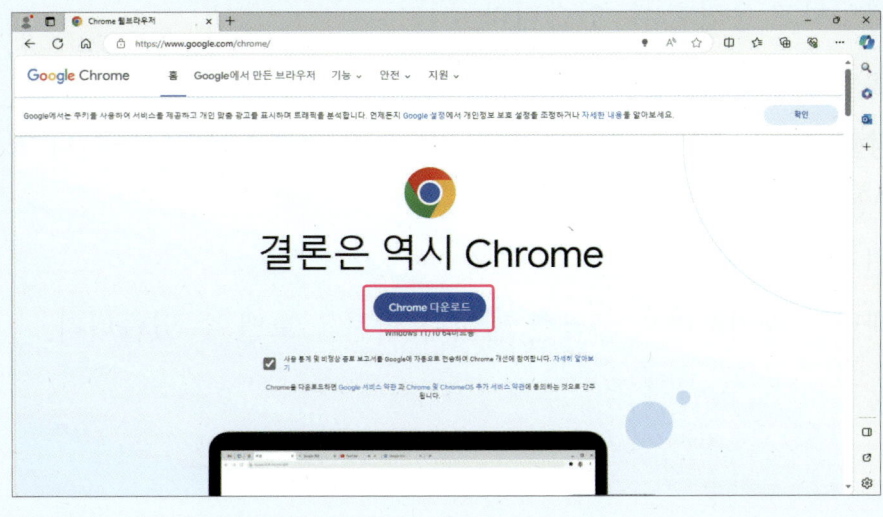

▶ 유튜브 스튜디오

유튜브 스튜디오는 크리에이터라면 자주 들어가게 되는 관리자 페이지입니다. 크리에이터란 일반적으로는 유튜브에서 동영상을 제작하고 업로드하는 창작자를 의미하는데, 유튜브를 활용해서 방송하는 사람들도 크리에이터라고 부릅니다. 유튜브 스튜디오에서는 동영상 업로드 및 편집이 가능하고, 업로드한 동영상을 관리할 수도 있습니다. 영상별 조회 수, 댓글, 좋아요 수 등을 확인하고 분석하는 것도 가능합니다. 그 외에도 재생 목록을 만들거나 자막을 설정하고, 저작권 걱정 없이 오디오를 사용할 수 있습니다.

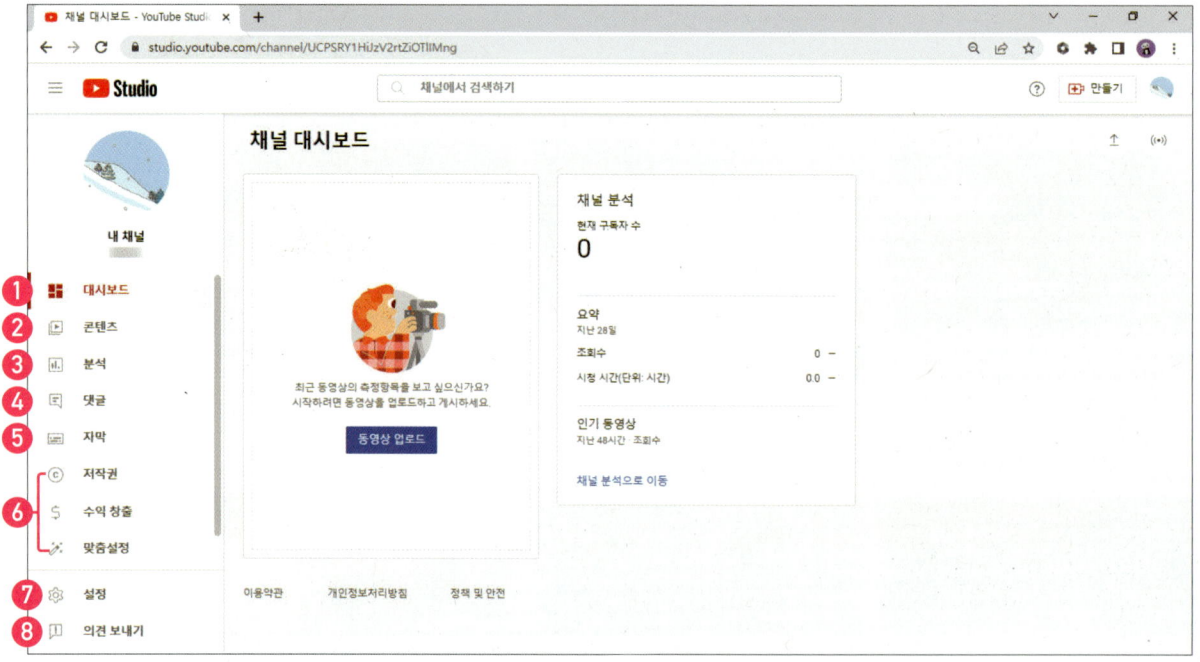

❶ 대시보드(▦) : 동영상 업로드, 구독자 수, 조회 수, 인기 동영상 등을 확인할 수 있습니다.

❷ 콘텐츠(▣) : 동영상을 카테고리별로 분류해서 목록을 만드는 등 업로드한 동영상을 관리할 수 있습니다.

❸ 분석(▥) : 채널 분석을 할 수 있습니다.

❹ 댓글(▤) : 댓글을 확인하고 응답할 수 있습니다.

❺ 자막(▭) : 자막을 설정할 수 있습니다.

❻ 저작권(ⓒ) / 수익창출($) / 맞춤설정(✎) : 저작권, 수익 창출, 레이아웃이나 브랜딩을 변경하여 맞춤 설정할 수 있습니다.

❼ 설정(⚙) : 설정을 변경할 수 있습니다.

❽ 의견 보내기(▣) : 채널을 관리하면서 궁금한 점이나 의견을 보낼 수 있습니다.

 **유튜브에 동영상 게시하고 편집하기**

▶ 유튜브에 채널 만들기

01 크롬 브라우저를 실행한 후 유튜브(www.youtube.com)에 접속합니다. [로그인] 버튼을 클릭하고 구글 계정으로 로그인합니다.

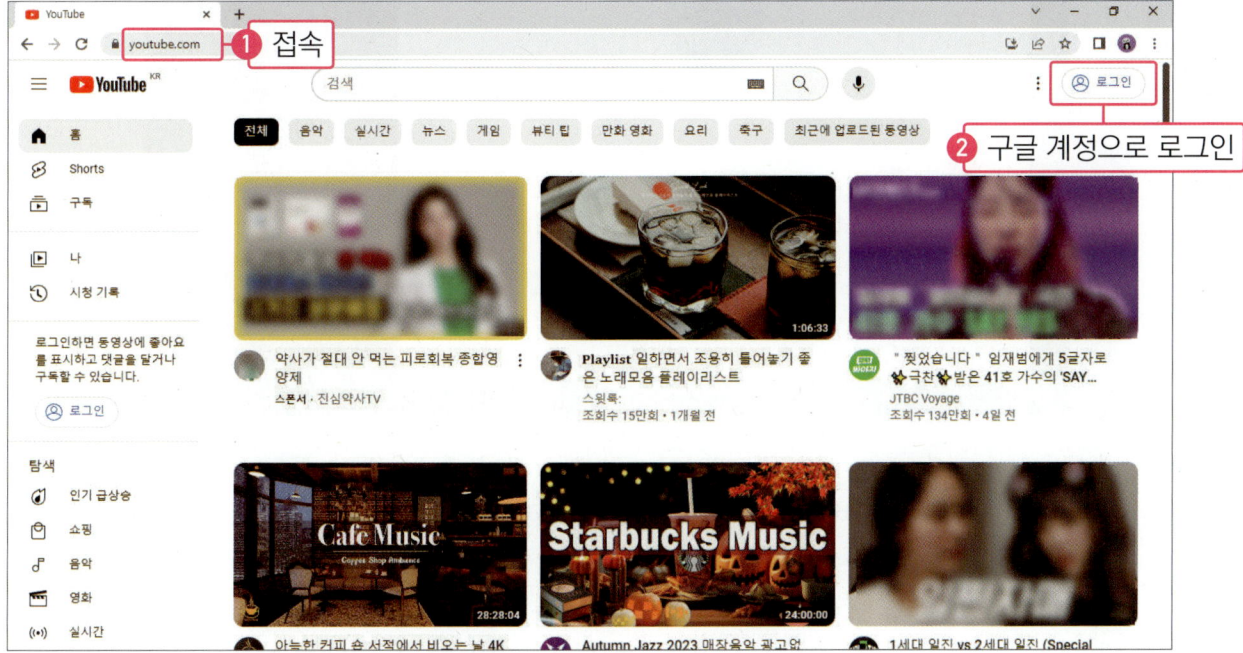

02 유튜브의 계정 아이콘을 클릭한 후 [YouTube 스튜디오]를 클릭합니다.

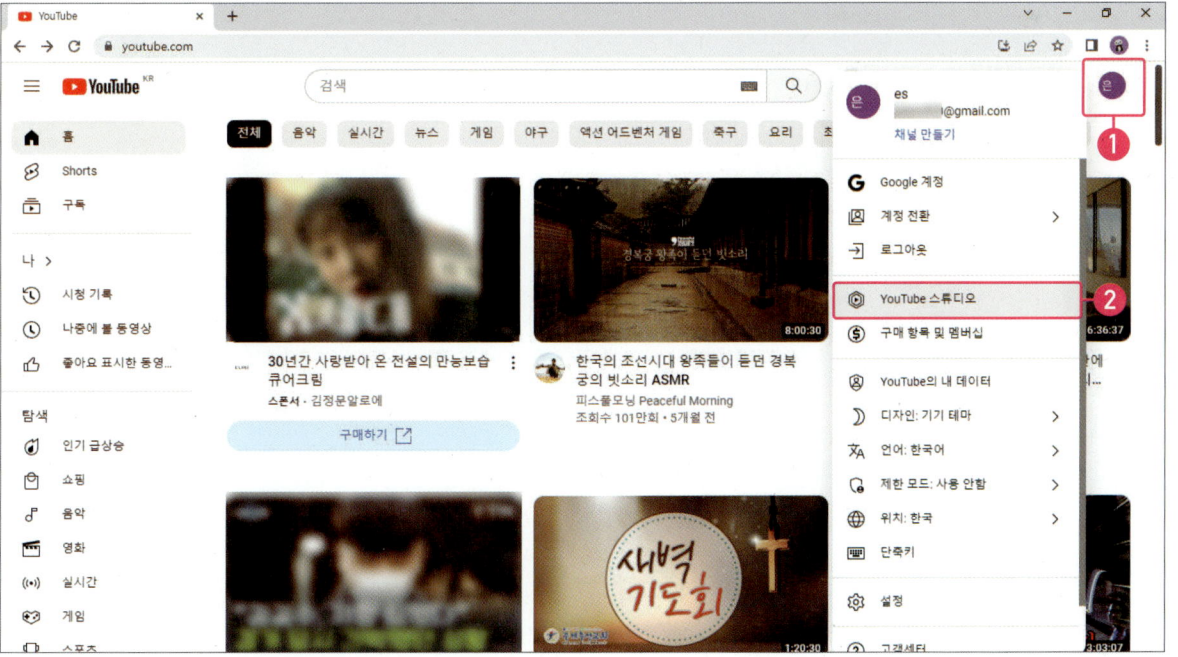

03 내 프로필 창이 나타나면 채널을 만들기 위해 [채널 만들기]를 클릭합니다. 채널 만들기를 클릭하면 YouTube 서비스 약관에 동의하는 것으로 간주됩니다.

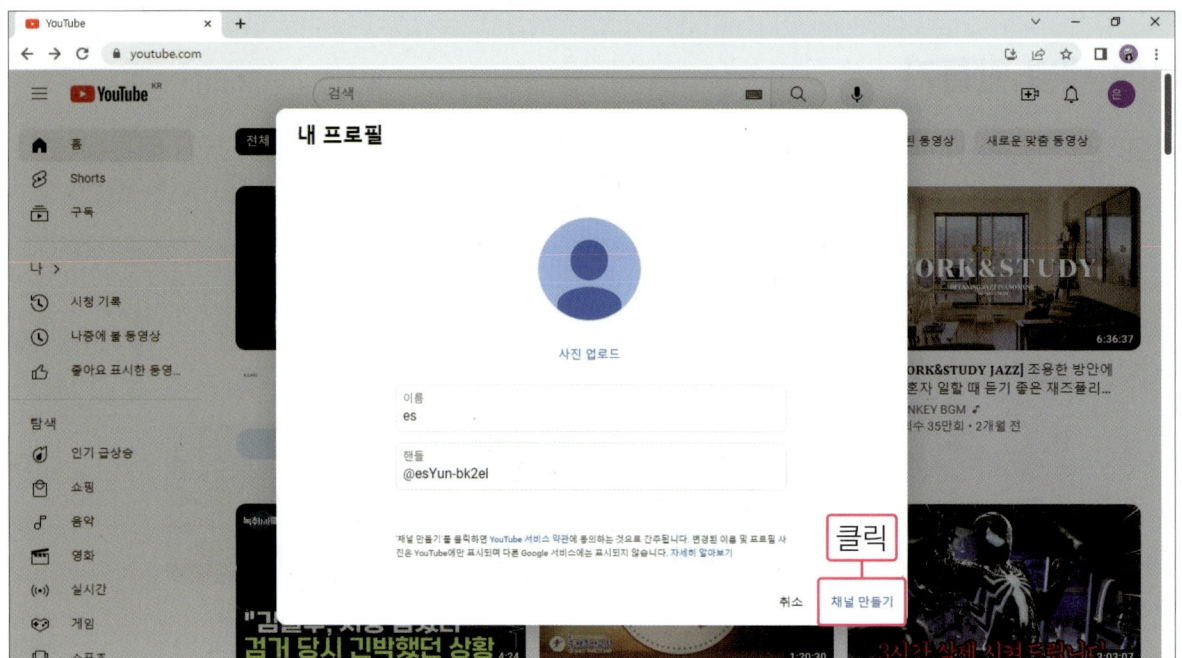

 이미 내 채널이 있는 경우에는 바로 YouTube 스튜디오 페이지가 열립니다.

04 유튜브에 내 채널이 만들어지고, YouTube 채널이 열립니다.

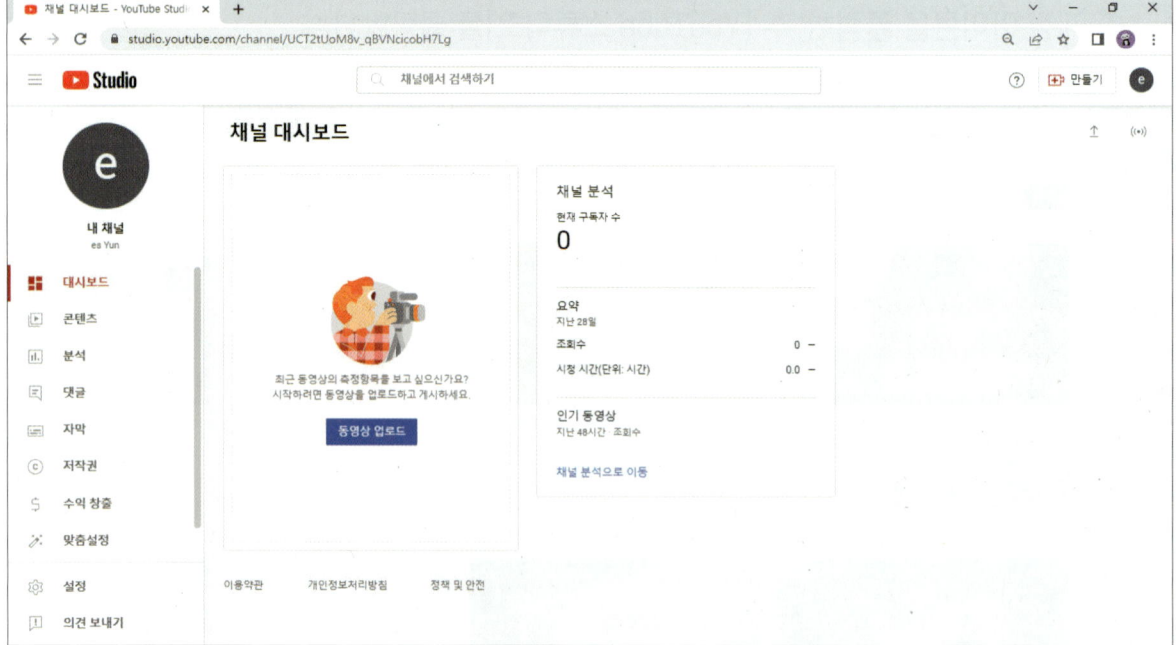

▶ 유튜브에 동영상 업로드하기

01 동영상을 업로드하기 위해 [동영상 업로드] 버튼을 클릭합니다.

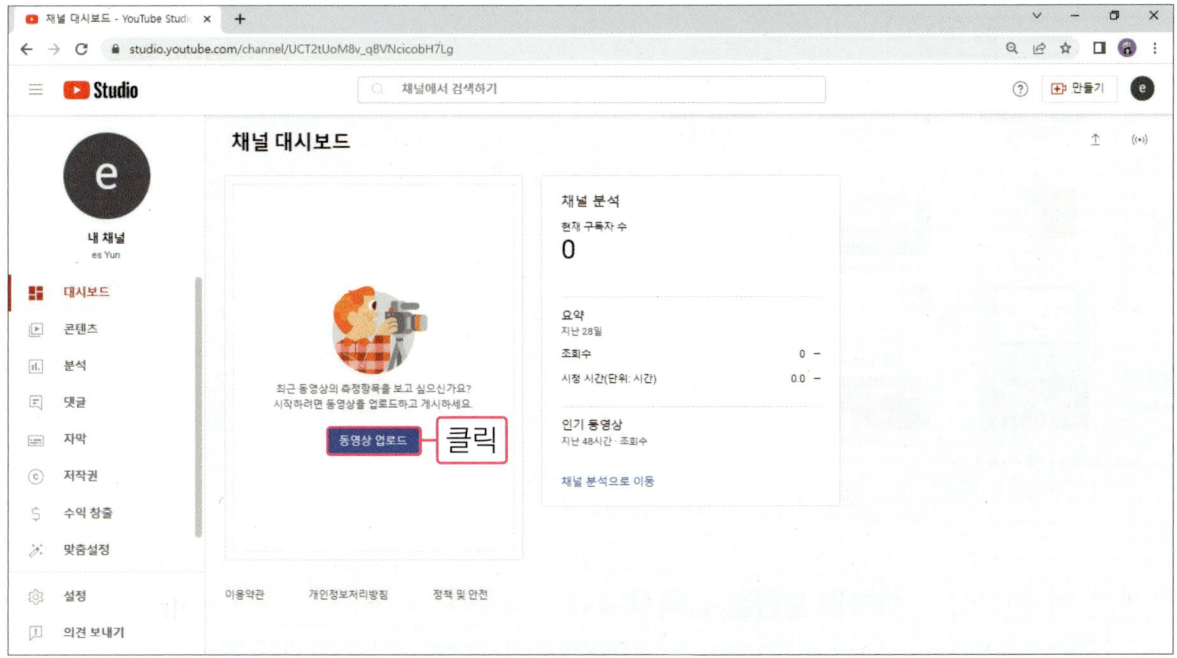

02 동영상 업로드 창에서 [파일 선택] 버튼을 클릭합니다.

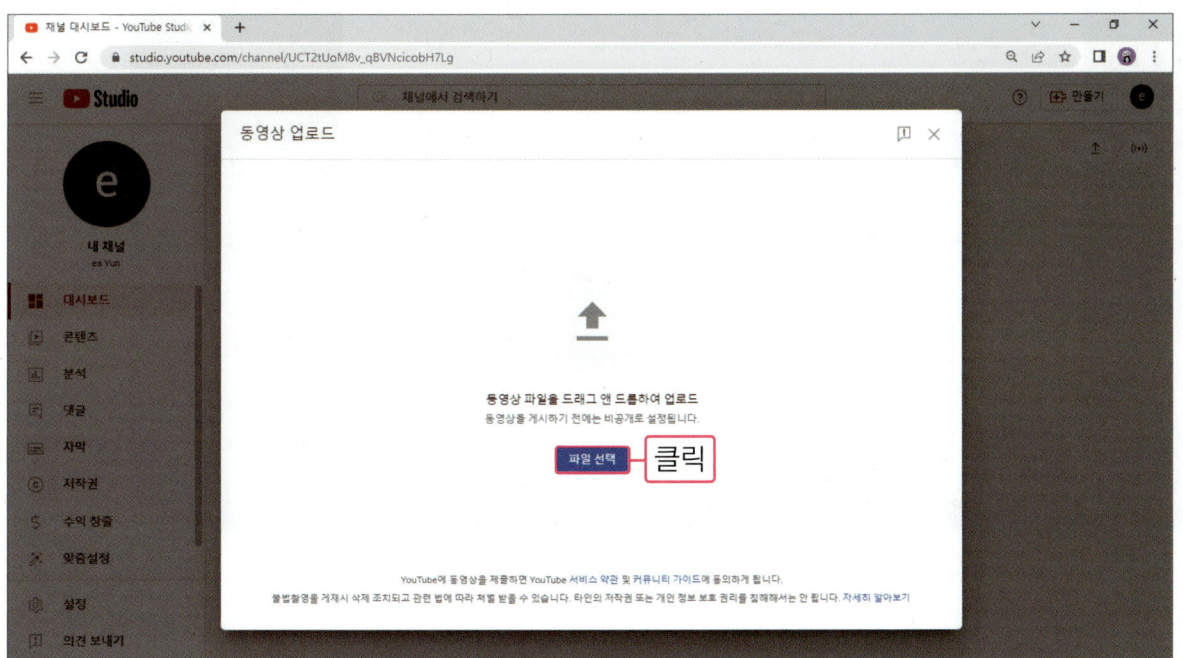

03 [열기] 대화상자가 나타나면 [완성] 폴더에서 '역할극.mp4' 파일을 선택하고 [열기] 버튼을 클릭합니다.

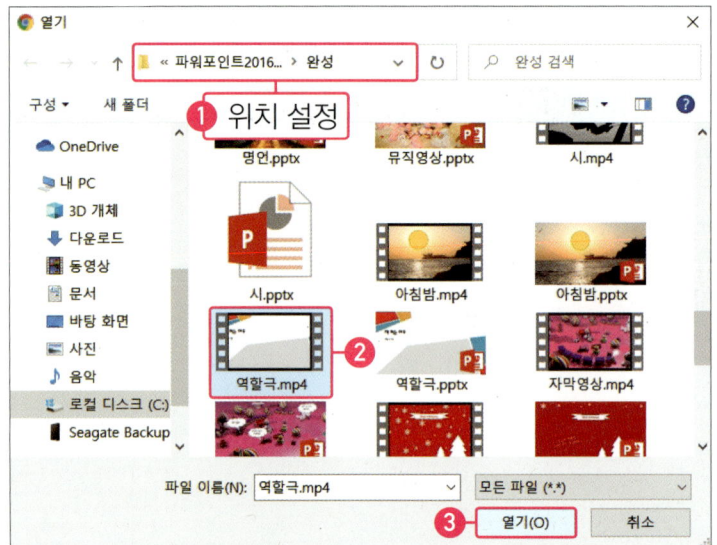

04 [세부정보]에 동영상의 **제목과 설명을 입력합니다**.

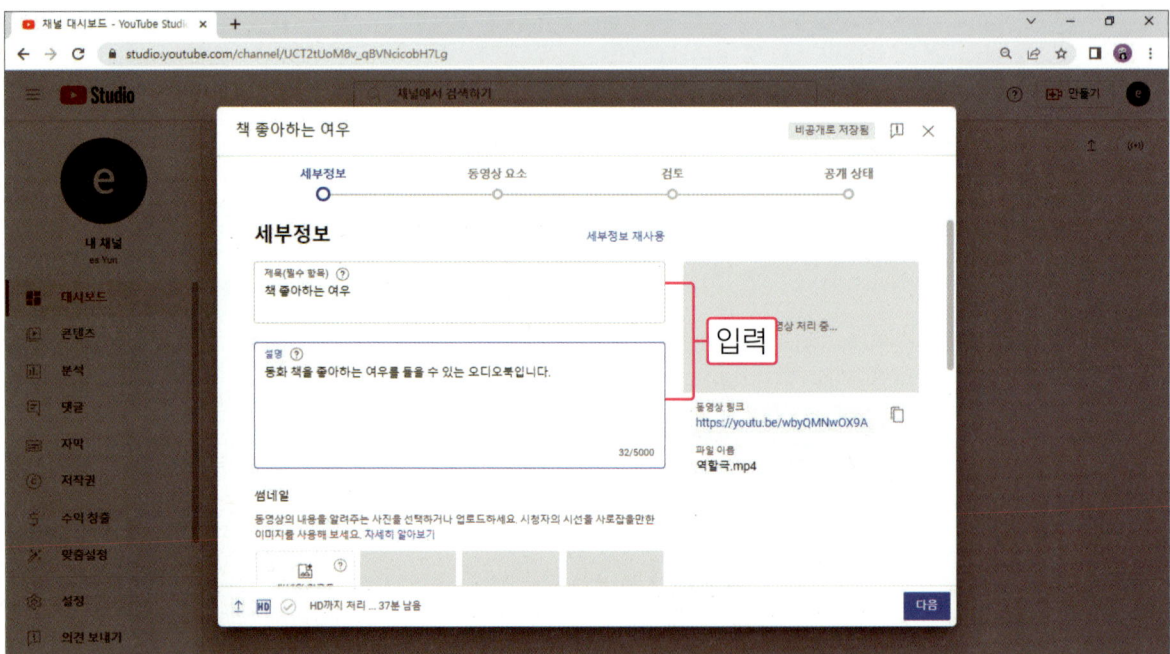

05 아래쪽으로 상하 막대를 내려 [썸네일]에서 동영상의 내용을 알려주는 이미지 중 하나를 선택합니다.

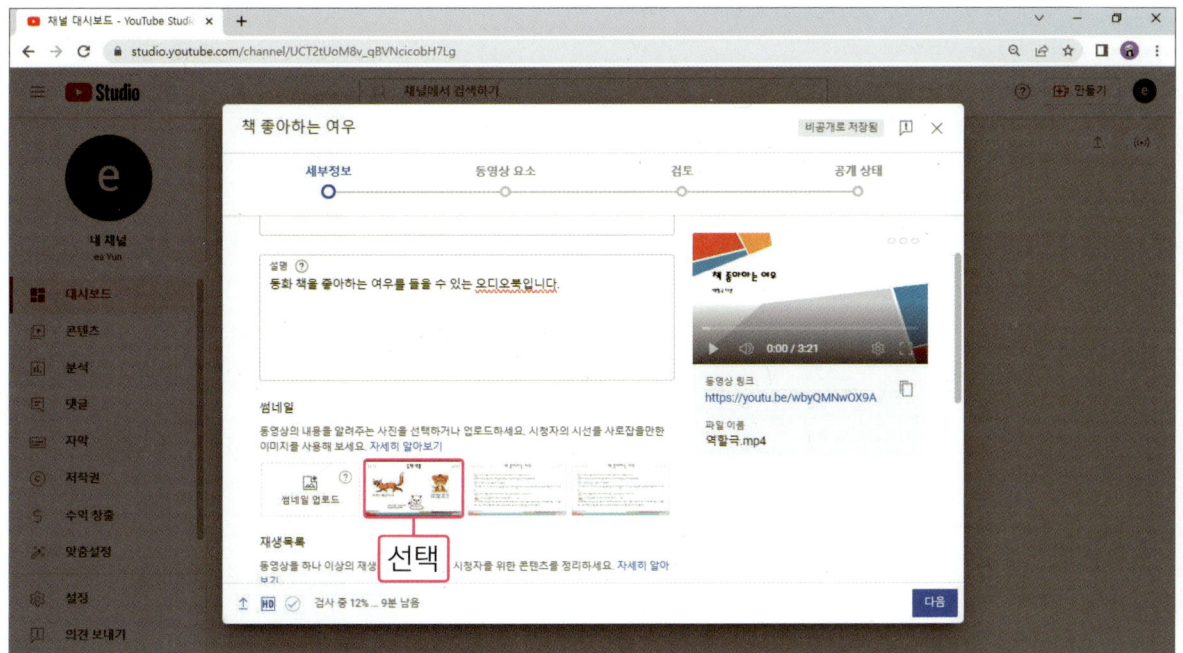

 미리보기 이미지를 직접 PC에서 업로드하려면 [썸네일 업로드]를 클릭하여 업로드할 수 있습니다.

06 재생 목록은 만든 적이 없으므로 넘기고, 상하 막대를 더 내려서 **시청자층 선택 항목**에서 '아니요, 아동용이 아닙니다'를 선택합니다.

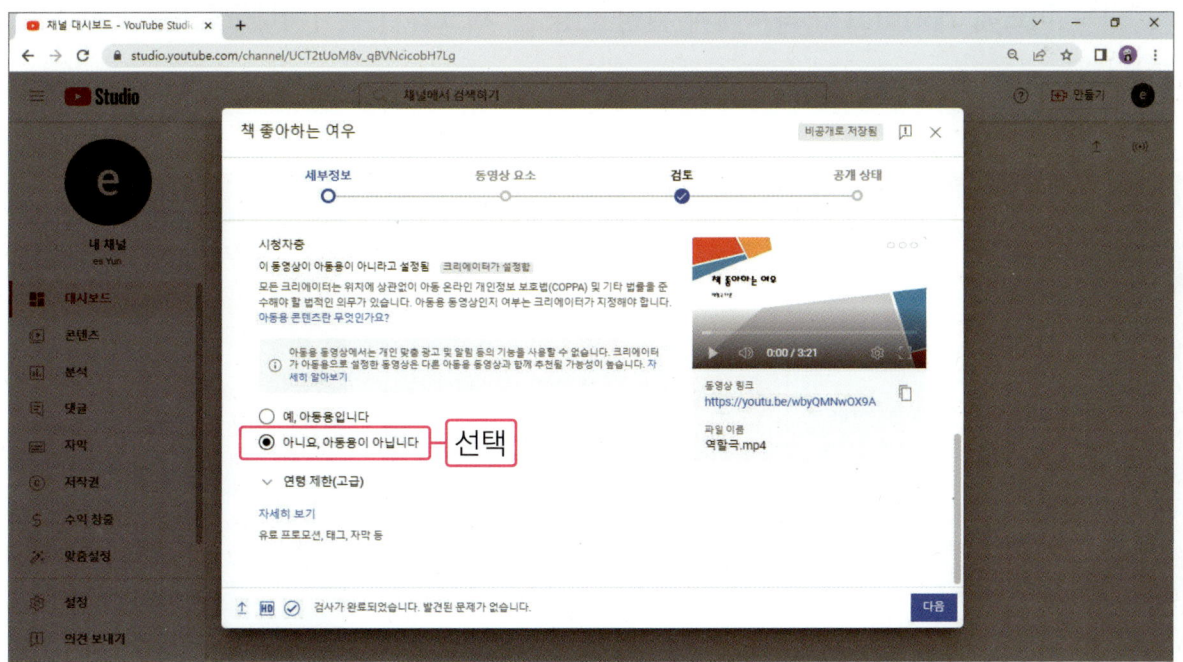

시청자층에서 '예, 아동용입니다'를 선택하면 댓글 쓰기가 제한되어 시청자층과 소통할 수 없게 됩니다. 따라서 '아니요 아동용이 아닙니다'를 선택합니다.

161

07 상하 막대를 내려서 [자세히 보기]를 클릭하고, 태그로 사용할 **키워드를 입력**합니다. 각 태그 사이는 쉼표를 입력하여 구분합니다.

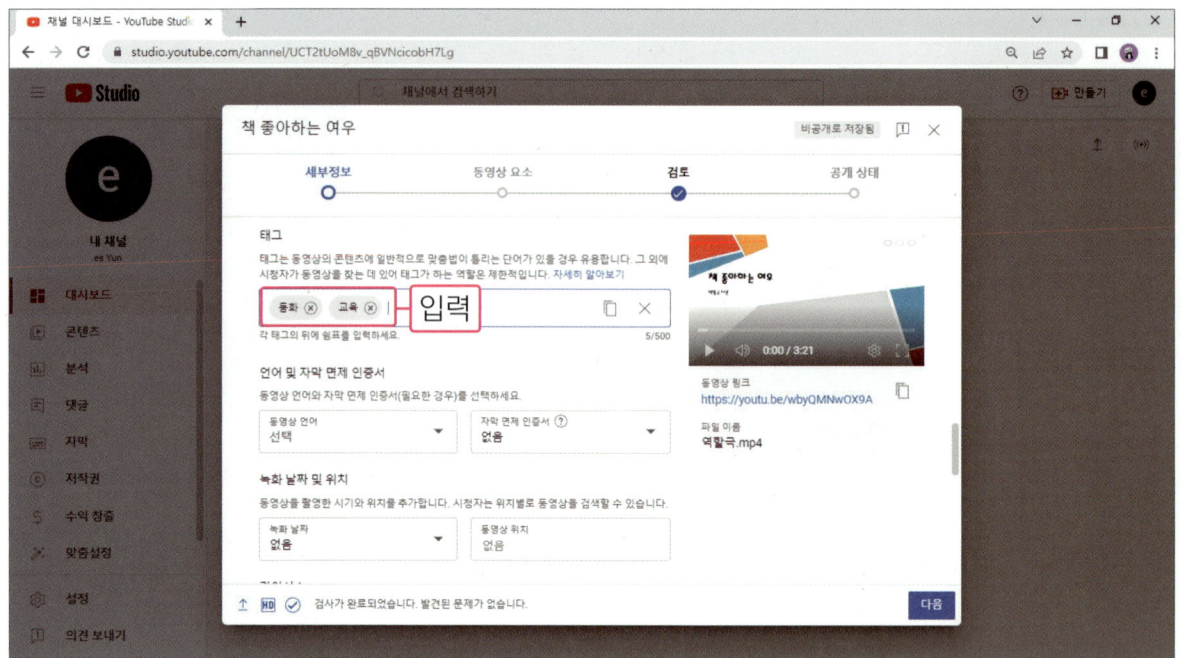

 태그는 시청자가 콘텐츠를 검색하는 데 도움이 되도록 동영상에 추가하는 설명 키워드입니다. 업로드한 동영상과 연관된 여러 단어를 태그로 입력하면 많은 사람에게 검색될 수 있고 유입도 가능해 집니다.

08 상하 막대를 내려 [라이선스]에서 퍼가기를 허용하지 않으려면 '**퍼가기 허용**'은 체크 해제하고, '**구독 피드에 게시하고 구독자에게 알림 전송**'은 체크합니다. [카테고리]는 '**교육**'으로 설정합니다.

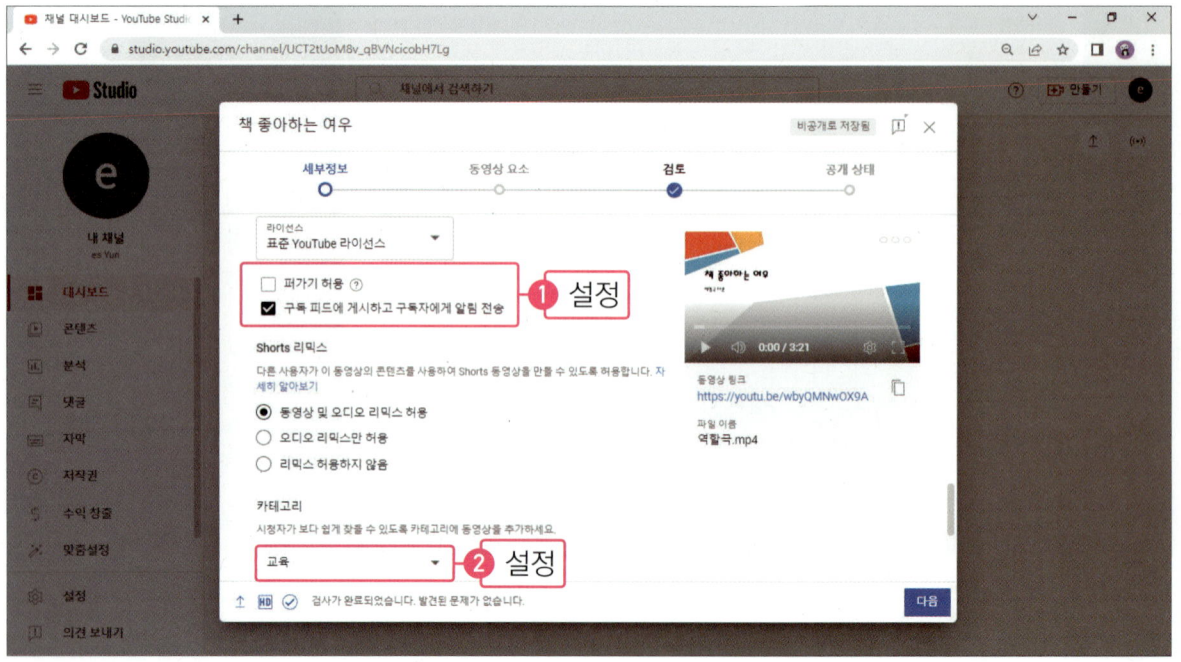

09 [댓글 및 평가]는 '부적절할 수 있는 댓글 보류'로 선택하고, [정렬 기준]은 '인기순'으로 설정합니다. 동영상의 '좋아요'와 '싫어요' 수를 파악할 수 있도록 '**동영상에 좋아요를 표시한 시청자 수 표시**'에 체크한 후 [다음] 버튼을 클릭합니다.

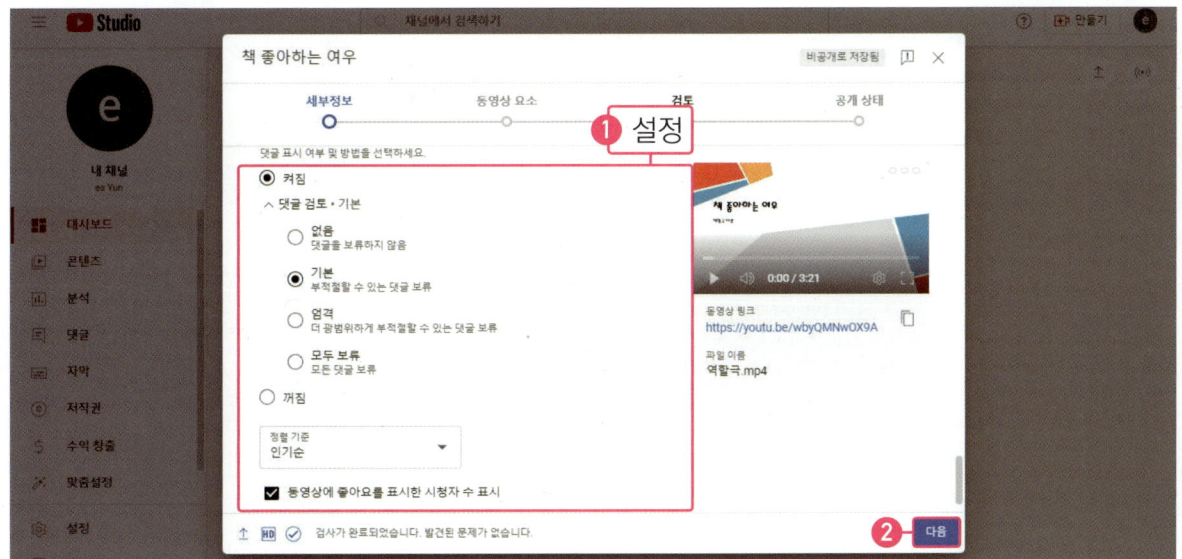

 최종 화면은 영상을 다 본 후 추천 동영상과 구독 버튼을 표시할 수 있습니다. 템플릿을 사용해 최종 화면을 편집해 보겠습니다.

10 동영상 요소에서 최종 화면 추가나 카드 추가를 사용하여 시청자에게 관련 동영상, 웹사이트를 홍보하고 클릭을 유도할 수 있습니다. 그러나 처음 동영상을 업로드하는 중으로 다른 동영상이 없으므로 [다음] 버튼을 클릭합니다.

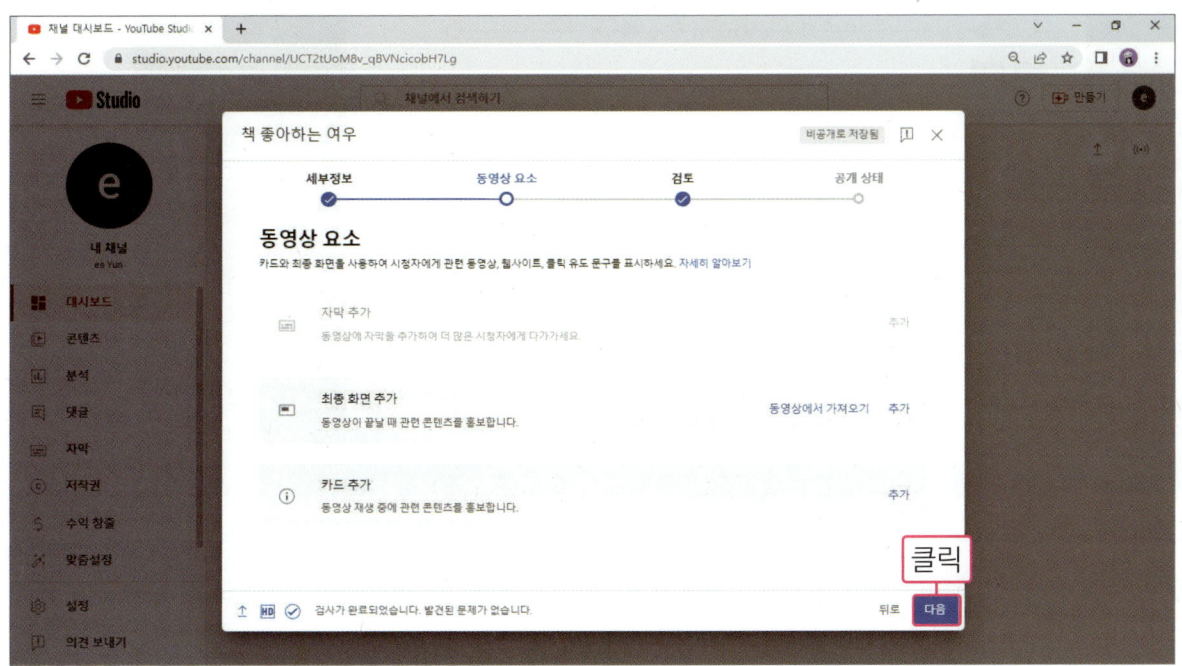

 다른 동영상을 업로드한 후 업로드한 동영상을 편집하면서 최종 화면 추가를 설정할 수 있습니다.

11 유튜브에 업로드한 동영상이 저작권에 문제가 있는지에 대한 검토가 완료됨을 알립니다. 아무 문제가 없을 경우 [다음] 버튼을 클릭합니다.

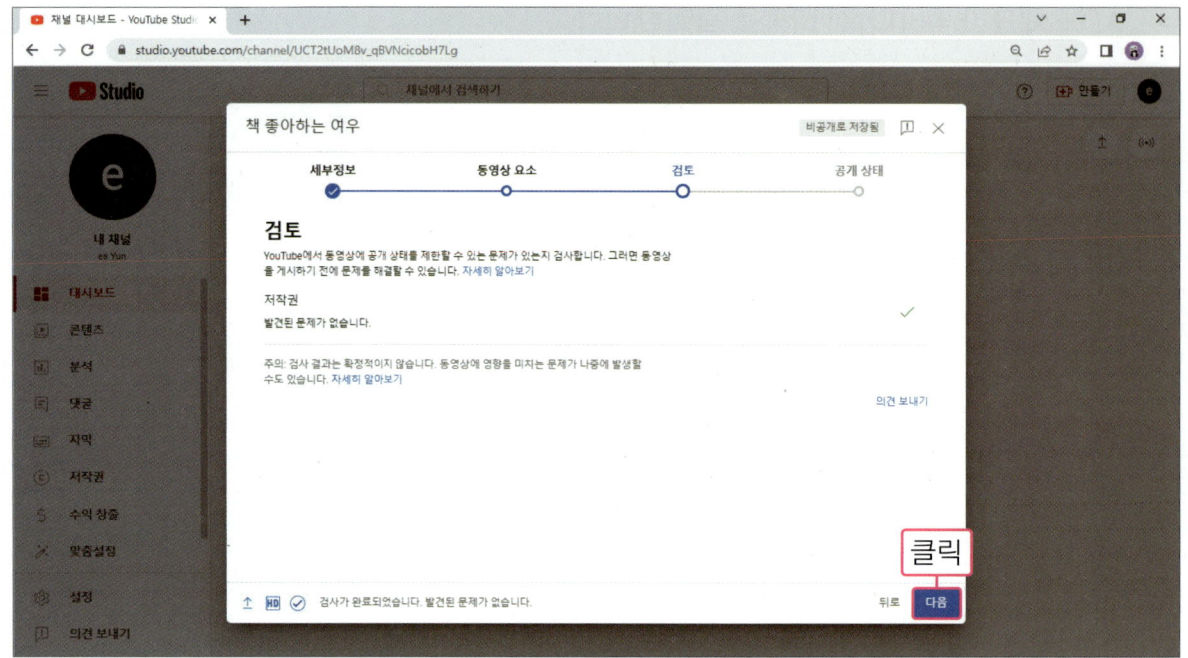

12 업로드한 동영상을 나만 보려면 '비공개'를 선택하고, 모든 사람에게 공개하려면 '공개'를 선택합니다. 업무 부서원이나 특정 그룹 사람에게만 공개하려면 **'일부 공개'를 선택**합니다. 모든 동영상 업로드 설정이 끝났으면 [저장] 버튼을 클릭합니다.

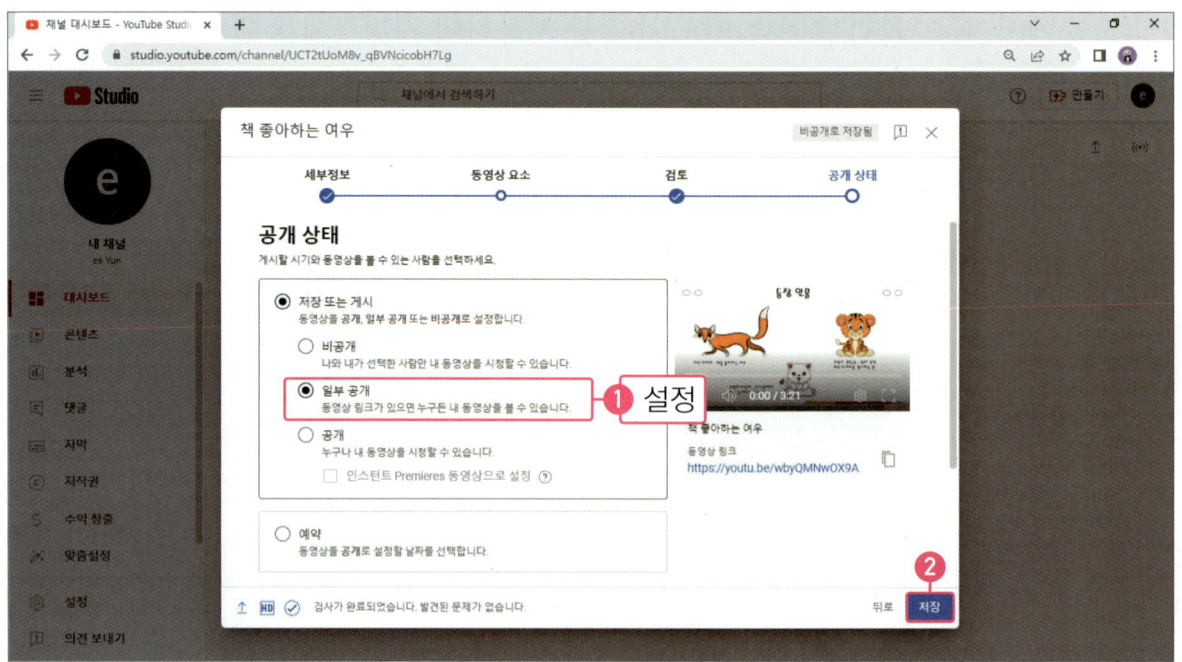

 특정 그룹에 소속된 사람들끼리 공유하기 위해서는 '일부 공개'를 선택하는 것이 적합하고, 수익 창출을 위해서는 '공개'를 선택하는 것이 좋습니다.

13 게시된 동영상을 특정인에게만 공유하려면 [링크 공유]의 SNS 아이콘을 클릭하여 바로 공유하거나 [동영상 링크]의 □을 클릭하여 링크를 복사해 공유할 수 있습니다. 공유 링크가 있는 사람만 해당 동영상을 시청할 수 있습니다. 다른 동영상도 추가로 업로드해 봅니다.

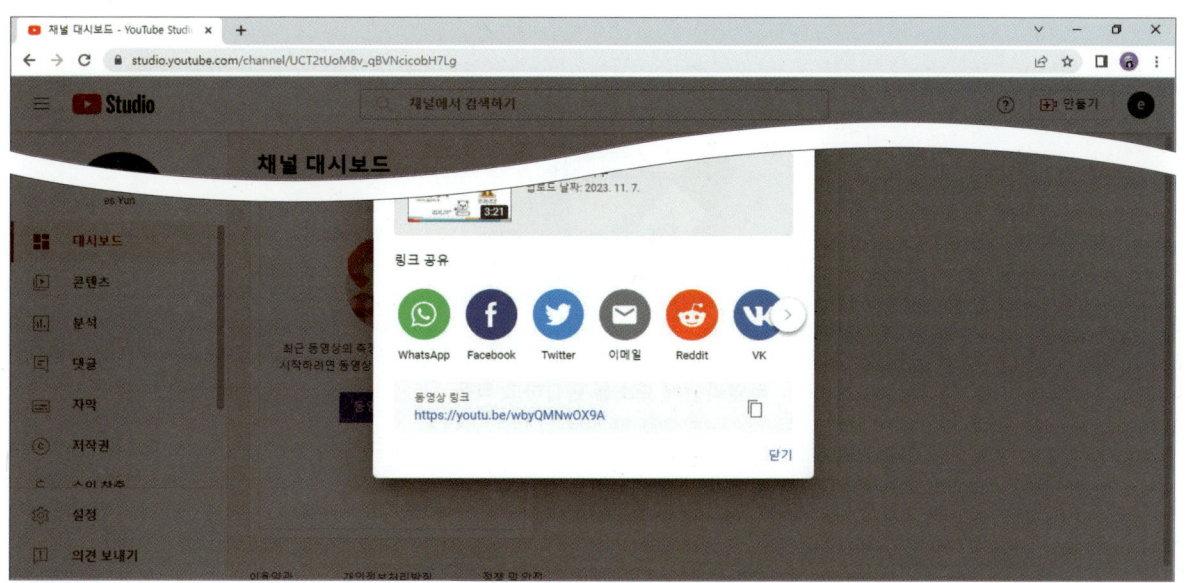

 업로드한 동영상의 [공개 상태]를 '일부 공개'로 지정한 경우에는 공유 링크를 받은 사람만 볼 수 있으나, '공개'로 설정한 경우에는 모든 사람이 볼 수 있습니다.

▶ **유튜브 동영상 편집하기**

01 유튜브 스튜디오에서 [콘텐츠(▶)]를 클릭하면 업로드된 콘텐츠를 확인할 수 있습니다. 편집할 동영상 위로 마우스를 가져가 나타나는 아이콘 중 [세부정보(✏)]를 클릭합니다.

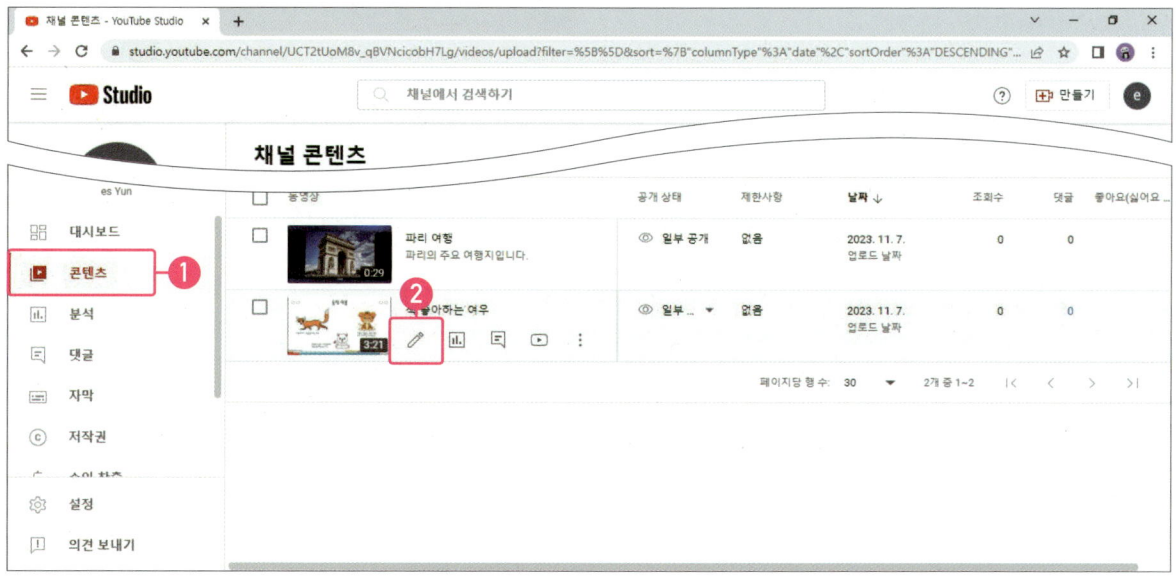

02 업로드한 동영상을 편집하기 위해 메뉴 중 [편집기(🎬)]를 클릭하고, [시작하기]를 클릭합니다.

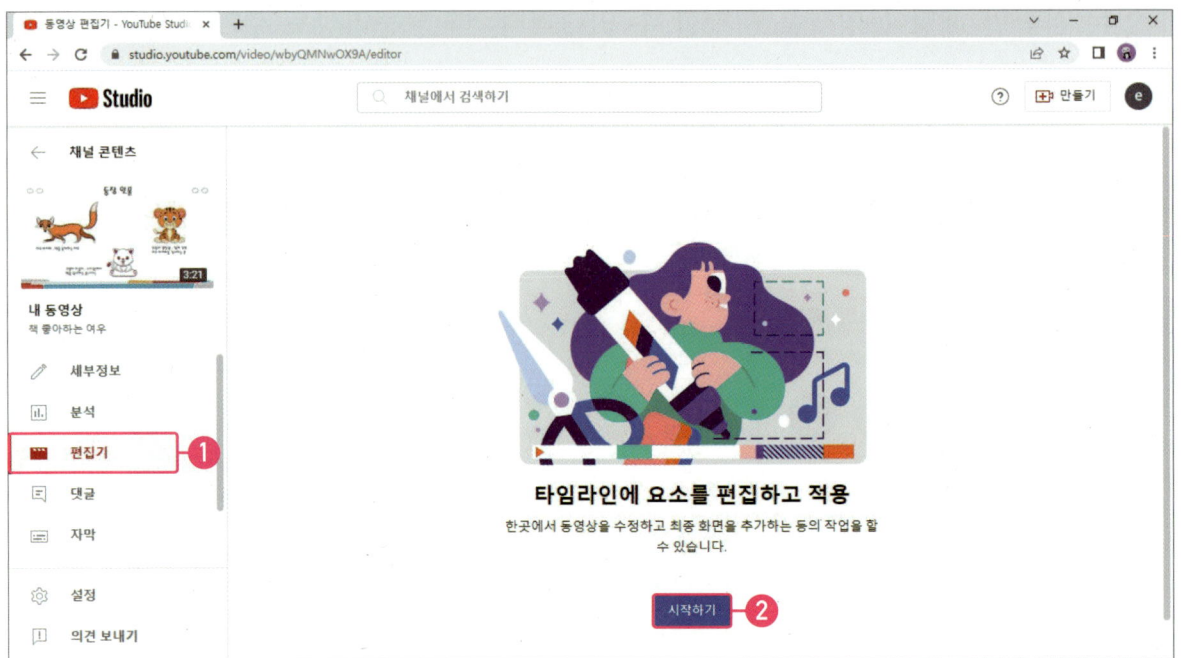

03 동영상의 배경 음악을 추가하기 위해 오디오(🎵)의 [오디오 추가(+)]를 클릭합니다.

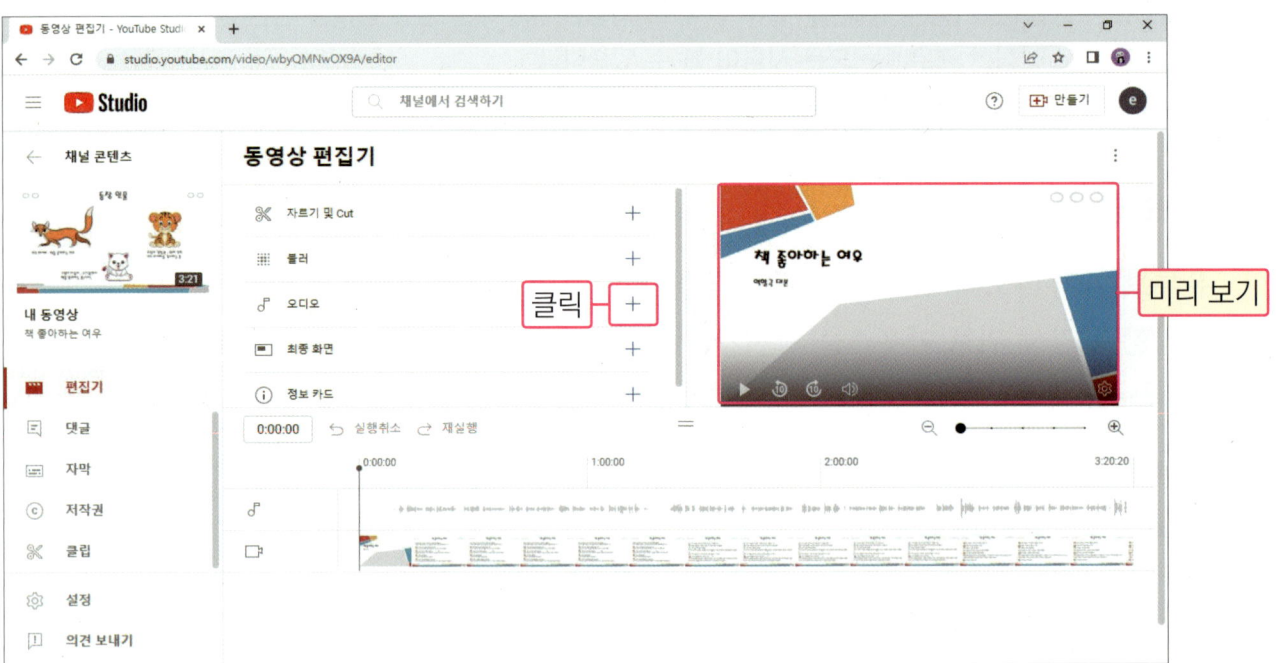

04 원하는 오디오 파일을 찾기 위해 **보관함 검색 또는 필터링 부분을 클릭**한 후 [저작자 표시 필요 없음]을 클릭합니다.

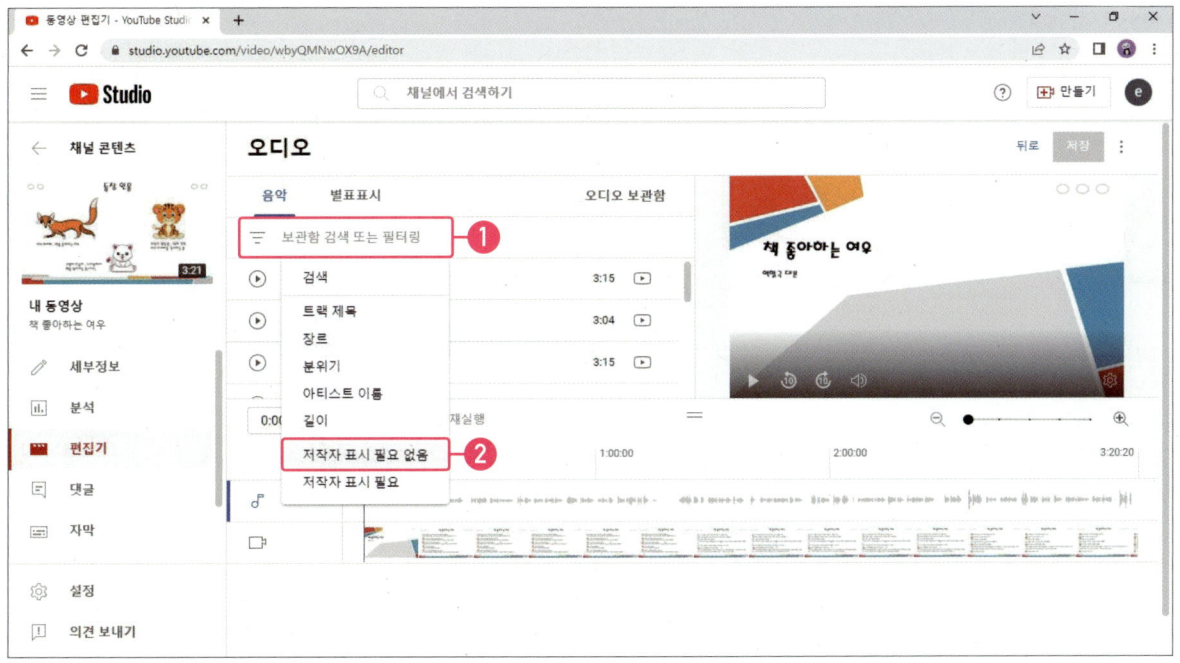

05 보관함 검색 또는 필터링 부분을 한 번 더 클릭하여 [장르]를 클릭한 후 목록 중 [영화음악]에 체크하고 [적용]을 클릭합니다.

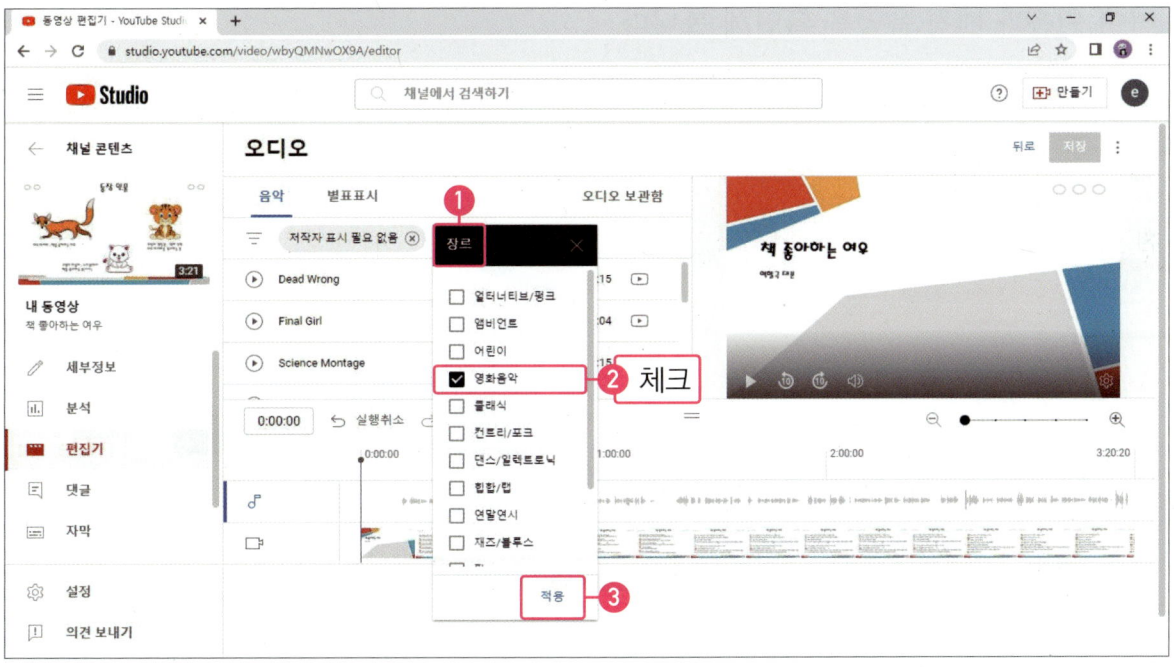

 필터링 검색 조건을 세분화할수록 원하는 오디오 파일을 찾기 쉬워집니다.

06 검색된 목록에서 [재생(▶)] 버튼을 클릭하여 오디오 파일을 들어본 후 마음에 드는 음악의 [추가]를 클릭하여 트랙에 추가합니다.

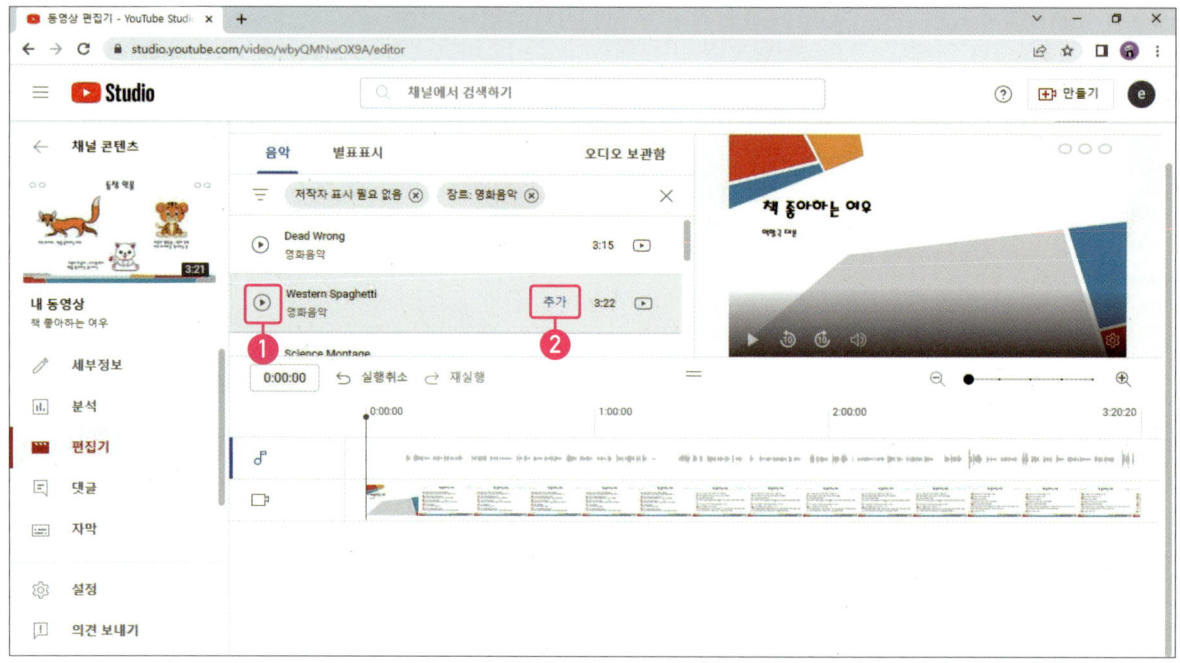

07 원음과 배경 음악의 믹스 수준을 설정하기 위해 를 클릭하고 **슬라이더를 왼쪽 끝으로 드래그**하여 배경 음악을 제일 작게 조절합니다. 설정한 후에는 미리 보기 창의 **재생 버튼을 클릭**하여 원음과 배경 음악을 확인해 봅니다.

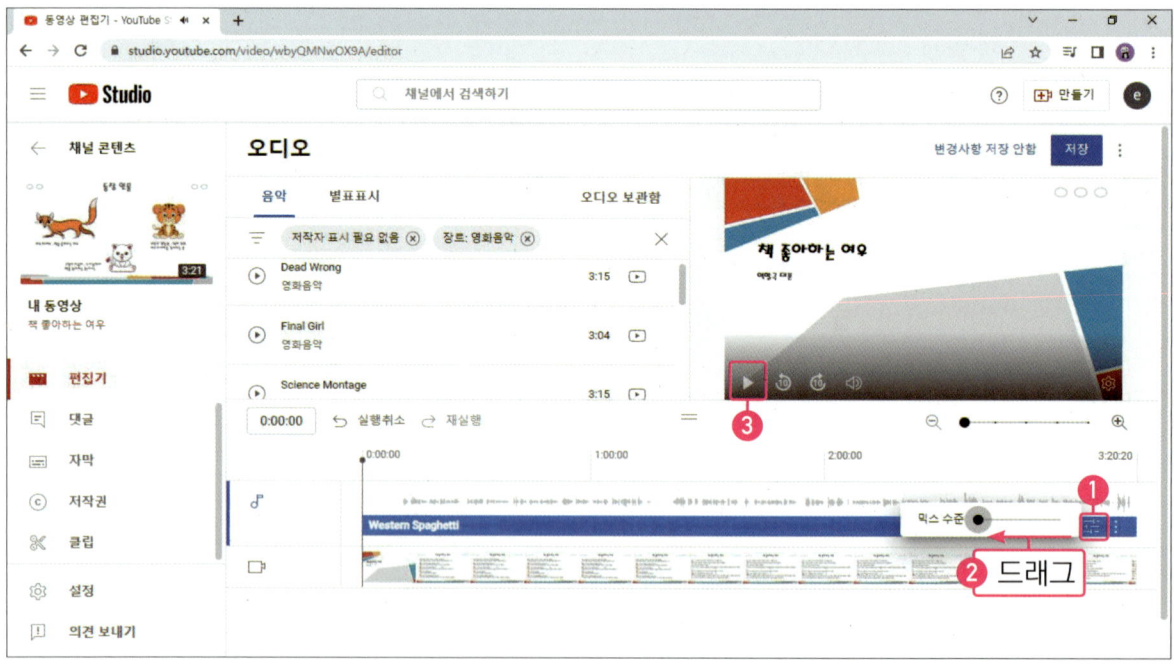

 배경 음악을 작게 하려면 슬라이더를 왼쪽으로 드래그하고, 배경 음악을 크게 하려면 오른쪽 끝으로 드래그합니다.

08 변경사항을 저장하기 위해 상단의 [저장] 버튼을 클릭하면 변경 적용에 대한 메시지 창이 나타납니다. 변경사항이 적용되는데 몇 시간 정도 걸린다는 **내용을 읽어 본 후 [저장]을 클릭합니다**. 저장하지 않으려면 [취소] 버튼을 클릭합니다.

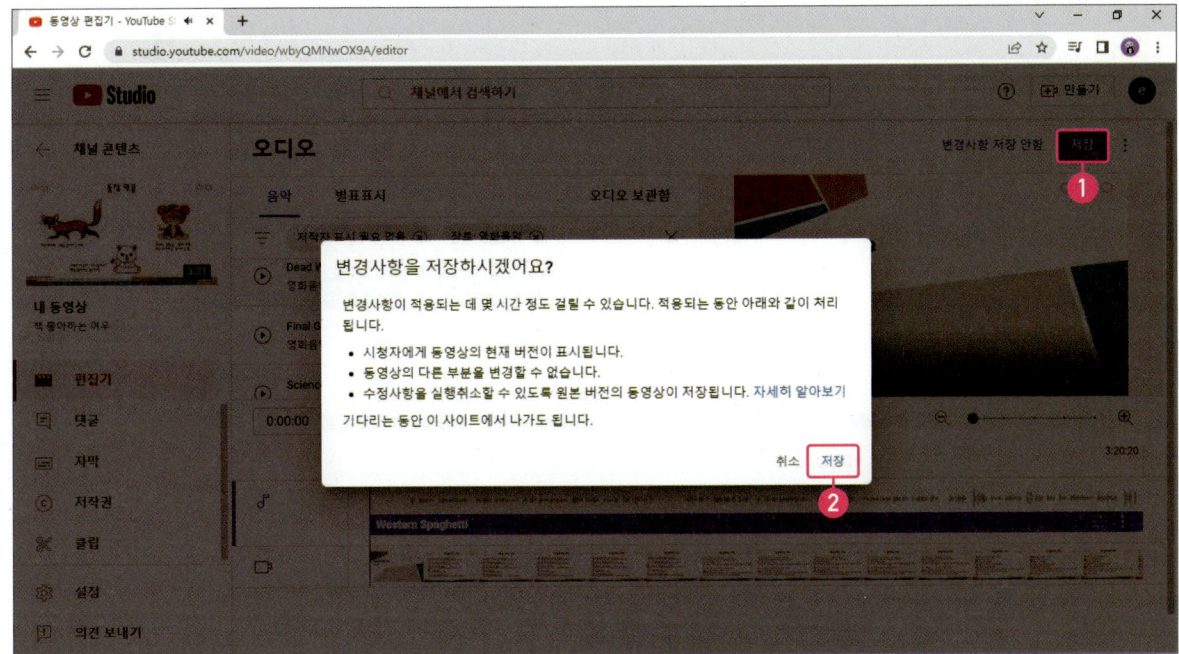

▶ 최종 화면 설정하기

01 유튜브 스튜디오에서 [콘텐츠(▶)]를 클릭한 후 편집할 동영상 위로 마우스를 가져가 나타나는 아이콘 중 [세부정보(✏️)]를 클릭합니다.

02 동영상의 최종 화면을 설정하기 위해 **최종 화면(▭)의 [최종 화면 추가(+)]를 클릭**하고 [템플릿 적용]을 클릭합니다.

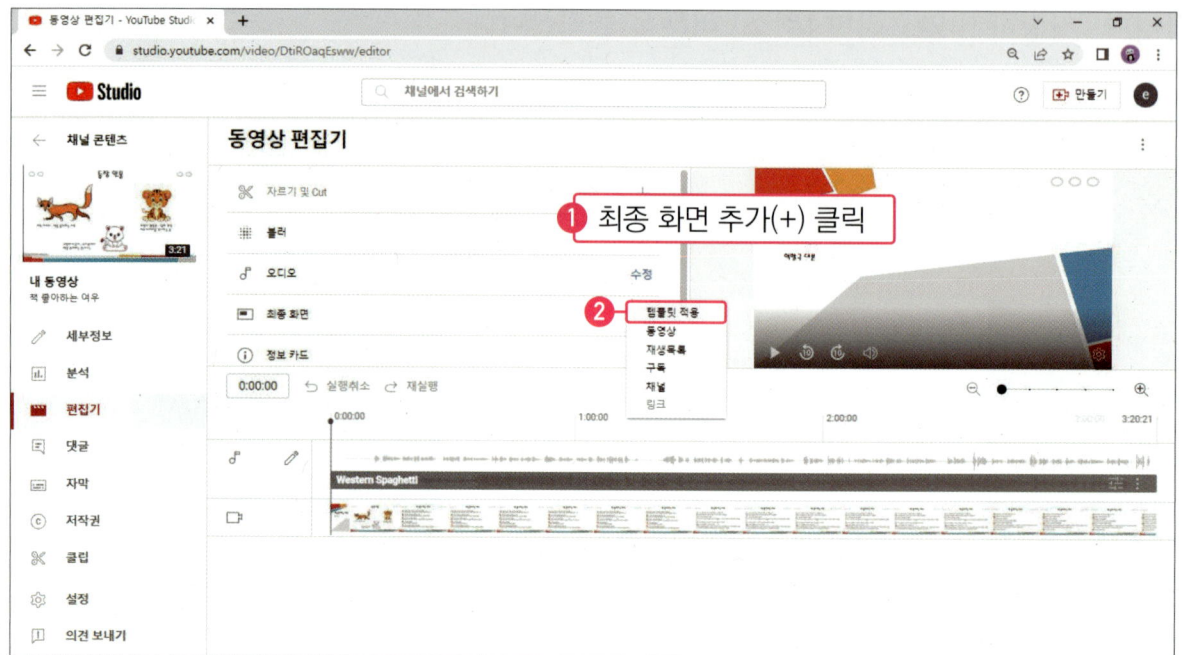

 동영상의 길이가 25초 이상이어야 최종 화면을 설정할 수 있습니다. 길이가 25초 이하인 동영상은 최종 화면 부분이 비활성화되어 있습니다.

03 템플릿 중 하나를 선택합니다.

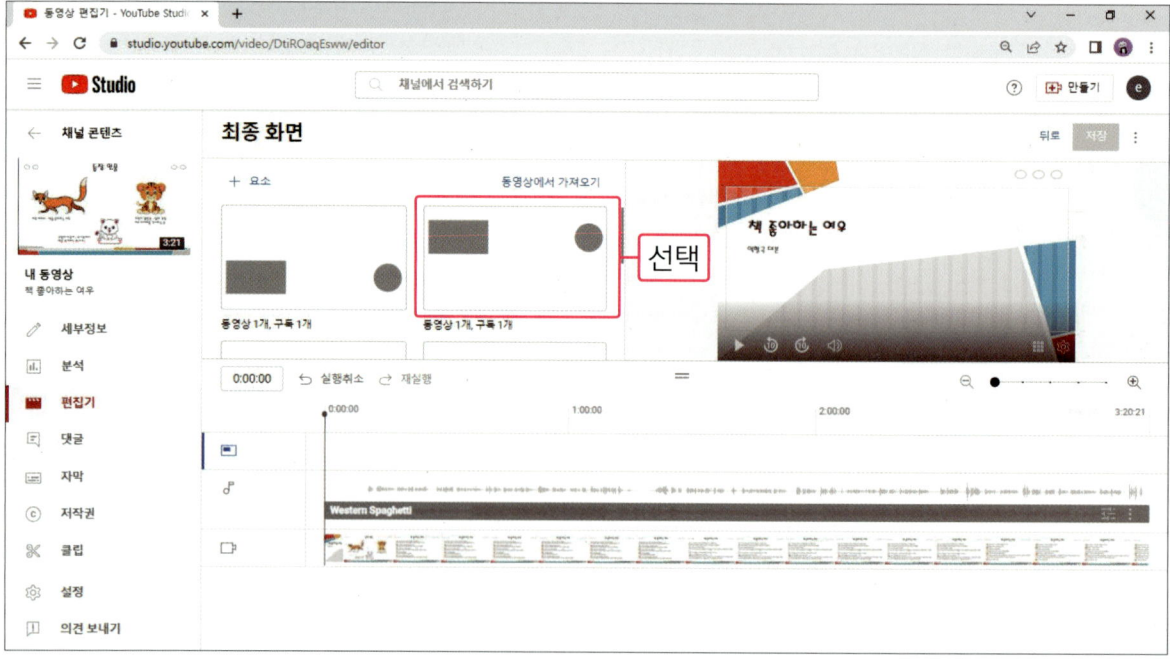

04 미리 보기 화면에 템플릿 요소가 나타납니다. 동영상 요소를 설정하기 위해 **미리 보기 화면 왼쪽의 동영상을 클릭**합니다.

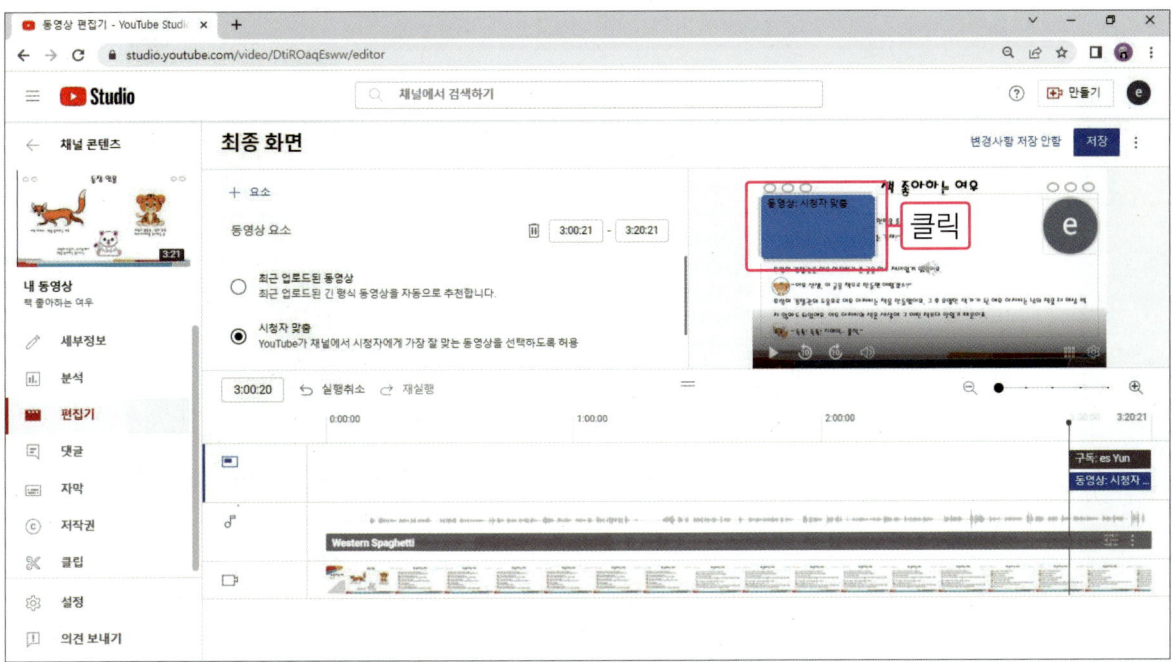

05 [동영상 요소]를 '특정 동영상 선택'으로 설정합니다.

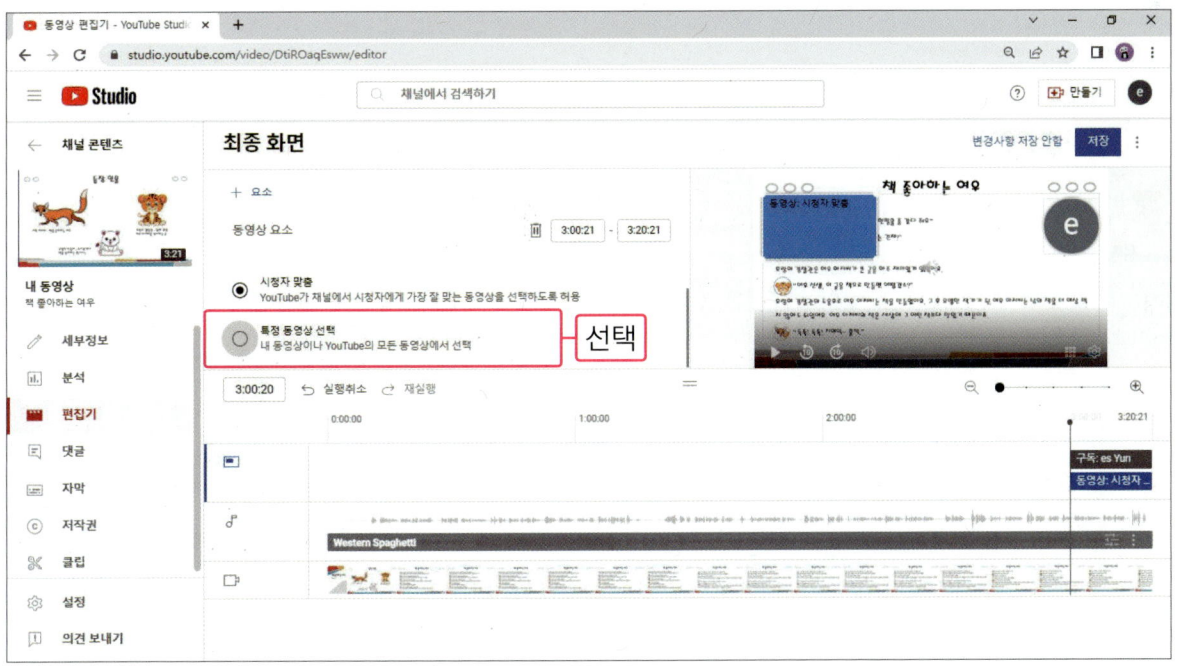

06 업로드된 동영상 중 **최종 화면에 표시하고 싶은 동영상을 선택**합니다.

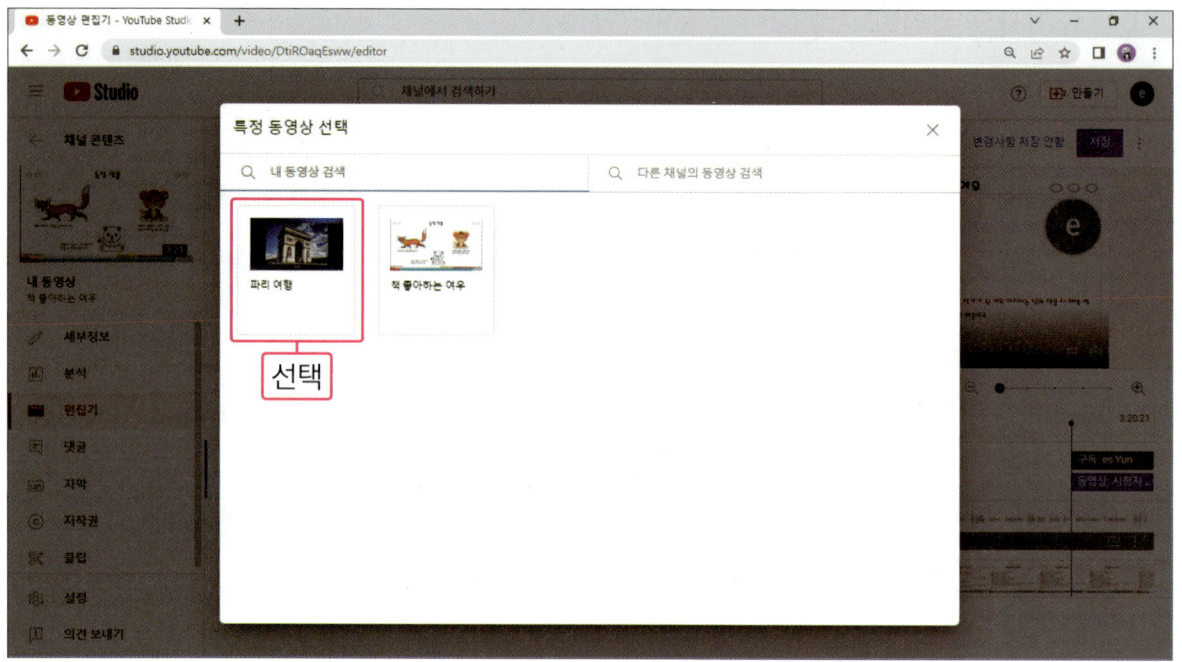

07 미리 보기 화면의 왼쪽 상단 동영상 요소 부분에 설정한 동영상이 나타납니다. 최종 화면과 구독은 동영상이 끝나기 15초 전부터 나타나도록 자동 설정됩니다.

왼쪽으로 드래그하여 최종 화면 시간을 더 늘리거나 오른쪽으로 드래그하여 최종 화면 시간을 줄일 수 있습니다.

08 최종 화면 설정을 저장한 후 이전 화면으로 이동하여 콘텐츠 화면을 엽니다. 업로드된 동영상을 확인하기 위해 확인하려는 동영상 위에 마우스를 가져가서 아이콘 중 [Youtube에서 보기(▶)]를 클릭합니다.

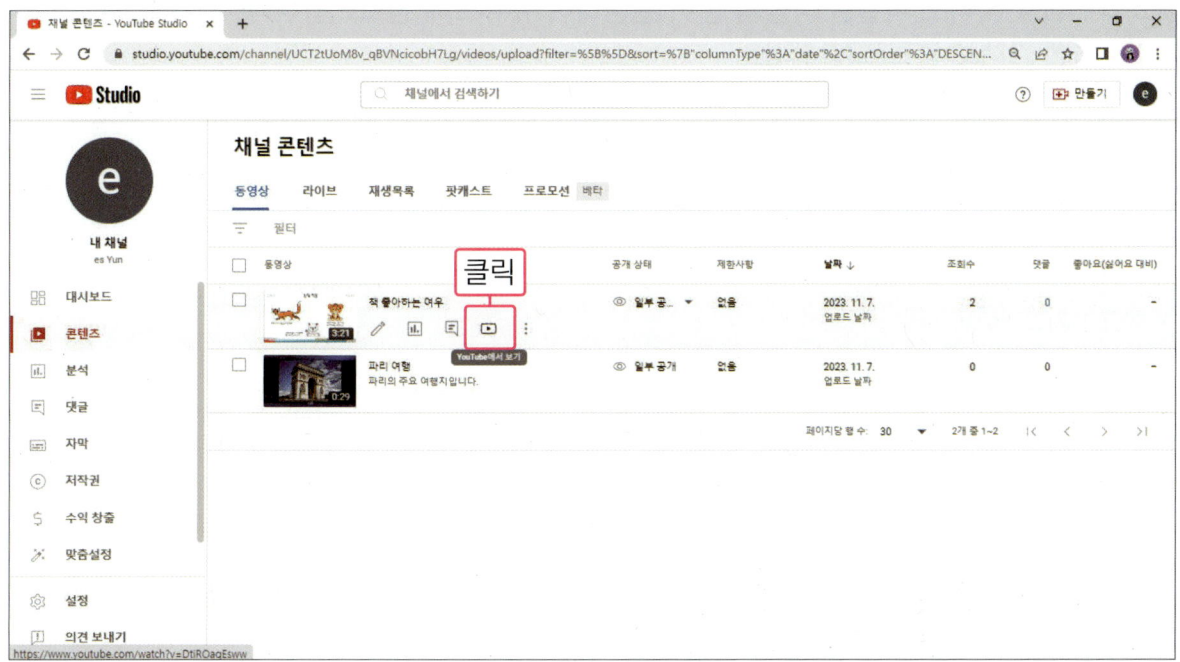

 최종 화면을 설정한 것을 저장하고 적용되는 데 몇 시간이 걸릴 수 있습니다. 저장되는 동안 사이트를 나가도 되지만, 동영상의 다른 부분을 변경할 수는 없습니다.

09 동영상이 재생되면 배경 음악과 내레이션을 잘 들어봅니다. 종료 15초 전에 왼쪽에는 동영상 요소, 오른쪽에는 구독 버튼이 표시됩니다. 동영상 요소를 클릭하면 해당 동영상을 볼 수 있고, 구독 버튼을 클릭하면 구독을 바로 할 수 있어서 홍보하기에 좋습니다.

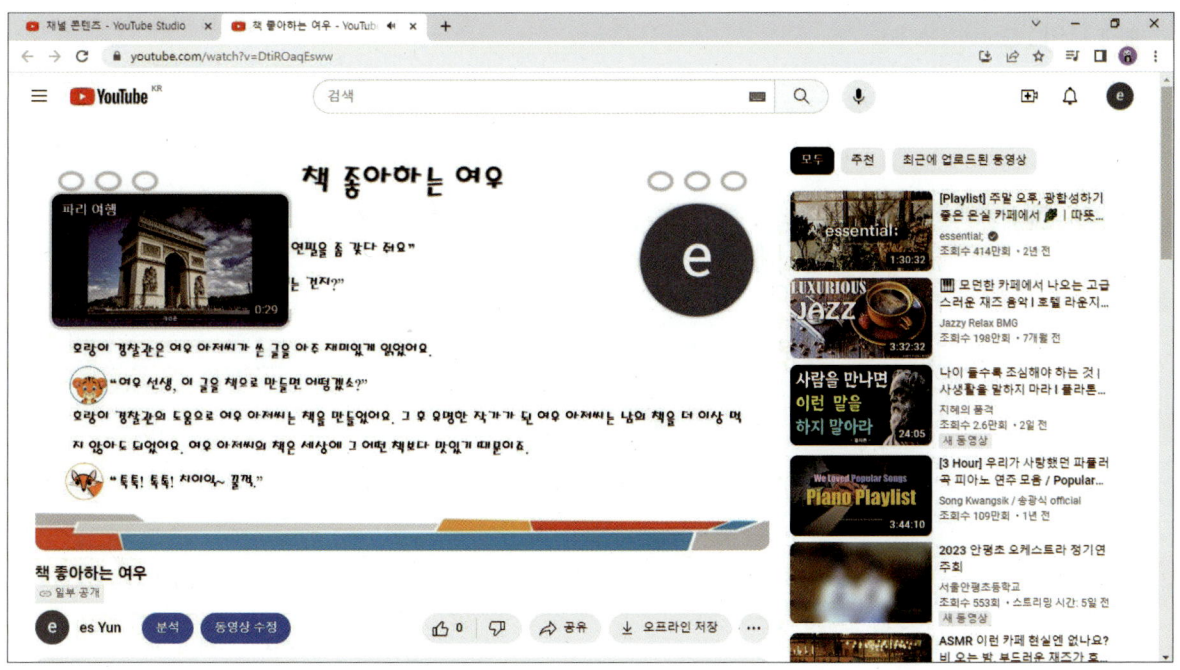

응용력 키우기

01 '키즈카페.mp4' 비디오 파일을 다음과 같이 설정하여 유튜브에 업로드합니다(이 외의 사항들은 기본 옵션 그대로 업로드합니다).

예제파일 키즈카페.mp4

- 제목 : 키즈카페
- 설명 : 아이들이 키즈카페에서 노는 모습입니다.
- 시청자층 : 아동용이 아님
- 태그 : 키즈, 놀이, 교육
- 카테고리 : 인물/블로그
- 공개 : 일부 공개

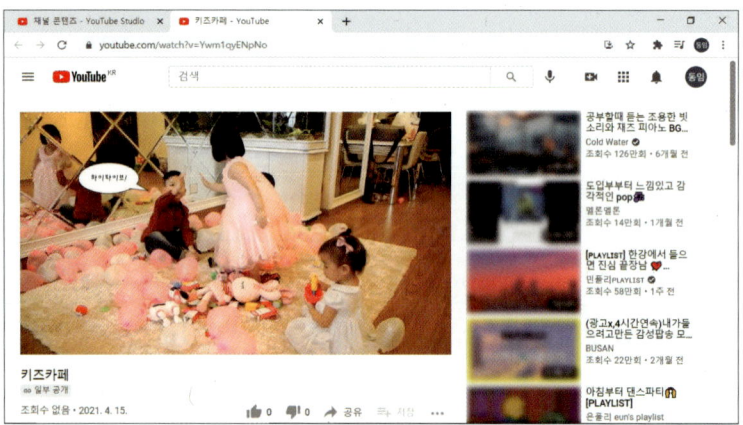

02 문제 01에서 업로드한 동영상에 배경 음악을 추가하고, 앉아있는 세 아이의 얼굴을 타원 맞춤 블러 효과로 흐리게 해 봅니다.

- 배경 음악 : Sand Castle

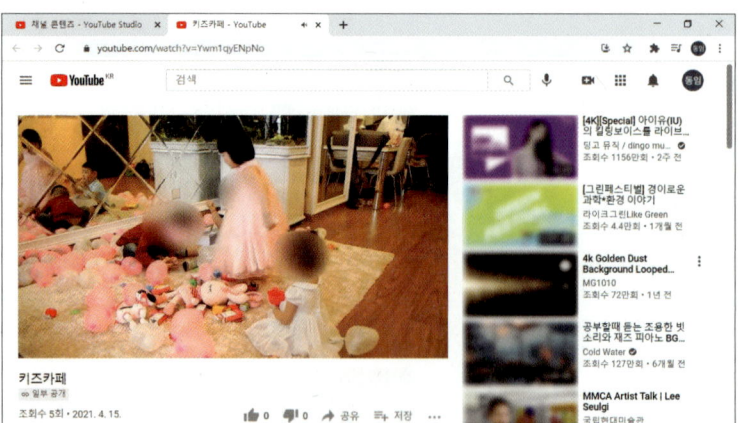

배경 음악은 '저작자 표시 필요 없음', 장르는 '어린이', 분위기는 '밝음'으로 필터링하여 찾아봅니다.

파워포인트 2016 활용

초 판 발 행	2023년 12월 5일
발 행 인	박영일
책 임 편 집	이해욱
저 자	정동임
편 집 진 행	윤은숙
표 지 디 자 인	김도연
편 집 디 자 인	김지현
발 행 처	시대인
공 급 처	(주)시대고시기획
출 판 등 록	제 10-1521호
주 소	서울시 마포구 큰우물로 75 [도화동 538 성지 B/D] 6F
전 화	1600-3600
홈 페 이 지	www.sdedu.co.kr
I S B N	979-11-383-4677-1(13000)
정 가	12,000원

※이 책은 저작권법에 의해 보호를 받는 저작물이므로, 동영상 제작 및 무단전재와 복제, 상업적 이용을 금합니다.
※이 책의 전부 또는 일부 내용을 이용하려면 반드시 저작권자와 (주)시대고시기획·시대인의 동의를 받아야 합니다.
※잘못된 책은 구입하신 서점에서 바꾸어 드립니다.

시대인은 종합교육그룹 (주)시대고시기획·시대교육의 단행본 브랜드입니다.